管理核能

如何以激励和绩效促进企业发展

赵国军 著

化学工业出版社

·北京·

图书在版编目（CIP）数据

管理核能：如何以激励和绩效促进企业发展／赵国军著．
—北京：化学工业出版社，2021.2
ISBN 978-7-122-38211-5

Ⅰ.①管… Ⅱ.①赵… Ⅲ.①企业管理 Ⅳ.①F272

中国版本图书馆CIP数据核字（2020）第246279号

责任编辑：张焕强　　　　　　　　　装帧设计：韩　飞
责任校对：边　涛

出版发行：化学工业出版社（北京市东城区青年湖南街13号　邮政编码100011）
印　　装：三河市双峰印刷装订有限公司
710mm×1000mm　1/16　印张15¼　字数227千字
2021年3月北京第1版 第1次印刷

购书咨询：010-64518888　　　　　　　售后服务：010-64518899
网　　址：http://www.cip.com.cn
凡购买本书，如有缺损质量问题，本社销售中心负责调换。

定　价：68.00元　　　　　　　　　　　　　　　　版权所有　违者必究

▶ 推荐序

我从 2005 年开始在清华大学经管学院高级管理培训中心讲授"绩效管理和薪酬激励"这一课程,至今已有了十五年的教学经验,积累了一点心得体会。当我仔细阅读了赵国军先生写的这本书后,发现对很多的内容有共鸣,因而也很开心有机会为本书作推荐序。

管理活动的基本原理不复杂,十六个字就可以概括:目标明确,权责清晰,激励有力,控制到位。但是,管理难在实践,贵在实践。这些基本原理一旦运用到管理实践中,具体的实施需要根据领导人水平、员工素质、环境特征、组织发展期、技术特点等多方面的因素,探索出一套适合组织自身特点的实践做法。本书作者有丰富的实践经验,他作为创始人建立的水木知行管理咨询公司,给众多组织提供过专业的咨询服务。本书系统归纳总结了实践经验的精华,对组织管理者很有借鉴意义。

人是管理活动中最活跃的因素,而绩效管理和薪酬激励又是人力资源管理中的核心,我想这也是本书书名中"核能"的含义。

绩效和薪酬管理需要文化、制度、管理者三方面的良好配合，组织有公开公正的文化，有切实可行的制度，有秉承公心的管理者，组织的绩效管理方法往往要简洁有力。例如，华为公司作为优秀公司的代表，在绩效和激励方面提出了价值创造、价值评价和价值分配的主张。这个思路的重点是把员工的注意力放在如何创造出更多价值上，做出的贡献越大，组织就奖励得越多。但是，这种因果关系不能反过来，如果变成奖得越多，才愿意干得越多，并不是理想的状态。尤其是2020年突如其来的新冠疫情，让我们越来越看清这一点。当组织遇到困难，如果员工们信奉的是"只有奖得越多，才愿意干得越多"，很难想象员工如何面对困难坚持和付出，帮助组织渡过难关。

我认可和欣赏本书的三个方面，并认为是本书的价值所在。首先，本书把绩效管理和薪酬激励的基本概念和框架整合在一本书中，而且对常见概念和框架的表述准确到位。这样方便有兴趣快速了解该领域的读者们，在较短的时间内掌握相关概念，并建立体系化的框架。尤其是本书把绩效和薪酬之间的关系，在有限的篇幅内，讲得很明白，详略得当，突出介绍了最有借鉴意义的方法和工具，而不是把所有可能的方法和工具都列出来介绍一遍。

其次，本书有立足于实践经验的创新，有不少直面难题的探讨和经验总结。例如，在绩效指标的选择方面，创造性地区别了权重类指标和非权重类指标，以及提出了定量和定性指标相结合的模式。我支持其中的观点和模型，例如以下的三个方面：公平的绩效管理并不意味着指标全定量了就更公平；在如何定工资的章节，作者提出了岗位、人、绩效和市场（即3PM）兼顾的薪酬体系；另外，作者在较深入地分析了常见的激励理论的基础上，结合实践经验，创造性地提出了水木知行综合激励模型。

最后，本书不仅介绍思路和概念，也给出了不少具体的案例和操作模板。大多数的读者希望管理类的书籍内容要有"实操性"，而不是空洞的理论。本书的作者咨询经验丰富，因此积累了很多实用的模板，很有借鉴意义。其实，不光是这本书里有操作模板，本书作者的另外一本畅销书《薪酬设计与绩效考核全案》，包含了更多的操作模板，也非常值得作为参考工具书。我在清华高管教育的课堂上，面对HR（人力资源工作者）同行，也常常推荐这本书。不过，因为不同的组织情况不同，因此模板很少拿来就能用。最好的方式，是结合自己组织的特点，在本书作者积累的宝贵经验和模板上创新。

愿广大读者们能从本书中获益！

张　勉

张勉老师简介

清华大学经济管理学院领导力与组织管理系副教授，为MBA讲授"人力资源开发与管理""企业文化与管理"，以及为高管教育项目讲授"绩效管理与员工激励"等课程。研究方向为工作－家庭关系、员工离职、企业文化等，在国内外一流期刊上发表多篇学术文章，出版专著《企业文化简论》等，并承担过多项企业管理咨询课题研究。目前为 Human Resource Management Review（SSCI索引期刊）编委会成员。

前言

管理是科学又是艺术，那么其科学性和艺术性分别体现在哪些方面呢？

管理是管"人"和理"事"。把"人"管好，主要靠领导和激励；把"事"理顺，主要靠规范和决策。领导是艺术，激励是机制；规范要科学，决策要效率。激励机制建设和制度流程等规范建设是科学层面的，而领导和决策是艺术层面的。这就启示我们，在激励机制建设以及制度流程规范建设层面，我们要用正确的工具和科学的方法才能达到目的；在领导以及有效决策方面，管理者必须使用一定的技巧并把握时机，才能真正解决问题。

在当今时代，人成为决定企业发展的最关键的要素。对人管理的核心问题是激励开发人的潜能，因此员工激励非常重要。员工努力工作的理由很大程度上是薪酬（含经济性薪酬和非经济性薪酬），做好员工激励是企业发展的原动力。

从另外一个角度来讲，决定企业发展的是业绩，只有业绩逐步提升公司才会稳步发展，只有超越同行业绩才能最终成为卓越企业。企业业绩提升的所有努力都是绩效，做好绩效管理促进业绩提升是企业发展的推动力。

从实践的角度来看，企业做好薪酬激励和绩效管理两个事情，企业的不断发展以及公司战略落地实施就有保障了；薪酬激励和绩效管理在管理中处于核心地位。做好薪酬激励和绩效管理，需要企业具有积极向上的企业文化，需要组织健康有活力，因此本书将对企业文化、发展战略、组织结构、制度流程进行简要介绍。

本书站在企业发展角度，以员工激励和绩效提升为两条主线，更多地从实践的视角，阐述如何做好企业管理保证公司发展战略目标落地。在工业生产领域，企业发展面临比较稳定的外部环境，解决好岗位工作分析、岗位目标管理、岗位薪酬激励、岗位绩效考核四个方面问题很关键。然而在知识经济时代，如何应对不确定性是当今企业管理面临的最大难题，管理必须由以岗位为基础转变为以能力为基础，能力分析、方向选择、任务管理、利益分配等环节变得越来越重要，成为管理的关键。在知识经济时代，组织需要具有面向未来的能力，提前布局，用增长去面对变化，勇于面对不确定性，把外部环境不确定性变成组织发展的机会。

本书从企业发展需要解决的管理问题入手，先后介绍了企业如何做好绩效管理，如何建立绩效考核体系，如何做好员工激励，如何建立工资晋级体系、职位晋升体系。与传统的员工激励、绩效考核不同，本书提出了团队激励以及团队绩效思想、方法，这是组织能够学习成长的关键。对于成长中的企业来讲，员工激励与业绩提升是企业发展的关键；对于进入成熟期的大企业而言，员工激励与业绩提升也是企业稳定发展的关键。因此本书对于各类型企业的管理者都有较大的参考价值。

本书力求做到以下几点。

一是理论与实践的结合。本书介绍了很多适合东方人性格特征以及中国企业管理风格的模型、工具、方法、示例，这些方法易于理解、体系完整、便于操作，同时对企业日常管理工作有切实的指导意义。工业经济生产组织模型、知识经济生产组织模型的提出对中小企业发展有重要的指导意义。

二是对知识经济时代的管理进行更多的思考。工业经济时代强调的计划、组织、控制等本书介绍较少，知识经济时代强调的目标、激励、绩效、创新等都有较多阐述。工业经济时代生产组织是以岗位为基础的，知识经济时代生产组织是以能力为基础的，在职位晋升、工资晋级、绩效考核等方面，能力素质发挥了越来越大的作用，本书在这方面都有系统的思考。

三是介绍较多的薪酬设计、绩效考核相关简单、适用的工具、方法，案例也是精选，尽量以表格形式展现。如果对有些专业概念不熟悉，或者希望学习薪酬设计、绩效考核更专业内容，建议读者阅读《薪酬设计与绩效考核全案》一书，该书先后再版三次，累计印刷二十多次，数十万专业 HR（人力资源工作者）获益。

四是言简意赅，很少有通篇的论述，观点鲜明，值得反复品味。版面活泼生动，黑体提示，管理小案例针对性强，给人以启迪。

水木知行高级顾问任晓艳撰写了"绩效考核常用工具方法""绩效考核的几个关键问题""薪酬日常管理""组织盘点和人才盘点"等部分，并对本书其他章节提出了修改建议。

在本书构思、撰写及定稿过程中得到很多师长、朋友的帮助，在此深表感谢！尤其感谢清华大学经济管理学院王雪莉老师和张勉老师，在百忙中仔细阅读书稿并提出了大量修改完善建议！感谢读者的不断鼓励，感谢家人的多年支持，感谢出版社的编辑辛勤编校！

最后感谢水木知行新老客户！正是这些客户的支持与信任，使我对管理有了更多实践经验和系统思考，最终才会有本书的出版。

赵国军

2020 年 10 月于北京

目录

第 1 章 企业发展需要解决的管理问题 //1

一、管理和企业管理 //4
（一）管理解决的两个问题——目标和效率 //4
（二）企业管理和企业管理者 //6
（三）反映企业管理水平的几个方面 //8

二、绩效管理保证组织绩效提升 //10
（一）组织绩效提升机制 //10
（二）绩效管理良性循环的关键——目标管理、绩效考核、激励机制 //13
（三）影响绩效管理效果的几个因素 //16
（四）企业成长面临的挑战——创新与以人为本 //27

三、员工激励促进企业发展 //32
（一）三人五人问题 //32
（二）企业发展需要加强管理的几个方面 //38
（三）企业发展需要平衡好几个方面问题 //40

第2章 绩效管理与业绩提升 //45

一、正确认识绩效管理 //47
（一）绩效、绩效管理、绩效考核 //47
（二）绩效管理的作用和意义 //49
（三）绩效管理常见误区 //52

二、如何做好绩效管理促进业绩提升 //55
（一）建立 TP 绩效管理体系 //55
（二）企业发展目标制定及分解落地 //61
（三）如何将绩效管理落到实处 //63

三、绩效管理常用工具方法介绍 //67
（一）关键业绩考核 //67
（二）能力素质模型及其应用 //68
（三）满意度模型及其应用 //69
（四）其他有关工具、方法介绍 //71

第3章 绩效考核体系及绩效考核 //79

一、绩效考核体系设计 //81
（一）绩效考核体系的含义 //81
（二）公司及公司高层绩效考核 //84
（三）部门团队及负责人绩效考核 //85
（四）普通员工绩效考核 //88

二、关键业绩考核指标设计 //89
（一）关键业绩考核指标体系 //89
（二）关键业绩考核指标设计 //90
（三）业务部门及核心岗位绩效考核实例 //92

三、绩效考核的几个关键问题 //105
（一）到底该由谁来负责考核——360度考核与自上而下考核 //105
（二）慎用"末位淘汰"法 //107

（三）关键业绩考核指标选择与权重确定 // 108

（四）如何做好绩效考核实施工作 // 109

第 4 章　薪酬管理与员工激励 // 113

一、激励理论及其对管理的指导意义 // 115

（一）内容型激励理论及其对管理的启示 // 115

（二）过程型激励理论及其对管理的启示 // 119

（三）综合激励模型及其对管理的启示 // 121

（四）人性假设与管理特征 // 124

二、薪酬管理基本知识 // 127

（一）薪酬的含义、作用及支付依据 // 127

（二）薪酬管理目标及几种管理方式 // 130

（三）几种基本工资制度 // 134

三、薪酬日常管理 // 139

（一）人工成本分析 // 140

（二）薪酬预算及薪酬总额 // 144

（三）薪酬调整及薪酬保密 // 148

第 5 章　薪酬体系及工资晋级 // 153

一、如何设计薪酬体系 // 156

（一）水木知行 3PM 薪酬体系 // 156

（二）水木知行 3PM 薪酬体系构成 // 163

（三）水木知行薪酬设计九步法 // 168

（四）薪酬策略及确定 // 170

二、3PM 薪酬体系设计案例 // 178

（一）薪酬调查及薪酬水平设计 // 179

（二）岗位评价及薪酬结构设计 // 182

（三）薪酬构成设计 // 186

三、其他工资制度案例 // 189

（一）某医疗器械公司销售岗位薪酬激励办法　// 189

（二）某体育健康发展实业集团场馆馆长薪酬激励办法　// 193

第 6 章　职位发展体系及员工成长　// 201

一、工作分析及岗位设置　// 204

（一）什么是工作分析　// 204

（二）如何进行岗位设置　// 206

（三）组织盘点和人才盘点　// 209

二、职位发展体系与员工职业发展通道设计　// 213

（一）职位发展体系设计　// 213

（二）职位晋升描述与管理　// 216

三、职业发展能力素质模型案例　// 221

（一）管理岗位管理技能发展要求　// 221

（二）HR 岗位专业技能发展要求　// 226

第 1 章

企业发展需要解决的管理问题

第 1 章

第 2 章　如何做好绩效管理，保障业绩提升

第 3 章　如何建立绩效体系，推进绩效考核

第 4 章　如何做好薪酬管理，实现薪酬激励

第 5 章　如何设计薪酬体系，推动战略落地

第 6 章　如何设计岗位体系，引导职业发展

本章首先介绍管理及企业管理的有关概念，接着剖析了绩效管理如何促进组织业绩提升，员工激励如何促进企业发展。

提醒管理者：绩效管理要加强——公司业绩提升的所有努力都是绩效；员工激励要解决——员工努力工作的所有理由都是薪酬。

本章要点

管理和企业管理

- 管理解决的两个问题——管理关注目标，管理关注效率和效果。
- 企业管理和企业管理者——企业管理具有科学的属性，要正确认识管理的有关理念，选择有效的管理工具，掌握正确的管理方法。管理者履行决策、计划、组织、领导、控制、创新等职责。
- 反映企业管理水平的几个方面——担当、效率、威信、沟通。

绩效管理保证组织绩效提升

- 水木知行绩效管理模型——影响绩效的主要因素有员工技能、外部环境、内部条件以及激励效应。
- 卓越绩效管理体系的条件——体系设计、内部管理、操作实施。
- 绩效管理良性循环的关键——目标管理、绩效考核、激励机制。
- 影响绩效管理效果的因素——领导、企业文化、战略、组织结构。
- 企业成长面临的挑战——创新无处不在，创新在管理中的地位和作用越来越重要；以人为本是尊重人的个性发展，鼓励创新，使员工和组织得到同步成长。

员工激励促进企业发展

- 传统经济三人实现五人业绩的关键——工作分析、目标管理、激励机制、绩效考核。
- 知识经济三人实现五人业绩的关键——能力分析、方向选择、任务管理、利益分配。
- 企业发展四大核心体系的建设——组织管理体系、职位发展体系、工资福利体系、绩效管理体系。
- 中小企业需要规范管理的八个方面。
- 企业发展需要平衡的问题——公平和激励、效率与效果、短期与长期、外部招募与内部培养。

如果三人能实现五人的业绩，公司支付四人的成本，员工和公司会双赢！员工收入高，成长快，能吸引更优秀的员工，员工能力不断提高促进公司业绩进一步提升；公司业绩好，公司内部条件逐步改善，公司能创造更优异的业绩，给员工更高的收入。由此会步入良性循环，公司将不断地发展壮大，这是企业成长发展的根本所在。

用三人实现五人的业绩，公司支付四个人的成本，这是很多老板追求的目标，而现实情况往往是，用五人产出了三人的业绩，公司仍然支付了四个人的成本。到底是什么原因导致老板理想和无情现实这种巨大的差异呢？

从根本来讲，还是企业在管理上出现了问题。

站在员工角度来看，员工收入偏低，员工不满意；站在公司角度来看，公司业绩不理想，老板也难。

提升公司业绩是基础，绩效管理要加强——公司业绩提升的所有努力都是绩效；解决发展问题最关键，员工激励要解决——员工努力工作的所有理由都是薪酬。

一、管理和企业管理

（一）管理解决的两个问题——目标和效率

管理学的发展经历了三个阶段，分别沿着三条主线在发展，即解决做事效率问题、解决组织效率问题、解决个人效率问题。

第一个阶段是科学管理阶段，代表人物是泰勒。泰勒在1911年发表了《科学管理原理》一书，该书提出科学管理的中心问题是提高劳动生产率，并着重指出了提高劳动生产率的重要性和可能性；为了提高劳动生产率，标准化操作方法的制定是企业管理的首要职责，同时主张实施计件工资报酬制度，以此来督促和鼓励工人完成或超过定额。这个阶段所解决的问题是"如何使劳动效率最大化"。精益生产、项目管理、全面质量管理等都是沿着这条线在发展，主要解决的就是"做事效率"问题。

第二个阶段是行政组织管理阶段，代表人物是韦伯和法约尔。法约尔在1916年发表了他的代表作《工业和一般管理》，把管理分解为5个职能，即计划、组织、指挥、协调、控制，并提出实行管理职能的14条原则分别是：分工、权力与责任、纪律、统一指挥、统一指导、个人利益服从整体利益、人员的报酬、集权与分权、等级链、秩序、平等、人员保持稳定、主动性、集体精神。这个阶段解决的问题是"如何使组织效率最大化"。组织结构、管控体系、权变理论、企业再造理论、三支柱模型、信息系统管理等都是沿着这条线在发展，主要解决的就是"组织效率"问题。

第三个阶段是人力资源管理阶段。"人力资源"这一概念早在1954年就由现代管理学之父彼得·德鲁克在其著作《管理实践》提出并加以明确界定。20世纪80年代以来，人力资源管理理论不断成熟，并在实践中得到进一步发展，人力资源管理六大模块基本定型。这个阶段解决的问题是"如何使人的效率最大化"，主要解决激励与控制的问题，而核心手段就是员工激励与绩效考核管理。建立系统的激励机制和有效约束机制，在人力资源管理中发挥着非常重要的作用。企业文化、激活个体、股权激励、阿米巴经营都是沿着这条线在发展，主要解决的就是"个人效率"问题。事实上，当今很多新的管理理论和方法更多的将着眼点放在人上，比如目标管理、组织发展理论等也都是这个范畴。

劳动效率、组织效率、个人效率三者具有互相支撑与制约的关系，因此企业的劳动效率、组织效率、个人效率应同步提升，均衡发展。在传统经济时代，组织结构设计及组织效率的提升会受到劳动者劳动效率的制约；在知识经济时代，组织形式以及组织效率会受到员工个人效率的影响。

在管理这个事情上，有两个主题非常重要，就是"目标"和"效率"。这也是同一事物的两个方面，目标定得高，自然需要效率高；效率有问题，目标就很难达成。在企业管理实践中，很多管理措施和方法的着眼点都是在于解决目标和效率这两个主题。

1. 管理关注目标

科学管理之父泰勒对管理的定义："管理是一门怎么建立目标，然后用最好的方法经过他人的努力来达到目标的艺术。"

从这个定义我们可以看出以下几点：

第一，管理是要关注目标的，没有目标，就谈不上系统的管理。无论是团队还是个人，一定要关注短期、中期、长期目标。短期目标应该具体而客观，易于实现；长期目标应该量化又具有挑战性，要有激励机制做保障。

第二，管理是要有方法的，为了达到目标用最好的方法。方法是工具层面的事情，应该是有规律可循，可归纳，可总结，因此管理具有科学的属性。

第三，管理是需要通过他人的努力来实现目标，而不是仅仅靠自己。

第四，管理具有艺术属性。影响企业目标达成的因素很多，外部环境因素、内部条件因素等都会对目标达成产生重大影响。但无论如何，目标能否达成还在于关键时刻对于机会的把握，领导的决胜勇气、审时度势、正确决策非常重要，这些都具有艺术层面的属性。

管理是管"人"和理"事"。把"人"管好，主要靠领导和激励；把"事"理顺，主要靠规范和决策。领导是艺术、激励是机制，规范要科学、决策要效率。 激励机制建设和制度流程等规范建设是科学层面的，而领导和决策是艺术层面的，因此管理是科学又是艺术。

2.管理关注效率和效果

管理大师罗宾斯对管理的定义："管理是通过协调其他人的工作，有效率和有效果地实现组织目标的过程。"

从这个定义我们可以看出：

第一，企业管理的目的是实现组织的目标。

第二，管理是协调其他人的工作，因此管理涉及组织协调活动。

第三，管理应关注效率和效果，效率主要指过程，效果主要指结果。

管理就是"正确地做事"和"做正确的事"。正确地做事，关注的是"效率"问题，即以尽可能少的投入获取尽可能多的产出；做正确的事，关注的是"效果"问题，即所从事的工作和活动有助于达到组织的目标。

当今企业管理面临的最大挑战是由外部环境不确定性带来的，解决企业管理的不确定性问题，必须改变以前只用结果说话的管理模式，注重结果同时也要关注过程。这个定义对管理实践具有非常大的启示意义。

（二）企业管理和企业管理者

1.企业管理

企业管理是指在一定的环境和条件下，为了实现组织的目标，通过决策、计划、组织、领导、控制、创新等职能活动来集合和协调组织内的人力、财力、物力、信息、时间等资源的过程。对于这一定义，以下几点非常关键。

第一，管理是为了实现组织的目标，管理是要关注目标的。

第二，管理是有方式方法的，决策、计划、组织、领导、控制、创新等都是有规律可循，有一定科学的方法作为支撑的。企业管理的方式方法要与公司发展战略、企业文化及管理风格相适应。

第三，管理可选择的方式方法是受到制约的，会受到外部环境因素和内部条件因素的制约，因此管理应该是权变的。企业管理的方式方法要根据企业所处的内外条件随机应变，没有一成不变、普遍适用的"最好的"管理理论和方法。

第四，管理是需要消耗资源的，人力、物力、财力、信息、时间等资源都是有限的，管理方式方法会受到资源有限性的制约。

企业管理具有科学的属性，这就提醒管理者，在管理的有关工具、方法层面，要正确认识管理的有关理念，选择有效的管理工具，掌握正确的管理方法，只有这样才能应对企业面临的纷繁复杂问题，促进企业良性发展。

2. 企业管理者

管理者是指履行管理职能，对实现组织目标负有责任的人。确切地说，就是在岗位职责中，决策、计划、组织、领导、控制、创新等工作是其主要工作内容的岗位任职人员。只有承担这些工作内容的岗位人员才能被称为管理者。值得说明的是，管理者并不一定都有下属，某些领域的专业管理人员也是管理者。

这里的"计划"，不是指个人工作计划，而是指某一领域或涉及多人合作的某个项目计划；这里的"组织"，可以是组织本部门员工完成某项任务，也可以是组织跨部门员工甚至是外部单位有关人员完成特定任务；这里的"领导"指的是领导直接下属或者领导项目团队成员；这里的"控制"指的是控制直接下属工作状况，控制某个事项进展，控制某项流程节点是否符合要求等。

一般来讲，企业管理者分为高层管理者、中层管理者和基层管理者。高层管理者是公司最重要事项决策的主导者或参与者，对公司的成长和长期发展负有责任；基层管理者是公司基层业务单元的负责人或者某个领域的专业管理人员，对企业提供产品或服务的质量和成本负有责任；中层管理者往往指部门的正职、副职等，中层管理者在公司正常运转过程中有着重要的地位和作用。中层管理者在公司中是承上启下的人，他们将公司的战略和目标向基层员工宣传贯彻，同时他们最了解基层员工的想法和诉求，因此中层管理者的尽职尽责对公司非常重要，中层管理者对公司的顺畅运转负有责任。需要指出的是，高层管理者、中级管理者、基层管理者是相对的概念，站在集团公司角度来看是中层管理者，站在分／子公司角度来看就是高层管理者了。

从另外一个角度，管理者分为战略层、经营层和执行层。战略层指对公司发展战略制定及实施有重大影响的人员，公司董事会成员以及公司总经理等核心高层管理人员都是战略层；经营层指在战略落地实施以及公司生产经营过程中需要做出重要决策的中、高层管理人员；执行层指按照既定战略、计划等负责具体事项推进实施的管理者，可能是中层管理人员，也可能是基层管理人员。

（三）反映企业管理水平的几个方面

法约尔著名的 14 条管理原则启示我们，企业管理做得好，应该在担当、效率、威信、沟通四个方面下功夫。如果担当、效率、威信、沟通四个方面都做得很好，企业管理会在较高水平；如果存在一两个做得较差，企业的发展就堪忧。

1. 担当

一个企业的员工是否有担当，对企业管理的效率以及目标的达成都有非常重要的影响，法约尔"14 条管理原则"中的分工、权利与责任、纪律、个人利益服从整体利益、人员的报酬、主动性、集体精神等都对担当有影响。

什么是员工具备担当精神？担当首先指员工尽职尽责，尤其是当企业出现较严重问题，组织中立刻有人站出来，担负起各自的责任，规范有序地解决问题，无论是突发事件还是常规工作。

要员工具备担当精神，除了需要良好的企业文化建设引导之外，制度体系建设非常重要，应该明确每一个岗位员工的"责权利"。 明确责任才能明晰什么事情由谁负责，不会扯皮；明确权利，才能使员工充分履行领导组织之责，做到规范有序地解决问题；明确利益关系，才能真正激发员工主动性，尽职尽责。因此，要员工具有担当精神，岗位目标明确和激励到位非常重要。

2. 效率

一个企业经营得到底好不好，就看企业管理的效率到底咋样；如果办事效率拖拖拉拉，遇到问题迟迟不能解决，必然会使公司丧失很多发展机会，企业管理不可能好到哪里去。法约尔"14 条管理原则"中，分工、权力与责任、纪律、统一指挥、统一指导、集权与分权、等级链、秩序、主动性等都对效率有影响。

**效率分为劳动效率、组织效率、个人效率三个方面。劳动效率解决的是做事效率问题，公司的基础管理水平对这方面具有决定性的影响。组织效率解决的是组织运转效率问题，组织的组织结构、管控体系、制度流程等在这方面有决定性的影响。企业管理的方式与方法要与公司发展战略、企业文化及管理风格相适应。个人效率解决的是员工激励及个人成长问题，只有建立起有效的激励约束机制，在组织目标实现的同时，员工个人能得到成长，才能真正激励员工积极性和主动性，提高个人工作效率。

因此，企业要想真正解决效率问题，就要分别解决好做事效率、组织效率和个人效率问题。解决三个问题的出发点不一样，手段和方法也有很大差异。

3. 威信

领导在带领团队成员实现组织目标的过程中，领导是否有威信非常重要，如果领导没有威信，一方面下属不会坚定地执行领导的任务安排，遇到困难就可能退缩。另外一方面，领导管理下属也会缩手缩脚，缺乏自信。法约尔"14条管理原则"中，分工、权力与责任、纪律、统一指挥、等级链、秩序等都对威信有影响。

领导的威信来自法定权力和个人魅力；在高度集权的组织中，权力往往集中在高层，中层管理者实质权力很少，如果个人专业程度以及个人影响力有限，那带领团队的确吃力。因此实行适度的分权，增加员工业务方面的权力，使责权利相匹配非常重要。同时提醒各级管理者，不断提高自己的专业水平，不断探索实践，提高自身的领导能力非常关键。

此外，各级管理者在管理下属过程中，维护下级管理者的威信非常重要。如果不是非常重要的事项，不要轻易否定下属决定；如果下属决定有重大失误，也要注意纠正措施的方式方法，尽量维护下属在员工中的威信。

4. 沟通

沟通在企业管理中具有非常重要的地位和作用。法约尔"14条管理原则"中，分工、权力与责任、纪律、统一指挥、统一指导、平等、人员保持稳定、主动性等都对沟通有影响。

沟通分为正式沟通和非正式沟通。正式沟通包括上下级的沟通和平级之间的沟通，上下级之间应能随时进行开放、直接的沟通；平级之间能及时进行有效沟通，并且有信息共享机制。

在企业管理中，各部门之间能进行信息共享，能进行有效的沟通对于打破部门壁垒，及时发现并有效解决管理效率问题非常重要。其次，应该重视非正式沟通在企业管理中的重要作用。引导好员工之间的非正式沟通，对组织的和谐发展以及一些有关员工切身利益的重大事项的推进有积极作用。

二、绩效管理保证组织绩效提升

（一）组织绩效提升机制

1. 水木知行绩效管理模型

组织从诞生起都有使命和目标，绩效管理解决的是企业战略落地和业绩提升问题。任何企业无论规模大小，无论处于哪个发展阶段，从诞生那天起就有了绩效管理，绩效管理在企业管理中占有非常重要的地位。

那么绩效管理是怎么促进组织绩效提升的呢？水木知行绩效管理模型（图1-1）能很好地说明这个问题。

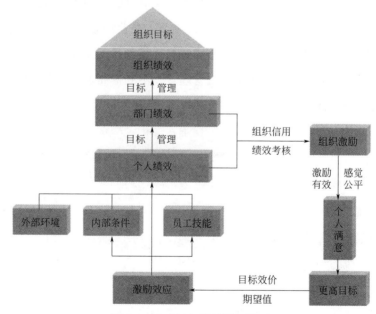

图1-1　水木知行绩效管理模型

影响绩效的主要因素有员工技能、外部环境、内部条件以及激励效应。员工技能是指员工具备的核心能力，是内在的因素，经过培训和开发是可以提高的；外部环境是指组织和个人面临的不为组织所左右的因素，是客观因素，我们是完全不能控制的；内部条件是指组织和个人开展工作所需的各种资源，也是客观因素，在一定程度上我们能改变内部条件的制约；激励效应是指组织和个人为达成目标而工作的主动性、积极性，激励效应是主观因素。

在影响绩效的四个因素中，只有激励效应是最具有主动性、能动性的因素。人的主动性、积极性提高了，组织和员工就会尽力争取内部资源的支持，同时组织和员工的技能水平也将会逐渐得到提高。绩效管理就是通过适当的激励机制激发人的主动性、积极性，激发组织和员工争取内部条件的改善，提升技能水平进而提升个人和组织绩效。

决定公司业绩的第一个重要因素是外部环境。如果外部环境不好，公司业绩肯定会受到影响。

决定公司业绩的第二个重要因素是员工能力。如果员工能力大大低于岗位任职资格要求，那么个人的业绩会低于预期，组织的业绩也会受到影响。应该加强员工的招聘培训工作，使员工的能力素质满足公司发展需要。

决定公司业绩的第三个重要因素是内部条件，包括人、财、物等资源条件以及基础管理、制度流程、发展战略、企业文化等软性因素。公司的发展受到内部条件的制约。因此，应该逐步完善基础管理、加强制度流程建设、明确公司发展战略、加强公司企业文化建设工作；这样可以提高公司内部条件因素，促进公司竞争力的提升。

决定公司业绩的第四个因素是员工积极性。员工没有积极性，就不会有好业绩。在这四个因素中，外部环境很关键，员工能力很重要，内部条件也很重要。然而，外部环境企业不能决定，员工能力短期不能提高，公司内部条件有限制，因此想提升业绩通过激励效应提高员工积极性非常重要；同样的道理，在外部环境发生不利变化的情况下，如果想不被市场淘汰，一定要超越同行，这种情况下，员工的激励效应也是非常重要的。

绩效管理发挥作用的机制是：对组织或个人设定合理目标，建立有效的激励约束机制，使员工向着组织期望的方向努力，从而提高个人和组织绩效；通过定期有效的绩效评估，肯定成绩、指出不足，对达成组织目标有贡献的行为和结果进行奖励，对不符合组织发展目标的行为和结果进行一定的抑制；通过这样的激励机制促使员工自我开发提高能力素质，改进工作方法从而达到更高的个人和组织绩效水平。

从绩效管理循环模型中可以看出，要使绩效管理获得良性循环，三个环节是非常重要的：目标管理环节，绩效考核环节，激励控制环节。

2. 卓越绩效管理体系的特点

目前，以绩效管理为核心的人力资源管理普遍得到各企业的重视，一些先进的管理思想和方法不断融合到企业的管理实践中，很多优秀企业不断对绩效管理进行探索和实践，积累了适合企业发展要求的绩效管理工具和方法，绩效管理对组织和个人的绩效提升起到了重要作用。

绩效管理发挥作用的机制是通过恰当的激励机制，激发员工的主动性、积极性，以充分利用组织的内部资源并提高员工的能力素质，最大限度地提升个人绩效，从而促进部门和组织绩效提升。

因此，企业追求卓越绩效应进行系统的绩效管理。绩效管理体系应具备以下基本条件。

一是体系设计：战略导向、绩效提升、激励机制。

绩效管理体系是站在企业战略发展的角度来设计的，绩效管理不仅促进了组织和个人绩效的提升，同时绩效管理能实现企业发展战略导向，能使个人目标、部门目标和组织目标保持高度一致。

绩效管理体系是站在提高组织和个人绩效的角度来设计的，绩效考核工作仅仅是绩效管理工作中的一个环节，绩效计划制订、绩效辅导沟通、绩效结果应用等方面都是绩效管理工作的重要环节。

建立激励机制要考虑企业员工的成熟度，正激励和负激励要平衡使用，不能走极端。只有负激励没有正激励，是不能调动员工积极性的；而只有正激励缺乏负激励的制度安排在目前条件下也要慎重使用。此外，激励内容要符合员工的真正需求。在目前条件下，对大多数企业而言，以物质需求为主要内容的低层次需求对员工来说还是非常重要的，在满足员工低层次需求的同时，也不能轻视高层次需求对于某些员工的作用,因此设计激励内容时要充分考虑社会发展现状以及员工个体实际需求特征。

二是内部管理:基础管理、执行力、辅导沟通。

系统的绩效管理需要具备一定的前提条件,这些条件包括:企业的基础管理水平相对较高、企业文化比较健康、企业发展战略比较清晰、组织结构适应企业发展战略、岗位责权明晰、薪酬体系能实现公平目标和激励作用、企业预算核算体系完备。

系统的绩效管理还需要企业具备较强的执行力,企业决策领导对绩效管理有一定的认识,注重绩效辅导和沟通环节。

三是推进实施:结果导向、过程控制、互动共担、以人为本。

绩效考核注重结果考核和过程控制的平衡,对过程控制有实质又有效的办法,用相对科学的方法来设定组织的绩效目标,并且能得到员工的理解和接受。

绩效管理注重管理者和员工的互动及责任共担,建立有效的激励机制提高员工工作的积极主动性,鼓励员工自我培养、开发、提高能力素质,进而提升个人和组织绩效。

卓越绩效管理体现以人为本的思想,体现对人的尊重,鼓励创新并保持组织活力,使员工和组织得到同步成长。

(二)绩效管理良性循环的关键——目标管理、绩效考核、激励机制

1. 目标管理

目标管理环节的核心问题是保证组织目标、部门目标以及个人目标的一致性,保证个人绩效和组织绩效得到同步提升,这是绩效计划制订环节需要解决的主要问题。

那么,应该如何科学、合理地制定绩效目标,并使绩效计划得到贯彻、执行呢?目标管理就是一个非常有用的工具,它也是绩效管理的基础。

"目标管理"的概念最早是由著名管理大师德鲁克提出的。其基本方法是,企业的使命和任务必须转化为目标,公司目标分解转化为部门目标,部门目标分解为个人目标。部门和个人有了明确的目标后,在适宜的激励、约束机制作用下,部门和个人会朝着完成目标的方向努力,管理者根据部门和个人的目标

完成情况进行考核评估与奖惩。这种机制保证了组织目标的实现，它的优越性体现在能使各级员工更加清楚地知道组织的目标，对企业的长期发展充满信心；能使各级管理者和员工清楚自己对所在部门、整个组织的价值贡献，激发员工创造更大的价值；通过长短期目标的平衡，促使部门或个人去维护企业长期利益与短期利益的平衡。

目标管理在指导思想上是以"Y理论"为基础的，即认为在目标明确的条件下，人们能够对自己负责，实行自我管理和自我控制，来完成既定的目标。事实上，这种假设在某些情况下存在一定的局限性，仅仅依靠员工的自我管理是远远不够的，因此在实践中还要注意与其他管理工具的结合。

"目标管理"和"绩效管理"是两个相辅相成的工具，是站在不同角度提出的组织绩效提升解决方案。目标管理注重人的自觉性，依靠自我进行管理；绩效管理注重激励机制建设以及绩效考核，激励员工完成个人及组织目标。目标管理是站在"自我管理"的角度，充分相信员工的主动性、自觉性；绩效管理是站在"管理者和员工互动"的角度，需要管理者对员工进行绩效辅导、监控。绩效管理最核心的环节就是绩效考核。

2. 绩效考核

绩效考核是绩效管理模型发挥效用的基础，只有建立公平、公正、有效的评估系统，对员工和组织的绩效做出准确的衡量，才能对业绩优异者进行奖励，对业绩低下者进行鞭策。如果没有绩效评估系统或者绩效评估结果不准确，将导致激励对象错位，奖励了不该奖励的人，处罚了不该处罚的人，那么整个激励系统就不可能发挥作用了。

做好绩效考核工作，除了应该有正确的绩效管理理念指引外，绩效考核体系以及绩效考核指标体系的科学合理性至关重要，正确理解应用绩效管理、绩效考核有关工具方法是基础，其中最重要的一个工具方法就是关键业绩考核。

3. 激励机制

在绩效管理模型中，激励效应起着非常重要的作用。激励效应取决于目标效价和期望值的乘积，只有目标效价和期望值都较高，激励效应才会大。目标效价是指目标达成所获得的奖励对个体的激励程度或者目标未达成对个体的惩罚程度；期望值是指个体达成目标的可能性与组织承诺兑现的可能性，只有这两个可能性都足够大，期望值才会高。在激励机制建设过程中，应注意以下几点：

一是激励内容和激励方式要恰当。

从我国目前社会发展阶段以及人民生活水平来看，高层次的精神需求固然重要，但满足人民群众基本生活的较低层次需求仍是目前乃至将来一段时间内企业管理者最应关注的，因此必须充分发挥经济性薪酬的激励作用，同时用好非经济性薪酬的激励作用。

在激励方式上要以正激励（奖励）为主，同时不能忽视负激励（惩罚）在某些方面的作用。绩效管理提升的机制在于激励约束的平衡，以"Y理论"假设为前提，主张员工自我管理和自我控制的管理方式，目前在很多企业还是行不通的。加强绩效考核评估工作，对业绩优异者进行奖励，对业绩低下者进行一定程度的鞭策，还是非常必要的。

只有在激励内容和激励方式都恰当的情形下，目标效价才会有较高值，才能达到激励的目的。

二是员工绩效目标要合理、可行。

给员工制定的绩效目标不能过高也不能过低，过高的绩效目标会使员工丧失信心，即使再强的激励，其效应也会大大降低。

制定绩效目标时要对外部环境做充分的评估，对内部资源条件做详细的分析，结合员工技能水平制定合理、可行的绩效目标，这样才可能对员工有激励作用。

三是管理者要注意维护组织信用。

在对员工的奖励、惩罚方面，企业一定要注意组织信用。如果承诺的奖惩不能兑现，会使员工认为即使完成了目标，组织也不会给予奖励，即使没有完成目标或者工作出现重大失误也不会给予惩罚。员工如果有这样的思想意识，说明企业的组织信用出现了问题。因此作为企业管理者，一定要重视组织的信用，做到"言必行，行必果"，树立良好的组织信誉，员工才会为组织目标的实现、为个人目标的实现而竭尽全力。

在我国目前经济发展阶段，对大多数骨干员工最有效的激励方式是：

一是良好的职业发展前景，二是明确的工资报酬预期，三是工作好要及时肯定。

良好的职业发展前景包括三个方面，行业发展前景好、公司发展前景好、个人培训发展好。首先，如果遇上一个好行业，自然会有良好的职业发展前景。其次，如果行业前景一般，公司在行业或区域内有一定影响力，公司发展前景比较看好，员工的职业发展一般也会有保障。再次，如果行业和公司发展前景都一般，只有让员工有成长，员工才会感受到职业发展的激励，这时需要主管用心培养指导自己下属员工才行。

明确的工资报酬预期包括三个方面，中高层年度收入、骨干员工加薪机制、绩效工资和奖金。对于中高层来讲，由于薪酬处于较高水平，因此强调薪酬与组织绩效、个人绩效紧密联系非常重要；对于骨干员工来讲，明确的加薪机制非常关键，否则就存在骨干员工流失的风险；对于员工而言，如果绩效工资和奖金设计得合理，是具有激励机制的，如果设计得不合理，绩效工资和奖金可能变成保健因素，那样就没有激励机制了。

工作好包括三个方面，任务目标完成超预期、创新性的方法和思路、缺点和弱点较大程度改进。管理的重要作用是促进组织目标的达成，因此当员工的任务目标完成超预期的情况下，应给予及时肯定与赞赏；创新在管理中的作用越来越大，任何创新的尝试都应该鼓励，创新性的思路和方法应该给予肯定；人都是有弱点的，人的成长是自我蜕变的过程，任何缺点和弱点的改进都应受到赞赏和鼓励。

肯定和及时的赞美是成本最低并且有效的激励方式，是短期的激励方式，非常有效但作用时效有限；明确的工资报酬预期和良好的职业发展前景是中长期激励方式，激励作用大，但需要有良好的制度体系支持，否则往往达不到预期效果，因此建立系统的员工职位发展体系和工资晋级体系是非常重要的。

（三）影响绩效管理效果的几个因素

1. 领导及领导风格

在管理的内涵中，领导是一个重要的概念。领导一词有名词和动词两种用法。"领导"作为名词，往往指团队的负责人或者对团队有重大影响的权威人士。"领导"作为动词，是指作为团队负责人指导团队成员的行为，通过沟通增强团队成员间的相互理解，统一人们的思想和行动，带领团队成员共同完成工作任务达到组织目标的过程。在这个过程中，对领导具有一定的要求，需要领导具备一定的能力，这方面的能力称为领导力。领导力是一种能够激发团队成员热情与促进行动的能力，也是一种能够统率团队成员全力以赴去完成目标的能力。

领导力来自两个方面，一种是职位本身赋予的权力，另一种是其个人魅力对别人的影响力。

作为企业中高层管理者，培养并提高自己的领导力非常重要。这种能力的获得可以通过专门的课程（比如各种领导力培训课程）训练获得，但更多的是从企业管理实践中获得。领导力的培养是个长期互动过程，绩效管理强调主管和员工的互动及责任共担，主管在对下属进行切实的绩效辅导过程中，自然而然地打造了自己的领导力。

绩效辅导是指作为绩效计划执行者的主管领导为帮助下属完成绩效计划，通过沟通、交流或提供机会，给下属以指示、指导、培训、支持、监督、纠偏及鼓励等帮助的行为。管理者需要透彻理解这些词的真正含义，每天对下属员工做到如下各点，管理者的领导力就会切实提升。

沟通的本质是"双向"。只有这样，主管和下属才能以平等心态，说出各自的想法，达到沟通的目的。

交流的本质是"倾听"。作为主管，与下属交流一定有其目的；主管需要沉下心来，耐心倾听，下属才会敞开心扉，说出自己的真实想法，这样主管才能达到交流的目的。

提供机会的本质是"信任"。机会是有成本的，不能轻易浪费掉。人只有在被充分信任的状态下才能发挥自己潜能，抓住机会，给组织创造价值的同时实现个人成长。

指示的本质是"权威"。领导力的很重要一个方面来源就是权威。作为领导，下属能够信任和跟随，尤其是在关键时刻指令能得到坚定执行的最主要因素就是领导有权威，因此通过各种手段塑造领导的权威非常重要。

指导的本质是"专业"。如果自身专业水平不够，怎么可能指导别人呢？相反，很有可能会误导别人。要相信专业的力量，专业是很多管理者安身立命之本。

培训的本质是"系统性"。员工的能力是决定员工业绩的关键因素，因此员工岗位技能培训非常重要，应仔细研究岗位能力素质要求，分析员工实际能力与岗位要求之间的差距，制订详细的能力提升计划以及个人职业发展规划。

支持的本质是"点赞"。目前企业竞争力的来源正在发生从"量"的领先到"质"的领先的转变。增加"量"往往靠规模效应，靠增加要素投入就能解决。增加"质"往往难度大得多，这个时候除了需要组织及时进行资源匹配支持外，还需要团队成员精益求精、追求卓越的精神以及坚忍不拔、永不言弃的坚持，关键时刻领导精神上的支持更加重要。

监督的本质是"瞄着"。员工都不希望自己在被监督的状态下工作，那样缺乏信任感，员工的积极主动性会受到影响。但是领导监督下属工作，及时发现工作中存在的问题，出现偏差及时进行调整，对促进组织目标达成非常重要。如何解决监督下属工作会给下属带来不适这个问题呢？在员工感觉不到被监督的情况下，轻描淡写的几句沟通可能就解决问题，这时主管已经掌握了下属工作状况，这需要主管有非常强的专业知识、工作经验和管理智慧。

纠偏的本质是"目标"。外部环境变化迅速，既定的工作方法、工作步骤可能需要及时调整，但工作的目标不会改变。纠偏要评估目标达成程度，如果既定方法不能达到目标，必须重新配置资源或者改变工作方式方法，保证目标的达成。给下属布置任务的时候，一定要说清楚这个任务或工作的目标是什么，有什么方法可以完成这个任务，下属可以充分发挥自己主动性和创造性，在保证目标完成前提下，找到最佳的实现路径。

鼓励的本质是"成长"。鼓励不应是工作出现失误、士气受挫时给予的安慰，这个时候鼓励没有任何作用；鼓励应该是在工作取得一定成绩基础上给予更高的期待，应该伴随着鲜花和掌声，鼓励应着眼于员工的中长期成长。

除了领导力外，与领导有关的另外一个重要概念是领导风格。领导风格是指领导者的行为模式。领导者在影响别人时，会采用不同的行为模式达到目的。企业领导风格是其在长期的个人经历、领导实践中逐步形成的，并在领导实践中自觉或不自觉地稳定起作用，具有较强的个性化色彩。每一位领导者都有与其工作环境、经历和个性相联系的以及与其他领导者相区别的领导风格。主要领导的领导风格会对公司企业文化的形成和塑造产生一定的影响，而企业文化对公司的长远发展具有非常大影响。

不同的管理风格适用于不同的管理情境，在知识经济时代，民主型、教练型管理风格要比命令型管理风格会取得更好的效果。无论哪种领导风格，领导都要控制好自己的情绪和勇气。遇到困境时别发脾气，发怒的时候别轻易做决定；解决问题要勇于承担责任，开心的时候别轻易承诺。

对于处于成熟期的企业而言，公司发展战略以及高层决策者的领导力对企业的稳定和长远发展至关重要。领导力和战略决策对组织发展有决定性的影响，这时候需要领导者具有足够驾驭复杂性的能力，能平衡长期和短期的利益，平衡新老员工的利益和发展，平衡稳定与发展的关系，甚至可以说，这个时候企业家的成长决定着企业的成长。作为领导者，不仅应该为企业发展和业绩增长负责，同时还应该具有危机意识为组织发展、组织能力成长负责。

2. 企业文化

企业文化是指组织在长期的生存与发展中所形成的，为组织多数成员所共同遵循的最高目标、基本信仰、价值标准和行为规范（清华大学张德教授）。简单地讲，企业文化就是企业员工集体无意识的表现。

企业文化包括精神层、制度层和物质层。精神层指的是公司的使命、愿景以及公司所倡导的价值观，是企业文化的核心和灵魂。制度层指的是公司的制度和行为规范，是精神层和物质层的载体。物质层是企业文化的外在表现，企业生产的产品和提供的服务是物质层的首要内容，其次企业生产环境、企业建筑、企业广告、产品包装与设计等也都属于物质层，具体来讲公司的LOGO（标识、标志）、标准字标准色、商标、建筑物外观、制服、广告、传播媒介等也都是企业文化物质层的内容。

公司使命指出了公司存在以及员工奋斗的根本意义所在。无论是大公司还是小公司，都应该有明确的公司使命，这样能增加员工的使命感和自豪感，激励员工锐意进取、拼搏向上。比如阿里巴巴公司的使命是"让天下没有难做的生意"，水木知行公司的使命是"推动企业成长与发展，为企业人力资源管理实践传播思想、经验和智慧"。

公司愿景指出了公司努力的方向以及远期达到的目标，比如阿里巴巴公司的愿景是"成为一家活102年的好公司"，水木知行公司的愿景是"成为最有影响力的提供智力支持的服务公司"。

公司价值观是指企业及其员工的价值取向，是指企业在追求经营成果过程中所推崇的基本信念、行事准则以及倡导员工需要具备的能力素质，是为企业使命和愿景服务的。比如阿里巴巴公司的企业价值观是如下六点，也就是所谓的"六脉神剑"。

（1）客户第一，员工第二，股东第三；

（2）因为信任，所以简单；

（3）唯一不变的是变化；

（4）此时此刻，非我莫属；

（5）今天最好的表现，是明天最低的要求；

（6）认真生活，快乐工作。

阿里巴巴公司的价值观，第一条是从价值来源角度来说的，第二条是从效率角度来说的，第三条是从不确定性角度来说的，第四条是从激励角度来说的，第五条是从目标角度来说的，第六条是从生活角度来说的。从阿里的价值观我们可以看出，企业管理的重点就在于目标、激励、效率、价值来源、不确定性、工作生活平衡等几个方面。

需要说明的是，公司使命和愿景不会轻易变化，但公司的价值观往往会根据公司的发展战略以及公司所处发展阶段及时进行调整完善，这也是企业文化建设能达到的目标。上述的阿里巴巴公司价值观体系就是于2019年教师节马云退任张勇接任集团董事长职位时提出的，这也是阿里巴巴集团新任领导人接任的总动员。

有人说公司的企业文化就是公司大老板的文化，也就是老板管理风格的体现。这句话在某种程度上是对的，但在很多情况下这种认识是失之偏颇的。首先，哪怕是企业创始人，对公司的企业文化的形成也只是起到引领和推动作用，能否真正达到其心中的样子也是需要时间和积淀的，公司的企业文化是公司全体员工集体无意识的表现，人的思想观念的转变是需要过程的。其次，号称的企业文化和真正的企业文化是两码事，有些领导心口不一，口中一套，做事一套，其实员工并没有真正相信领导所说，也不会身体力行，只不过不予反驳，有些人甚至阿谀奉承而已，如果老板不懂得这一点，公司的发展是堪忧的。

企业文化是可以建设的，根据公司业务特点判断有利于公司使命和愿景达成的员工能力素质要求，根据外部环境的变化趋势以及公司发展阶段提出公司推崇的基本信念及行事准则，并在日常的管理中通过对有关事件的处理，不断贯彻、强化这些价值观，假以时日，这些价值观就会发挥越来越大的引领作用。比如互联网公司的价值观往往有创新、进取等思想，金融行业公司价值观往往有诚信、客户至上等思想。

企业文化建设在公司发展过程中有非常重要的作用。公司发展初期，公司规模比较小，这个时候制度规范建设非常重要。公司发展到一定阶段，公司规模比较大，强化公司核心价值观，进行系统的企业文化建设就更加重要了。从长远来看，企业发展靠的是文化，用人是看其价值观，这是组织发展和企业成长的基因。

3. 发展战略

除了决策领导管理风格以及企业文化外，另外一个对管理方式方法有重大影响的就是企业的发展战略了。对于实行成本领先战略的企业，严格的成本控制是管理的重点；对于实行差异化战略的企业，追求产品或服务的卓越是管理的重中之重。

企业发展战略就是一定时期内对企业发展方向和目标、发展路径及落地措施、企业核心竞争力打造的选择、确定及调整过程。企业战略可以明确发展目标，指明发展要点，确定企业需要的发展能力，指引企业长远发展。

战略的真正目的就是要解决企业的发展问题，实现企业快速、健康、持续发展。

有效的公司战略仅仅关注产品和服务本身是不够的，更要关注客户，引导和创造客户需求，持续地创新投入，为客户创造价值，才能最终拥有客户，实现公司的长远发展。

企业发展战略包括企业愿景、中长期发展目标、业务战略、职能战略等几个方面。制定企业发展战略，一般应首先解决以下几个问题。

（1）愿景：企业未来（远期）要成为一个什么样的企业？

（2）发展目标：企业未来（中长期）要达到一个什么样的发展目标？

（3）业务战略：企业未来需要哪些发力点？要在哪些产业、哪些区域、哪些客户、哪些产品发展？怎样发展？

（4）职能战略：企业未来需要什么样的发展能力？需要在市场营销、技术研发、生产制造、人力资源、财务投资等方面采取什么样的策略和措施以支持企业愿景、发展目标、业务战略的实现？

为了解决上述问题，需要对公司业务特点及发展趋势、外部环境变化及其影响、公司内部资源条件情况、竞争对手及提供相关产品企业的优势劣势，做出准确分析、判断，在此基础上才能制定出科学合理的中长期发展目标、切实可行的业务战略及职能战略。

以下是某集团公司10年发展战略目标：

（1）经济目标：力争到2023年，实现营业收入10亿元，净利润1亿元；到2028年，力争实现营业收入20亿元，净利润2亿元。

（2）产业战略目标：继续加强体育地产核心业务，加大体育服务业的布局，加大体育内容的培育、输出与创新力度，实现集团体育产业布局系统化、专业化、品牌化。

（3）体育场馆建设、运营目标：不断完善核心体育场馆品类，到2023年争取签约县域全民健身中心27个，建成25个，实际投入运营24个；争取签约城市社区体育中心15个，建成11个，实际投入运营10个；到2028年，争取签约县域全民健身中心50个，建成45个，实际投入运营44个；争取签约城市社区体育中心35个，建成30个，实际投入运营29个。

（4）人力资源建设目标：形成技术结构合理，年龄结构、学历结构、职称结构保持适当梯度，适应企业市场扩张和产业转型升级需要的人才队伍；进一步推进薪酬分配制度改革，建立与市场接轨的差异化、多元化薪酬制度，逐步提高企业各类人才收入待遇，激发企业活力，实现员工工资的稳定增长。

（5）技术创新目标：积极进行体育场馆建筑材料、器材设施等的技术研发和创新。推动轻钢结构装配式体育馆、移动式体育馆和集装箱式田径场标准化设计的应用和普及，并不断对其安装、使用等各个环节进行完善，同时完成游泳滑冰馆的专利申报工作。完成集装箱式田径场和移动式体育馆的研发设计并投入应用。

（6）财务战略目标：集团坚持财务结构更加合理的原则，使资产利用高效化、安全化。集团资产负债率保持在60%以下，低于国有企业平均负债率。同时加强生产流程管理，提升集团资产周转率。

（7）营销战略目标：基于集团布局的重点业态，应运用"先重点项目品牌带动集团品牌成长，后集团品牌带动多项目发展"的品牌建设思路。应率先建立重点项目在浙江省的品牌知名度，同时将重点项目品牌整合输出为集团品牌，再以集团品牌为载体输出系列项目（产品或服务）。

除了发展战略目标外，战略落地也非常关键，因此战略落地实施举措往往也是战略规划报告的一部分。以下是产品战略目标的实施举措。

体育场馆是承办体育赛事的最重要载体，同时体育赛事是重要的体育本体产业之一。"健康中国·运动浙江"全民健身大赛季是集团的自主赛事IP，是利用互联网思维办赛的一个经典案例，深受各级政府和老百姓的青睐。集团公司将继续优化赛事策划方案，坚持做"爆品"，通过"大赛季"引爆老百姓的全民健身热情，促进老百姓的体育健身消费，推动体育产业的发展；继续坚持"开展老百姓喜爱的体育活动"，坚持"一县一品"，坚持赛事内容既可以"吃点菜"也可以"吃配菜"，将当地老百姓会玩的、喜欢玩的体育运动项目作为"大赛季"的主要运动项目，将"大赛季"办成老百姓喜闻乐见的、"最接地气"的体育赛事活动，给老百姓出彩的机会；继续坚持互联网思维办赛，"大赛季"的所有赛事全部实现新媒体全程全网直播，部分赛事可以进行电视直播或录播，给举办城市展示的机会。努力将大赛季活动打造成一种产业现象。在继续做好"大赛季"的同时，孵化和培育一批新的赛事IP，如五项球类运动会、浙江新农民运动会等。

与发展战略相类似的一个概念是竞争战略。美国著名战略学家迈克·波特被称为竞争战略之父，他创造性地建立了五种竞争力量分析模型。波特认为一个行业的竞争状态和赢利能力取决于五种基本竞争力量之间的相互作用，即进入威胁、替代威胁、买方讨价还价能力、供方讨价还价能力和现有竞争对手的竞争，而其中每种竞争力量又受到诸多经济技术因素的影响。

在竞争战略思想指导下，波特提出了企业战略的核心是获取竞争优势，打败竞争对手。获取竞争优势，打败竞争对手有三种基本战略：成本领先战略、差异化战略和集中化战略。企业必须从这三种基本战略中选择一种，作为其主导战略。要么把成本控制到比竞争者更低的程度；要么在企业产品和服务中形成与众不同的特色，让顾客感觉到企业提供了比其他竞争者更多的价值；要么企业致力服务于某一特定的产品种类、某一特定的细分市场。

目前企业发展面临着越来越大的不确定性，这种不确定不仅仅来自行业内部，公司可能面临着行业外部越来越大的威胁，甚至在很多情况下都不知道竞争对手在哪里。这个时候打造公司核心竞争力，充分发挥公司核心竞争优势是解决问题的根本途径。从这个角度来看，差异化战略和集中化战略将获得更大的竞争优势。

有了发展战略目标以及战略实施举措，公司就能根据外部环境变化、内部条件因素制定年度经营目标；将年度经营目标向各个季度进行分解，公司就可以系统推进绩效管理工作了。

4. 制度流程与组织结构

企业管理涉及对人、对事的管理。对人的管理主要是制度建设问题，对事的管理主要是流程问题，而组织结构是制度流程能得以贯彻落实的主体。

管理制度是对一定的管理机制、管理原则、管理方法以及管理机构设置的规范说明。总的来讲，管理制度是属于企业文化范畴。对于发展中的企业，正确看待管理制度的作用非常关键。要重视制度建设，通过制度建设实现过程公平是企业发展壮大的前提；同时不能夸大管理制度的作用，认为管理是万能的，企业方方面面最好都用制度管理起来。事实上这种认识是不对的，管理就是管例外，制度应有灵活性和弹性，否则就不需要管理了。中国人民大学许玉林教授认为："不可能通过制度解决所有问题。第一，管理没有公平，那只是一种理想，一种追求。第二，管理在解决很多问题上，边界是模糊的。它可以是非逻辑的，非程序化的。第三，管理不是民主。"

公司最核心的管理制度是有关员工薪酬福利待遇以及岗位配置、职位晋升等情况的说明，即招聘培训管理制度、劳动合同管理制度、薪酬绩效管理制度、职位晋升管理制度等。规范这方面的管理非常重要，这些制度涉及员工切身利益，因此这些制度应能合理制定并能得到严格的贯彻执行。

简单地讲，流程解决的是工作之间的关联问题。流程管理，就是界定一个或多个事情的处理和办理经过，从工作流的输入到输出，把所涉及的部门和岗位罗列出来，然后进行程序关键节点、标准动作等方面的规范说明。一个流程涉及因何而做、由谁来做、如何去做、做完了传递给谁等四个方面的问题。这四个环节的不同安排都会对结果产出有很大影响，极大地影响着组织效率。标准的流程管理是企业进行管理信息化建设的基础。

组织结构，是指为了实现组织的目标，明确组织内部各个团队责权利，明确组织内部各个团队之间归属以及协助关系，即组织内部的构成方式，组织结构设计的结果是组织结构图以及部门职责说明。组织结构是企业发展到一定阶段的产物，企业的组织结构应该适合企业的发展战略，组织结构不合理，会制约企业的发展，进而影响企业发展战略及经营目标的实现。

我们怎么知道组织结构合理不合理呢？首先，判断公司指令的下达和贯彻是否体现效率与控制的平衡；其次，判断组织结构能否支持公司的发展战略，组织结构是否体现了企业的核心价值创造流程，组织层级设计是否合理，部门职能是否清晰等；最后，要判断组织结构是否体现责权利相匹配原则，只有责权利相匹配，才能激发组织活力，挖掘员工潜力。

组织结构设计有很多方法，比如根据组织规模及业务特点划分部门，根据流程关键节点来划分部门，根据专业分工与效率均衡划分部门，根据区域、产品等划分部门等。

组织结构的核心问题是如何优化组织运行效率。专业分工和协调控制是组织结构设计的核心。专业分工一方面提高了工作精细程度，能提高工作效率，另一方面专业分工过细导致协调成本增加，这样带来了效率降低倾向，因此组织结构设计要寻求专业分工与协调控制的效率最优。协调控制重点是解决人、财、物、运营如何协调控制问题，实质是职责权限分配问题。

一般来讲，将从事某一业务或某一区域的人员划分为一个部门，我们称之为业务部门，把为了业务的开展提供专业支持的部门称为职能部门。对业务部门和职能部门员工管理的方式方法有较大的不同，包括任务指派、薪酬激励、绩效考核等各个方面。需要指出的是，业务部门和职能部门的划分是相对的，对于集团总部的职能管理部门，如果通过专业化管理，能给公司创造较大的直接价值，那么也应该称之为业务部门了。

在中小企业组织结构设计实例中，组织结构设计最重要的一个制约因素就是人，是否有满足岗位任职资格要求的团队负责人。另外一个制约因素是根据公司业务特点采取的商业模式，商业模式是公司发展战略的体现，组织结构要适应商业模式的要求。

在组织结构设计过程中，管理层级的设计也是非常重要的。适度减少组织层级是必要的，一个原因是外部环境变化越来越快，为了快速响应，减少组织层级能提高决策效率；另一个原因是，信息化手段的应用使管理者的管理幅度有增加的可能。

企业组织结构扁平化是信息化时代组织结构发展的趋势，但组织结构扁平化要有一个度。组织结构扁平化主要解决的是组织决策效率问题，中国企业这方面一般不存在太多问题：一方面，公司的岗位层级分为实质决策层级和行政层级（职位发展体系层级），很多企业虽然行政层级较多，但决策层级是比较少的，这样就保证了企业的快速反应和高效决策；另一方面，在紧急情况下，中国企业越级汇报和越级指挥现象普遍存在，这对决策及时性的影响不是非常严重。过于强调组织结构扁平化往往不会取得理想的效果，组织结构扁平化降低了岗位晋级机制的激励效应，影响了基层员工培训发展的积极性，因此企业追求组织结构扁平化一定要适度。

传统组织结构设计原则，不能有多头领导和多头指挥，一个人不应该同时属于不同的团队，那样会存在多个领导。传统组织结构设计以价值链为基础，以业务流程关键节点设定岗位，以系统性、规范化、计划控制作为主要管理手段，坚持结果导向，重注结果激励。当今知识经济时代，网络组织结构得到广泛应用，其实质是柔性组织结构，团队整合、人员流动都经常发生，经常存在多个任务并行情况，存在大量多头领导和多头指挥，因此内部协调和信息透明变得特别重要。组织团队划分以商业模式为基础，以任务目标为核心，明确责权利，选定核心成员，领导激励作为主要管理手段，注重结果同时关注过程，对团队进行赋能。

（四）企业成长面临的挑战——创新与以人为本

在当今时代，组织成长要解决的主要问题是打造组织核心竞争优势及创建良好的外部协作环境。企业竞争的重点，已由原来的补足短板获得整体竞争优势变为做强长处打造公司核心竞争优势所代替。在核心竞争优势打造以及与外部合作开展过程中，创新无处不在。创新在管理中的地位和作用越来越重要。

创新在商业模式打造、管理机制设计及管理方法变革、产品或服务的提供过程中，都发挥着越来越大的作用，从而促进公司打造最核心竞争优势。创新是文化的渗透，创新是思维的改变，创新是激励的应用。只有鼓励创新精神，允许挑战权威，容忍犯错的企业文化才有创新的土壤；只有改变墨守成规的思维方式，具有创新意识才能做出创新性的成果；只有激发组织和个人活力，发挥组织和个人最大的潜能，创新成果才会无处不在。

在知识经济时代，以人为本的思想必须由理念转为实际行动，以人为本最核心特征是尊重人的个性发展，鼓励创新，使员工和组织得到同步成长。

管理小案例

创新是商业模式打造

WD体育集团（以下简称WD公司）在华东地区有巨大影响力，其主导业务是体育场馆建设、体育场馆运营、健康大数据服务、商业地产等四大板块，商业地产是其成熟业务板块。为了应对地产行业发展不确定性，依托其控股集团公司在体育产业方面的优势，WD体育集团将县域全民健身中心体育场馆建设、运营以及健康大数据服务作为发展方向，并取得了积极进展。

WD公司将市场定位为三线、四线城市，公司在县域标准体育场馆建设方面拥有核心技术，具有一定的成本优势。在体育场馆运营方面，采取"总运营商＋专业运营团队"模式，除了做好体育场馆日常运营外，着力打造在体育赛事、体育培训、商务会展、医疗康复和大数据服务等方面体育场馆的综合应用。目前体育场馆运营板块最主要的业务是体育赛事和全民健身，公司自主开发了赛事IP"健康浙江·动起来"全民健身大赛季，整体以群众体育为主。

WD公司目前大力推广与县域体育管理部门的合作，由地方政府给予政策优惠用地，WD公司自筹资金建设体育场馆，场馆建成后由WD公司负责运营，政府负责购买一定的场馆使用服务。除此之外，政府承诺将体育场馆周边地块给予WD公司作为商业地产开发使用。

在这个模式中，地方政府在不出资（建设场馆）不出力（运营场馆）情况下解决了两个主要问题：一是解决了国家全民健身计划纲要对人均体育场地面积的要求；二是解决了体育场馆建设资金需求以及体育场馆有效运营难题。因此各地方政府积极性都很高。

对于WD公司来讲，获得了以下实实在在的利益：一是依托体育场馆规划及建设方面的核心优势，体育场馆综合服务楼部分商业出售或出租获利基本就能弥补整个场馆建设成本；二是目前专业化运营团队基本能实现体育场馆整体收支相抵，做到不亏本运营；三是周边地产开发将不断获利；四是体育场馆运营积累了大量体育爱好者用户信息，为公司健康大数据服务产业的发展奠定了良好的基础。

管理小案例

创新是管理方法变革

凭借完美的商业模式和完善的内部管理，WD 公司获得了快速发展，2019 年相继建设完工了 10 个县域全民健身中心并先后组建团队负责场馆运营。实际上，签订合作协议时候，政府承诺每年购买相应服务总价 500 万元（数字为示例）。体育场馆每年需要给政府各个部门提供活动场地用于组织大型活动，这就需要使用主体育场馆；其次，要求室外跑道、室内篮球馆、羽毛球馆、乒乓球馆等应安排低免时段向市民开放。

除了政府资金外，体育场馆（游泳馆、羽毛球馆、篮球馆、乒乓球馆等）对外出租服务以及各种商业设置（商店、咖啡厅、饭店等）出租是其主要收入来源。

随着体育场馆相继运营，公司商业模式优势并没有立刻显示出来，主要问题是新建体育场馆通常不在繁华区域，都在城市周边地带，人员稀少，很难吸引人流。因此无论是场馆运营还是周边地产开发都面临着不小的压力。

为此，公司运营板块对各县域中心指导思想是不许亏损，尤其是政府购买服务资金必须严格到位。因此公司对政府购买服务非常重视，馆长、副馆长用大量时间和精力去政府各个部门联络，期望多来使用体育场馆，公司认为这么做一方面满足了政府购买服务需求，另一方面也吸引大批民众来体育场馆，增加人气。作为年度考核指标，除了利益和收入外，政府使用场馆次数作为核心年度考核指标。

为了充分激励场馆运营负责人的积极性，WD 公司委托水木知行公司建立了系统的场馆运营人员激励机制。水木知行对 WD 公司发展模式进行了充分研究，对运营板块的管理思路进行了重新梳理，发现了一些关键问题并对运营策略做出了较大调整。

从 WD 公司商业模式来讲，高质量的人流对公司发展非常重要，但通过政府有关部门组织活动来的人员基本是统一来、统一走，有时候又是晚上，对场馆及周边地带的宣传作用有限，这是存在的第一个问题。第二个问题，通过组织活动使用公司主体育馆，这会影响篮球馆、羽毛球馆、乒乓球馆的正常使用，会一定程度上影响场地出租收入。尤其重要的是，政府并没有规定每年至少使用多少次，多使用对公司是不利的。第三个问题，公司对低免时段百姓健身不怎么重视，所以场馆利用率较低，当然政府也没有规定年度百姓健身次数要求。

  这些问题的存在，其本质原因在于政府的目标、公司的目标、体育场馆的目标不一致，不能互相支撑，因此原来的管理方法和手段存在问题。根据上述情况，水木知行对运营策略做出重大调整，首先，全额拿到政府购买服务资金仍是主要目标，只不过调整策略，强调做好低免时段全民健身宣传推广，吸引百姓乐于来健身，通过口碑相传，百姓实实在在地用好健身中心，政府自然高兴，也会为购买服务买单。其次，强调对年度全民健身次数这个指标的考核，这个指标的引入也颇费周折，客户的理由是不好统计，不好实施。水木知行认为，全民健身中心，最重要的价值就是全民健身服务，这个指标是最综合的指标，用好这个指标，对基础管理有巨大促进，有了这个指标，可以更好地衡量政府购买服务支出的效益，百姓也会真正获益。全民健身人数多了，周边人气就会逐渐旺起来，商业设施租金就会涨，周边商业地产开发也会变得更加容易。

  因此这一指标的采用，调整了公司发展思路和工作重点，使得百姓乐意来健身，政府、场馆、WD公司的目标高度一致，实现了多赢。

管 理 小 案 例

创新是思维的改变，创新是文化的渗透，创新是激励的应用

  创新对于组织活力非常重要，到底什么是创新呢？成立于2001年的洽洽食品公司，从炒瓜子开始，经历十多年的时间，成长为产品遍布全世界，品牌价值达20亿元的食品生产、制造、销售企业。洽洽是如何做到的呢？在这个奇迹中，创新起到了非常重要的作用。

洽洽创立初期，凭借良好的产品品质洽洽瓜子很畅销，但如何进一步提高产量增加销售是和其他企业一样面临的问题。这个时候洽洽没有与其他众多企业一样增加设备和人员，而是在思考，如何将"炒制"瓜子变得更有效率，生产效率更高？如果单纯从炒字下功夫，生产作业设备主要利用表面积，设备无论做得多么大，也只能利用表面进行炒制，因此如果想大幅度提高效率，只能在突破炒字上做文章。洽洽集团创始人陈先保先生首先突破了思维上的限制，如果能将"炒制"变"煮制"再烘干，那样生产设备就不再局限于表面作业，而是整个体积了。这个想法是革命性变革，后来的生产试制就是很简单的事情了。

"炒制"变"煮制"是洽洽集团乃至炒货行业生产革命性突破，大大提高了生产效率。生产供应问题解决后，销售又制约了公司的进一步发展。从理论上来讲，低附加值产品很难做到全国市场供应，主要问题是运输半径增加了运输成本进而削弱了产品竞争力。如果想做到全国市场，提升洽洽瓜子的产品附加值显得尤为重要。在这方面，洽洽瓜子首先采用环保纸袋包装，改变了传统塑料包装习惯，一方面使产品显得很高档，另一方面符合环保、健康的发展理念，大大提升了产品的品牌和形象；其次在瓜子包装袋中随放文化卡片，唐诗宋词、金陵十二钗、水浒传108将等传统文化元素得以充分体现，这极大丰富了瓜子的文化内涵，大大提升了产品功用，而且促进了重复消费，因此洽洽瓜子得到极大欢迎。

短短几年时间，洽洽瓜子覆盖了全国所有地域，同时开拓海外市场，做到了有中国人的地方就有洽洽瓜子。销售通路做到这样极致，还有其他更神奇的招数吗？答案是肯定的，那就是对利益相关者的激励！

决定产品销售成败的关键是渠道，洽洽瓜子是通过传统渠道销售的。文化卡片、环保纸袋做到了消费者满意，但如果零售商没有动力销售产品，那么消费者也不容易买得到，产品会受到进一步制约；但如果渠道商有动力销售该产品，那么情形又是另外的结果。事实上，真正使洽洽瓜子做到全球市场的最重要原因，是开箱有礼活动，在洽洽瓜子的大小包装中，里面都有礼品。这样极大地刺激了销售末端的有关人员，包括零售店小老板、运输瓜子的分销商等，再加上公司对销售商良好的激励机制，促进渠道有关人员的积极性，使公司产品迅速覆盖全世界。

从这个例子可以看出，创新是思维的改变，创新是文化的渗透，创新是激励的应用。

三、员工激励促进企业发展

（一）三人五人问题

1. 传统经济三人实现五人业绩的关键

三人五人问题的本质原因是，老板对这个事情的衡量与员工对这个事情的衡量出现较大的差异。到底是在哪些方面的衡量出现差异呢？

老板和员工在"谁能干好""该干多少""该给多少钱""干得怎么样"这四个方面出现较大的差异，才导致这样的后果。如果把任务指派给没有能力完成任务的员工，那后果可想而知；如果对工作任务目标不能达成共识，或者没有任务目标，工作就会没有方向；如果对员工的收入待遇不能达成共识，或者没有提前约定，员工不可能受到激励，员工积极性就会受到影响；如果对员工业绩的评价不能达成共识，或者没有考核评价，前者会引起员工不满，后者会误导员工自认为干得不错。在这样的情况下，员工的业绩不可能超过老板的期望，老板期望三人干五人活，但最终五人只干出三人业绩。

如何解决这个问题呢？图1-2给出了传统经济环境下解决这个问题的理论模型。"谁能干好""该干多少""该给多少钱""干得怎么样"就是企

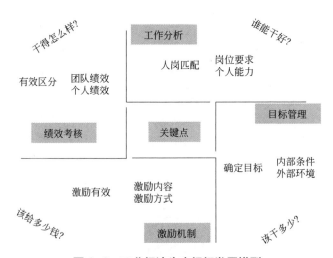

图1-2 工业经济生产组织发展模型

业管理中的"工作分析"、"目标管理"、"激励机制"和"绩效考核"。这四个方面都是非常重要的衡量，做好了这四个方面，企业管理就能解决好专业分工与效率均衡问题，企业就能超越行业发展，企业能挺过行业周期至暗时刻，做好准备迎接新发展周期的到来。

"工作分析"是企业管理工作的起点。无论是对人的管理，还是对事情的管理，首先合适的人应该放在合适的岗位上。在这个问题上，人岗匹配比较关键，具体地说，岗位的任职资格要求与个人的能力状况应该相匹配。如果个人能力低于岗位的要求，那么不可能完成岗位工作任务目标，这个时候对员工进行岗位技能培训非常重要。如果个人能力大大高于岗位任职资格要求，那么也存在着巨大的浪费，同时也因为工作没有挑战性，制约个人的职业发展，员工可能会存在着较大的不满。人岗匹配问题制约企业的发展，定期对企业中高层管理岗位以及核心业务岗位进行人才盘点成为很多企业的日常管理工作。

"目标管理"非常重要，没有目标就谈不上管理。如何科学合理地确定绩效目标非常重要，确定员工任务目标时应充分考虑内部条件因素，适当考虑外部环境因素。对于卓越的组织，确定目标往往跟外部对比，跟标杆对比，目标管理的核心是要做得比别人好。需要指出的是，对于任务目标来讲，可以是定量的结果指标，也可以是定性指标。无论定量指标，还是定性指标，能将绩效目标描述清楚最重要；如果外部环境变化太快，用定性的描述比用定量的数字更有效。另外需要强调的是，在明确目标的同时，一定要明确相应的责任和权利；只有这样，目标才能真正发挥引领作用。

"激励机制"最关键。没有激励，员工的积极性就会受到影响，员工的潜能就不能挖掘出来，企业的业绩自然不可能达到卓越。在激励机制建设过程中，激励有效性最关键，激励内容和激励方式要满足员工的真正需求。激励机制设计要考虑时空因素，激励面一定要广，我们激励的不仅仅是得到奖励或惩罚的个体，而是按照组织期望要求去做的整体；激励周期要长，提前定好规则，让员工在整个周期都按组织期望的方向努力去做。

"绩效考核"是基础。如果没有系统的绩效考核，激励机制就不会发挥作用。很多企业激励机制无效的根本原因就在于没有绩效考核的支持。绩效考核应能做到准确识别和有效区分，准确评价业务团队绩效并将之运用到团队成员的激励中非常关键，有效评价个人的绩效水平并与其绩效工资挂钩，实现个人收入与团队、个人业绩紧密联系，才能激发员工积极性主动性，促进公司业绩提升。

2. 知识经济三人实现五人业绩的关键

当今时代的显著特点就是世界经济一体化和以计算机为代表的信息技术的快速发展，给生产生活带来了深刻的影响。对于当今的时代，站在不同角度可以称之为知识经济、信息化时代、人工智能时代、VUCA 时代❶等。无论怎么称呼，新时代具有两个显著特点，一个是信息技术带来了深刻影响，二是知识对经济的贡献越来越大，在企业管理中，企业经营面临的环境更加不确定性，企业对劳动者的能力提出了更高的要求。

在传统经济，"产供销"是其主要价值创造过程，由于外部协作成本较高，所有环节基本上由企业自主独立完成，这个时候公司短板制约着公司的发展，所以补短板是管理亟待解决的主要问题，企业边界往往也比较大。在对人的管理上，实行的是以岗位为基础的管理，岗位工作分析、岗位工作目标、岗位薪酬、岗位考核是管理的几个关键环节。在管理思路和方法上，工作重心都是在满足工作质量前提下，尽量提高工作产量，也就是说通过量的增加来获得更大效益。

在信息化时代，外部协作获取成本大幅降低，这对企业生产组织方式带来了深刻的影响。那些做强长处，打造核心竞争优势，其他环节用外部协作来解决的生产组织方式获得了竞争优势，企业明智的做法是打造核心竞争优势。在管理思路、管理方法上发生了深刻的变化，那种追求卓越，把事情做到极致，一个方面做好了会带来很大的竞争优势，也会带来很大的集聚效应，成为所谓的赢家通吃。

从绩效管理模型来看，在影响绩效的四个因素中，当今时代外部环境更加不可预测，公司经营面临着更大的挑战；公司内部条件的改善受到更多因素的制约，公司发展将变得更加不确定；因此应对当今时代的挑战只能在提高员工能力和员工积极性两个方面做文章，只有这样，当外部环境变化超出预期时，

---

❶ VUCA 时代指的是变幻莫测的时代，是 volatility（易变性）、uncertainty（不确定性）、complexity（复杂性）、ambiguity（模糊性）的缩写。

我们才能够去应对。

首先，应该强化人员的培养和能力成长，员工能力强是战胜一切困难的法宝；其次，员工的价值必须得到承认和认可，强化员工的激励机制建设；再次，组织发展为了应对不确定性，要求管理方式方法做出转变，由传统的只看结果说话改变为注重结果同时关注过程控制，只有这样才能应对当今时代的挑战。

解决知识经济的"三人五人问题"，同样需要老板与员工在"谁能干""该干啥""给多少资源""利益怎么分"四个方面达成共识。一个人能力不行，一件事情做不好，其他类似事情再次给予机会也很难做好，因此员工具备一定的"能力"是基础；外部环境变化加快，很多事情对公司而言一方面是挑战，另一方面也意味着机会，及时识别和把握机会非常关键；公司决定做一个事情或项目后，可能会成功，也存在不成功的可能性，卓越企业与平庸企业差别在于卓越的企业知道及时止损和资源控制非常重要；当事情或项目小有成就，初步成功后，如果利益分配出现问题，创始团队极容易出现稳定问题，影响企业进一步发展，因此应该事先设计好均衡的利益分配机制。

"谁能干""该干啥""给多少资源""利益怎么分"这四个方面，就是企业管理的"能力分析""方向选择""任务管理""利益分配"，参见图1-3知识经济生产组织发展模型。

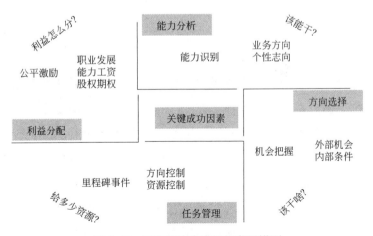

图1-3　知识经济生产组织发展模型

"能力分析"将变得越来越重要。知识经济对人的管理，是以能力为基础的管理。能力识别是能力分析的基础，是高度科学与艺术的管理活动。将在公司业务方向领域具备核心能力、具有个人发展抱负，同时具备一定管理能力素质的人才招募到企业中，也就是说找到"对"的人是首要任务。一般情况下采取能力工资非常关键，否则就会招募不到业务领域内能力强且适合企业发展的人。这也提醒我们，除了专业技能外，各级管理者的管理能力培养和提高非常重要，需要加强中层管理者团队合作、计划执行、思维决策、组织协调、创新担当等管理能力的培训，需要加强高层领导应变创新、成就动机、战略决策、领导力等管理能力的培训。

"方向选择"非常考验管理者的智慧。机会总留给有准备的人；当所谓的风口来临的时候，那些拥有内外部各种资源，尤其是人力资本储备充足的团队，才会最终抓住机会取得成功。风口未到之时，做好内外部各种资源的贮备，苦练内功。当机会来临时果断出手，把握住机会，利用核心优势、整合各方资源，为用户提供良好的产品或服务。在知识经济中，人才对企业越来越重要。对公司现有人员进行盘点，掌握现有人员能力、业绩以及潜力等综合情况，对公司发展方向选择至关重要。公司除了有必要对现有人才进行盘点外，还应对组织进行盘点，分析组织结构对业务的支撑、组织结构合理性、组织能力差距等方面，正确认识组织现状，重视组织学习及发展，企业才能赢得未来。

"任务管理"是落实过程控制的主要手段。知识经济时代，人是最重要的成功要素，运营管理在产品或服务的提供过程中变得越来越重要，挖掘客户需求、打磨产品和服务、宣传吸引目标客户、及时协调各种资源、保证及时有效交付、创造客户价值是非常重要的。在这些方面都要注重结果的同时加强过程控制。知识经济时代任何事情都不是必然成功的，甚至有些事情即使做成也会变得没有意义。因此对任务进程进行实质有效控制非常重要，一般是通过里程碑事件来进行方向控制和资源控制。一方面重新判断阶段目标达成是否有利于最终目标而实现，另一方面必须判断里程碑事件达成消耗的资源是否在可控范围。如果出现目标不一致，要及时纠偏，使项目进程回到正确方向上。如果出现资源消耗过大情况，就要重新评估项目的可行性，公司需要做出是否追加资源或者终止项目的决定，这需要最高决策者具有远见卓识和敏锐的商业嗅觉。任务管理的核心是自己跟自己比，在现有条件下做到最好、最出色。

"利益分配"是公司长远发展的关键。首先需要改变的认知是将来外部合作关系越来越多，知识经济雇佣关系也将发生变化，灵活用工、自雇人士将越来越常见，因此处理好外部合作者利益分配关系非常重要。其次，公司应追求内部核心骨干人员的长期稳定。只有解决好"公平问题"和"激励问题"才能解决员工的稳定问题。对于新入职员工，保证个人良好职业发展和实行能力工资是必要的；对于核心骨干员工，解决好价值创造、价值贡献、价值分配是非常关键的，某些情况需要考虑股权期权激励制度安排；对于部分骨干员工，尝试实行合伙制度安排是必要的，但前提是明确责权利关系并得到双方认可。

在知识经济时代，知识传承很重要，但组织更需要拥抱未来的能力。 优秀的企业总是能够面向未来，提前布局，寻找变化以及未来的机会，用增长去面对变化，勇于面对不确定性，因此如何应对不确定性变得越来越重要。组织的核心竞争力来源在于成长，智力资本对于企业长期发展非常关键，能够自我改变是其持续领先的根本动因。

对于企业来讲，如何应对不确定性，当今的理论界有很多误导，比如"攀岩模式"徒增焦虑，对解决问题没有任何指导意义；还有的强调盲目赶风口，什么事情都想抓一把，能抓住的最终是少数，大多数成了落寞英雄；还有的提倡见风使舵，随时调整方向，认为用变化应对变化是唯一选择，最终迷失了方向，成功靠运气，那样更盲目。

真正应对不确定性的法宝，纵向是拉长，横向是共享。 只有这样的组织才能真正适应外部环境的变化，将不确定性变成发展的机会。就是看得长远，笃定目标，坚定打造公司及员工核心能力；不投机，多合作，发挥公司长处，合作共赢，共同抵御风险。无论是横向还是纵向，目的都是通过组织学习成长打造公司强大的智力资本。

面对不断变化的外部环境，需要公司更快速地响应，及时调整资源匹配，及时纠偏，及时调整进度目标以及调整实施举措，但公司最终发展方向不能频繁变化，变化的只是实现目标的途径而已。当然在不确定性的外部环境下，公司既定的发展方向也可能会发生变化和调整，那样需要决策领导具有敏锐的商业嗅觉和果断的做事勇气。

知识经济时代，企业竞争的逻辑发生了改变，由以前补短板，变成了做强长处。人力资源管理也正在发生转变，由传统经济的以"岗位"为基础，向知识经济的以"能力"为基础进行转变，因此构建适应招聘选拔、培训晋升、薪酬激励、绩效考核等组织发展需要的，简单、适用的能力素质模型非常重要。

水木知行构建了用于岗位任用、职位晋升及培训发展、能力付酬及薪酬水平、能力评定及绩效考核的能力素质模型，依次用在员工招聘、组织盘点、培训晋升、薪酬激励、绩效考核等方面。本书最后一章也介绍了管理岗位发展能力要求、HR岗位发展技能要求等能力素质模型。

（二）企业发展需要加强管理的几个方面

1. 企业发展需要建设的四大核心体系

面对新时代的挑战，企业建立系统的组织管理体系、职位发展体系、工资福利体系、绩效管理体系非常重要。

（1）组织管理体系，是组织有效运转的保障。设计好组织管理体系，是公司规范管理的基础。组织管理体系包括组织结构设计、重大事项决策、核心管理流程三个主要方面。

（2）职位发展体系，是对骨干员工最重要的激励。因此企业建立系统的职位发展体系非常重要。职位发展体系的核心是岗位序列层级的设计，这个设计好，职业发展通道问题就迎刃而解了，哪些是骨干员工也清晰了，有利于骨干员工培养成长。

（3）工资福利体系，是公司最核心的制度体系。设计好这个体系，员工能受到有效激励，同时避免员工不满意的发生。岗位绩效工资制，能将员工收入与团队、个人业绩紧密联系，能有效平衡股东、管理层和员工的利益关系，因此在目前得到广泛的应用。实行真正的岗位工资制，是企业用人市场化的体现。对于骨干员工来讲，工资晋级机制是重要的激励，因此应建立系统规范的员工工资晋级机制，使员工工资增长与物价上涨、员工能力成长以及公司、员工业绩因素紧密联系，能实现整体调整，也能实现个别调整。股权激励机制对于快速发展企业的骨干员工来讲，非常具有吸引力；除了个人职业成长外，当老板做股东，对骨干员工进行股权激励非常重要。

（4）绩效管理体系，是公司最重要的制度体系。绩效管理体系，是经营层为了完成董事会确定的年度发展目标，激励中高层管理者以及广大员工团结协作、开拓进取，最终完成组织年度目标的体系，因此有效的绩效管理体系，对于组织目标的完成至关重要。设计好这个体系，能使组织绩效与个人绩效同步提升，促进公司发展战略目标的实现。广义的绩效管理体系包括战略落地体系、绩效管理体系、绩效考核体系。战略落地体系对于大的企业集团非常重要，战略落地体系就是经营层严格执行董事会等决策层决策事项的体系，公司法人治理结构的完善、经营层的尽职尽责对公司战略贯彻实施非常重要。其次公司目标的制定、分解非常重要，要充分研究外部环境、内部条件因素，董事会与经营层充分沟通达成共识，这样才能保证公司战略目标落地实施。绩效考核体系，是各个团队负责人激励约束团队成员，做好本职工作，充分挖掘潜力，保证团队任务目标实现的体系。

2. 中小企业需要规范管理的八个方面

对于中小企业而言，由于内部资源条件往往有限，应对外部环境变化的能力较弱，因此更应从管理上做文章，切实做好以下八个方面的工作。

（1）组织结构及部门职责：明晰公司的业务模式、明确公司组织结构；合理设计各部门的职责分工以及重大事项决策权限。

（2）岗位体系及岗位责权利：设计岗位序列层级、建立员工职业发展通道，加强骨干员工培养；明确岗位设置、岗位职责、任职资格要求，完善岗位说明书。

（3）工资福利体系：建立具有激励作用、实现内部公平的工资制度及工资晋级机制；完善奖金、保险福利及其他福利措施等。

（4）员工激励机制：有效的激励机制是公司得以健康发展的基础，完善中高层管理者及骨干员工激励机制；完善业务岗位员工及职能岗位员工激励机制。

（5）目标管理体系：没有目标就没有发展的方向，建立各个团队、各个岗位有效的目标管理体系；加强公司目标制定、分解及落实工作；加强业务岗位员工、职能岗位员工任务目标制定及业绩管理工作。

（6）绩效考核体系：针对各个团队、个人建立满足绩效工资发放、奖金发放、工资晋级、职位晋升等激励机制需要的简单有效的绩效考核体系；制定各部门、各团队、各岗位绩效考核内容，推动绩效考核实施并不断改进完善。

（7）股权激励机制：股权、期权激励是骨干员工重要的激励机制，建立中高层、骨干员工、老员工股权激励机制；建立中高层及骨干员工期权激励机制。

（8）人力资源基础管理：完善招聘、面试、入职、合同签订、离职等流程表单，规范人力资源基础管理工作。

（三）企业发展需要平衡好几个方面问题

企业管理，应该围绕企业愿景、发展战略平衡好以下几个方面的问题：公平与激励、效率与效果、短期与长期、外部招募与内部培养。

1. 公平和激励

激励是导向，激励着眼未来；公平是现状，公平着眼当下。考虑未来的发展一定要着眼当下。

激励是战略导向问题，是领导思路问题。公司目标是什么，制度方案能支持这个目标达成就是对的，激励不涉及价值观方面的问题。绩效工资、工资晋级、职位晋升、股票期权都是非常具有激励性的因素。绩效工资具有激励性质是在于，绩效工资是正激励和负激励同时有效，做得好，有绩效工资甚至还会多些；做得不好，绩效考核不合格就会被淘汰。

公平是现实的问题，公平是现状，公平是大家的感受，公平是内部问题和外人没关系，公平与否内部自己人说了算。解决公平问题，做好绩效考核非常关键，水木知行关键业绩考核指标由权重指标和非权重指标构成，权重指标是标准尺度问题，制定适合的评价标准最为关键，非权重指标体现公司价值观和底线的问题。

2. 效率与效果

面临确定性的环境很多管理者乐于讨论公平问题，面临不确定性环境很多管理者都在讨论效率和效果问题。效率是过程，效果是结果。因此对于确定性环境和不确定性的环境，大家关注点和着眼点有根本不同。

水木知行 TP 绩效体系强调团队绩效和个人绩效并重的理念，就是应对不确定性的一个有效方法。面临确定性的外部环境，我们强化个人考核，并将个人考核结果与其薪酬收入挂钩，就能很好地解决激励问题。但对于不确定性的外部环境，我们必须团队绩效与个人绩效并重，团队绩效注重结果，个人绩效注重过程。用团队的力量形成团队合力解决不确定性问题，相当于分散了个人的风险。将个人收入与团队整体效益与个人绩效挂钩，就能很好地解决不确定性环境下员工激励问题。

在绩效考核问题上，定量指标和定性指标都很重要。好的绩效考核指标不在于是定量还是定性，而在于是否有明确的评价标准和清晰的绩效目标。无论是定量指标还是定性指标，只要把这两个方面说清楚就是好的考核指标。

效果相当于目标，效率相当于途径。盯着目标找方法，其实这也是战略目标分解落地关键所在。如何平衡效率和效果的问题，也就是注重结果和过程控制的均衡问题。如果面临确定性的环境，我们可以用结果说话；如果面临不确定的环境，我们就需要目标和途径都要管理，也就是注重结果，也关注过程。

3. 短期与长期

传统的平衡记分卡认为短期看财务，长期看战略。一般来讲，财务指标是滞后性的指标，而反映公司发展战略的指标是长期指标。

从实际来讲，利润、收入、合同额就是非常好的短期、长期均衡指标；一般来讲，利润都是当今的效益，收入可能转化为当期或中期的利润，而合同额一般会转化为未来的收入和未来的利润，因此利润、收入、合同额就是均衡短期、中期、长期的指标。如果公司着眼长期发展，一般来讲合同额就应该占有较大的权重；如果公司更关注当下，那么利润就应该占有最大的权重。

平衡积分卡认为客户满意度是先导指标。从目前企业管理实践来看，客户满意度已经是非常滞后的指标了。先导指标是员工满意度、组织满意度指标，因为由员工提供产品和服务，在这个过程中，如果员工满意度或者组织满意度有问题，一定会影响产品或服务的质量。因此更应关注员工满意度、组织满意度，这样可以及时发现企业存在的问题，提醒管理者及时做出管理改善。

薪酬管理和绩效管理在企业管理中占有最重要的地位，薪酬变革和绩效考核应该尊重历史，看清现状，思考未来。

第一，要尊重历史。我们企业怎么发展起来的，评估这些人有多大的历史贡献，是公平的基础，就是说只有尊重历史才能把公平的问题想清楚。如果不尊重历史，公平无从谈起，因为企业是有传承的、有基因的，所以要尊重历史。

第二，要看清现状。企业现在到了什么程度，有多少家底，有多少还可以折腾，如果已经耗不起了，那么该采取行动了。公平和激励是站在两个角度看问题，激励是想改变，公平是想维持，是否改变、何时改变取决于领导的魄力，所以我们一定要在尊重历史的情况下，看清现状。

第三，要思考未来。思考未来是老板干的事，思考未来就是要想明白何去何从。现状到了什么程度，我们是否要必须做出改变。公司此刻的处境往往是由早先实行的薪酬绩效策略导致的，目前的薪酬绩效策略调整决定着企业未来十年的发展。这个事情做不好，企业未来发展就会受到限制。

4. 外部招募与内部培养

人才在企业发展过程中的作用越来越大。在知识经济时代，企业能不能发展，发展到什么程度，最终是受到人才制约的。在培养人（企业发展所需人才靠内部培养）重要还是招募人才（企业发展所需人才靠外部招募）重要这个问题上，大家有不同的认识，有的甚至认为，企业老板的主要工作就是找到企业发展所需要的人。

如果企业规模比较大，公司发展已经到了成熟阶段，公司在行业内有一定地位和影响力，毫无疑问，外部招募和内部培养都重要。公司核心业务人员必须自己培养，只有这样公司的企业文化以及核心竞争优势才能延续；企业发展了容易故步自封，经常受到固有力量的牵绊，因此适度引入外部骨干人员也是非常必要的，尤其在进行企业文化重塑、公司战略调整以及管理变革情况下，是非常必要的。

然而对于广大中小企业来讲，企业建立培养人、留住人的机制把人培养出来满足企业发展需要比招聘到能人更重要。原因如下。

（1）培养人是一个中长期的、系统的管理提升过程，招聘到能人是中短期的事务性工作，两者的重要性不可同日而语。

（2）培养人这个事情，只要踏实去做，一定能培养出适合企业发展需要的人才。而招聘到"能人"，本身就是个难题。能力强的人才往往看不上公司的平台，很难吸引过来；很多情况下，招聘过来又留不住。因此招聘到满足公司发展需要"能人"的确是很难的事情。

（3）公司发展快，本身平台又很一般，靠高薪可能会招聘到最优秀的员工，如果培养人留住人的机制不存在，高薪招募的员工很难发挥应有的作用，导致公司出现内部不公平问题，会带来严重后果。因此从务实的角度，企业应该先踏踏实实解决培养人，留住人的机制建设问题。这些问题解决了，吸引优秀人员，招聘优秀人才就不存在问题了。

第 2 章

绩效管理与业绩提升

第 1 章　企业发展需要解决的管理问题

第 2 章

第 3 章　如何建立绩效体系，推进绩效考核

第 4 章　如何做好薪酬管理，实现薪酬激励

第 5 章　如何设计薪酬体系，推动战略落地

第 6 章　如何设计岗位体系，引导职业发展

本章深入剖析组织业绩提升的关键，阐述如何将企业发展目标进行战略落地，如何切实做好绩效管理促进组织业绩提升，还介绍了常用的绩效管理有关工具方法。

提醒管理者：绩效管理在企业管理中具有非常重要的地位和意义。绩效管理是因，业绩提升是果；绩效管理是手段，业绩提升是目的。

本章要点

正确认识绩效管理

- 绩效管理的目的是持续提升个人、部门和组织的绩效。绩效考核的目的是对组织、个人绩效进行准确识别和有效区分,为激励机制的应用提供基础依据。

做好绩效管理促进业绩提升

- 建立TP绩效管理体系——要解决以下两个核心问题:第一,绩效管理要公平公正,真正提高个人、部门和组织的绩效;第二,绩效管理能得到切实推进,使企业战略目标落地。
- 企业发展目标制定及分解落地——科学、合理地制定绩效目标以及激励措施,应充分考虑被考核者的内部条件因素,适当考虑外部环境因素,评估目标达成后对被考核者的激励效果。结果导向和过程控制相结合是解决企业发展目标分解落地问题的根本。
- 如何将绩效管理落到实处——团队绩效管理循环由绩效契约签订、环境资源匹配分析、绩效评估和绩效结果应用四个环节组成;个人绩效管理循环由绩效任务目标制订、绩效辅导沟通、绩效考核评价和绩效结果应用等环节组成。

绩效管理常用工具方法

- 关键业绩考核——不仅能实现绩效管理的战略导向,更能使绩效考核更有效度,是企业卓越绩效管理的基础。
- 能力素质模型——企业要形成核心竞争力,员工就必须具备相应的核心能力,这是公司战略目标得以实现的基础。
- 满意度模型——如果员工满意度、客户满意度以及部门满意度不高,管理者就应该知道企业管理出现了问题。
- 平衡计分卡——实质是战略管理工具;对于绩效管理工作,它仅仅是选择绩效考核指标的一种方法。
- OKR考核——核心思想是员工的动机着眼于内部动机,工作本身对员工的激励是最重要的激励。
- 积分制——往往适用于基层生产服务岗位,是调动成熟度低员工积极性的一个手段,其实质是对服务支持岗位实行类似于生产岗位的计件工资制。
- 阿米巴经营——这是一种量化赋权管理模式,基于牢固的经营哲学和精细的部门独立核算管理。

绩效管理在企业管理中具有非常重要的地位和意义：正是因为有了系统的绩效管理，企业的业绩才会稳步提升；绩效管理是因，业绩提升是果；绩效管理是手段，业绩提升是目的。

绩效管理、绩效考核并不是企业该不该推行的问题，而是应该如何更加系统、完善、有效地推行的问题。企业从成立那一天起就有绩效管理，也有绩效考核，只不过方式方法有所不同而已。

正确认识绩效管理的作用和意义，对提高公司管理水平有重要的意义。绩效管理体系的科学合理性是绩效管理能够取得成效的前提，而战略目标分解落地以及切实做好绩效管理各个环节工作，是绩效管理取得成效的保证。正确地理解绩效管理有关工具、方法的特点、适用条件以及操作要点是绩效管理成功的关键。

一、正确认识绩效管理

（一）绩效、绩效管理、绩效考核

绩效是一个在当今管理者口中用得比较多的一个词语，但是很少有人对绩效、绩效管理、绩效考核有正确的理解。甚至一些绩效管理专家对绩效考核的认识也是存在问题的，认为绩效考核就是为了分好奖金、发好绩效工资等，这些都是错误的认识。

1. 绩效

绩效是指团队或个人在一定期间内投入与产出的效率与效果，其中投入指的是人、财、物、时间、信息等资源，产出指的是工作任务和工作目标在数量与质量等方面的完成情况。

绩效包括组织绩效、部门绩效和个人绩效三个层面；绩效的三个层面之间是支撑与制约的关系。

首先，个人绩效水平支撑着部门的绩效水平，部门的绩效水平支撑着组织的绩效水平；反过来，组织绩效水平制约着部门的绩效水平，部门的绩效水平制约着个人的绩效水平。

其次，部门之间绩效水平、个人之间绩效水平也是相互支撑与制约的。比如生产部门与销售部门绩效水平是相互支撑的，良好的产品品质、交货及时性以及适当的产品价格能支撑销售取得更好业绩；同样良好的销售增长能支撑生产部门生产更多的产品，生产成本自然会降低。生产部门与销售部门绩效水平也是相互制约的，销售部门工作不力导致订单不足会制约生产部门产量；生产部门产品质量出现问题会导致销售下滑，制约销售部门的工作。

这里提醒各级管理者，无论什么原因导致绩效没有达到既定目标，员工的绩效工资和奖金都应该受到一定影响。

2. 绩效管理

绩效管理，是指各级管理者和员工为了达到组织目标共同参与的绩效计划制订、绩效辅导沟通、绩效考核评价、绩效结果应用，使绩效提升的循环过程。绩效管理的目的是持续提升个人、部门和组织的绩效。

绩效计划制订是绩效管理的前提，不能制订合理的绩效计划就谈不上系统的绩效管理；绩效辅导沟通是绩效管理的基础，绩效辅导沟通不到位，绩效管理就难以实现卓越绩效；绩效考核评价是绩效管理的核心，这个环节出现问题会对绩效管理产生负面影响；绩效结果应用是绩效管理取得成效的关键，合理地应用绩效考核结果，绩效管理才能取得预期效果。

绩效管理强调组织目标和个人目标的一致性，强调组织和个人同步成长，形成"多赢"局面。绩效管理体现着"以人为本"的思想，在绩效管理的各个环节中，都需要管理者和员工的共同参与。

3. 绩效考核

绩效考核是对部门或个人某一阶段工作成果的评估和等级确定的过程，是绩效管理的核心环节。绩效考核的目的是对组织、个人绩效进行准确识别和有效区分，为激励机制的应用提供基础依据。

所谓准确识别，是指对组织贡献大、支撑公司发展战略的行为和结果给予肯定；对工作不力或出现问题，没有对组织做出贡献，不能支撑公司发展战略或给公司带来损失的行为和结果给予否定。

所谓有效区分，是指考核结果等级划分有效，不同考核结果等级之间的绩效有显著差别，考核等级为"优良"的一定比考核等级为"合格"的绩效水平高，同样考核等级为"不合格"一定比考核等级为"合格"的绩效水平低。绩效考核的有效性依赖于绩效考核体系以及绩效考核指标体系的科学合理性。

完善的绩效考核体系以及合理的绩效考核指标是团队和个人绩效考核有效的保证。

绩效考核体系是对团队及个人有关考核事项的说明。绩效考核体系的建立，有利于评价员工的工作状况，是进行绩效管理的基础，也是绩效考核得以公平公正推进的保证。

绩效考核指标是绩效考核得以推进的载体，任何绩效考核都是凭借一定的指标来进行的，没有考核指标就谈不上系统的绩效考核。有效的绩效考核指标是绩效考核取得成功的保证，因此绩效考核指标设计是绩效考核体系设计的中心环节。

（二）绩效管理的作用和意义

绩效管理不仅能促进组织和个人绩效的提升，还能促进管理流程和业务流程优化以及企业基础管理水平的提高，从而最终保证组织战略目标的落地。绩效管理在人力资源管理中处于核心地位。

1. 绩效管理促进组织和个人绩效的提升

绩效管理通过设定科学合理的组织目标、部门目标和个人目标，为企业员工指明了工作方向。管理者通过绩效辅导沟通及时发现下属工作中存在的问题，给下属提供必要的工作指导和资源支持；下属通过工作态度以及工作方法的改进，保证绩效目标的实现。在绩效考核评价环节，对个人和部门的阶段工作进行客观、公正的评价，明确个人和部门对组织的贡献，通过多种方式激励高绩效部门和员工继续努力提升绩效，督促低绩效部门和员工找出差距、改善绩效。在绩效反馈面谈过程中，通过考核者与被考核者面对面的交流沟通，帮助被考核者分析工作中的长处和不足，鼓励下属扬长避短，促进个人得到发展；对绩效水平较差的组织和个人，考核者应帮助被考核者制订详细的绩效改善计划和实施举措；在绩效反馈阶段，考核者应和被考核者就下一阶段工作提出新的绩效目标并达成共识，被考核者承诺目标的完成。在企业正常运营情况下，部门或个人新的目标应超出前一阶段目标，激励组织以及个人进一步提升绩效。经过这种绩效管理循环，组织和个人的绩效就会得到全面提升。

另一方面，绩效管理通过对员工进行甄选与区分，保证优秀人才脱颖而出，同时淘汰不适合人员。绩效管理能使内部优秀人才得到成长，同时吸引外部优秀人才，使人力资源能满足组织发展的需要，促进组织绩效和个人绩效的提升。

2. 绩效管理促进企业管理流程和业务流程优化以及企业基础管理水平提高

企业管理涉及对人、对事的管理。对人的管理主要是激励约束问题，对事的管理就是流程问题。不同的流程安排会对产出结果有影响，一定程度上影响着组织的效率。

在绩效管理过程中，各级管理者都应从企业整体利益以及工作效率出发，尽量提高业务处理效率，使组织运行效率逐渐提高。在提升组织运行效率的同时，也逐步优化了企业管理流程和业务流程。

绩效管理能发现企业基础管理中存在的问题，对基础管理提出更高的要求，促进企业基础管理水平的提升。

3. 绩效管理保证组织战略目标的实现

企业一般都会有比较清晰的发展思路和战略，有企业愿景及近期发展目标，根据外部经营环境的变化以及企业内部条件，制订出年度经营计划及投资计划，并在此基础上制定企业年度经营目标。企业管理者将企业的经营目标向各个部门分解，就成为部门的业绩目标；各个部门目标向每个岗位分解，就成为每个岗位的关键业绩指标。

经营目标的制定过程中要有各级管理人员的参与，让各级管理人员以及基层员工充分发表自己的看法和意见。这种做法一方面保证了企业目标可以层层向下分解，不会遇到太大阻力，同时也能使目标的完成具备群众基础，大家认为是可行的，才会努力克服困难，最终促使组织目标的实现。

对于绩效管理而言，企业经营目标的制定与分解是比较重要的环节，这个环节的工作质量对绩效管理能否取得实效是非常关键的。绩效管理能促进和协调各个部门以及员工按着企业预定目标努力，形成合力，最终能将企业经营目标分解落地，促进企业经营目标的完成，从而保证企业近期发展目标以及远期发展愿景的实现。

4. 绩效管理在人力资源管理中处于核心地位

人力资源管理是站在如何激励人、开发人的角度，以提高人力资源利用效率为目标的管理决策和管理实践活动。

人力资源管理包括人力资源规划、人员招聘选拔、人员配置、工作分析与岗位评价、薪酬管理与激励、绩效管理、员工培训与开发、员工关系等多个方面，绩效管理在人力资源管理中处于核心地位。

首先，组织的绩效目标是由企业的发展战略决定的，绩效目标要体现企业发展战略导向，组织结构和管理控制是部门绩效管理的基础，工作分析和岗位评价是个人绩效管理的基础。

其次，绩效考核结果在人员配置、培训开发、薪酬管理等方面都有非常重要的作用。如果绩效考核缺乏公平公正性，那么上述各个环节的工作都会受到影响，而绩效管理落到实处将对上述各个环节的工作起到促进作用。

绩效管理与招聘选拔工作以及员工关系管理工作也有密切联系。个人的能力素质对绩效影响很大，人员招聘选拔要根据岗位对任职者能力素质的要求来进行；如果岗位任职者绩效考核不合格，就会对员工关系管理产生影响。

通过薪酬激励激发组织和个人的主动积极性，通过培训开发提高组织和个人的技能水平，能带来组织和个人绩效的提升，进而促进企业发展目标的实现。

组织和个人绩效水平，将直接影响着组织的整体运作效率和价值创造，因此衡量和提高组织、部门以及员工个人的绩效水平，是企业经营管理者的一项重要常规工作，而构建和完善绩效管理系统是人力资源管理部门的一项战略性任务。

（三）绩效管理常见误区

对绩效管理的错误认识是很多企业绩效管理不能取得成效的根本原因。认清这些错误认识的本质，纠正有关人员的错误认识，避免进入误区，对绩效管理的顺利推进具有重要的意义。

1. 绩效管理是人力资源部门的事情，与业务部门无关

人力资源部门只是绩效管理的组织、协调部门，各级管理人员才是绩效管理的主角；各级管理人员既是绩效管理的对象（被考核者），又是其下属绩效管理的责任人（考核者）。

在绩效管理得不到业务部门重视的情况下，企业决策领导和人力资源管理者应坚定信心，负起责任。随着绩效管理的深入推进，各级管理者和员工能从绩效管理中获得好处，各级管理者和员工就会逐渐接受绩效管理，那么绩效管理就会得到各级管理者和员工的重视了。

2. 绩效管理就是绩效考核，绩效考核就是挑员工毛病

绩效管理的目的不是为了发绩效工资和奖金，也不是为了涨工资，这些都是手段。绩效管理的目的是持续提升组织和个人的绩效，从而保证企业发展目标的实现。绩效考核是为了正确评估组织或个人的绩效，以便有效地进行激励，是绩效管理最重要的一个环节。因此应采取正确的方法、工具，避免员工认为绩效管理就是绩效考核，绩效考核就是挑员工毛病。

3. 重考核，忽视绩效计划制订环节的工作

在绩效管理实施过程中，很多管理者对绩效考核工作比较重视，但对绩效计划制订环节重视不够。绩效计划有哪些作用呢？

（1）绩效计划提供了对组织和员工进行绩效考核的依据。

（2）科学、合理的绩效计划能保证组织、部门目标的贯彻落地。

（3）绩效计划为员工提供努力的方向和目标。

如何科学、合理地制定绩效目标，对绩效管理的成功实施具有重要意义。科学、合理地制订绩效计划，是绩效管理能够取得成功的基础。

4. 轻视和忽略绩效辅导沟通的作用

绩效管理强调管理者和员工的互动，强调管理者和员工形成利益共同体，因此管理者和员工会为绩效目标的实现而共同努力。

绩效辅导沟通的必要性在于：一是管理者需要掌握员工工作进展状况，提高员工的工作绩效；二是员工需要管理者对自己工作进行评价和辅导支持；三是必要时对绩效计划进行调整。

一个称职的管理者不能总是抱怨员工的工作能力差。对下属进行工作指导是管理者的重要职责之一。

5. 过于痴迷量化考核，否认主观评价的积极作用

绩效考核不是绩效统计，一定要发挥考评人的主观能动性，根据实际情况的变化，对被考核者做出客观、公正的评价。

在企业绩效管理实践中，很多管理者希望所有考核指标都能量化，都能按照公式计算出来。实际上这是不现实的，某种意义上是管理者在回避问题，也是管理者的一种偷懒行为。

要求考核指标全部量化的管理者，表明其没有正确评价下属工作状况的能力，在某种程度上是不称职的。事实上，没有任何人比主管更清楚地知道下属的工作状况，任何一个称职的领导都应该了解下属的工作绩效状况。因此用过于复杂的方法寻求绩效考核的公平、公正，是低效的、不经济的。

定量指标在绩效考核指标体系中占有重要地位，在保证绩效考核结果公正、客观方面，具有重要作用。但定量指标的运用需要具备一定条件，定量指标考核并不意味着考核结果必然公正、公平，考核结果公正、公平不一定需要全部采用定量指标，应该充分尊重直线上级在考核中的主观评价作用，应该发挥其他指标在考核中的重要作用。

除了定量指标外，定性指标、过程指标从本质上来讲都是软性指标，这些都涉及考核人的主观判断，但这并不影响这些指标的使用，如果这些指标与定量指标结合使用，绩效考核会获得更高的效度。

满意度测评、能力素质测评主要是有关责任人的主观判断，增加满意度、能力素质等方面的考核内容对团队及个人的考核是非常有效的。

6. 过于追求考核全面，忽略绩效管理的导向作用

在绩效管理实践中，存在一种倾向，就是尽量追求考核指标的全面和完整，考核指标涵盖了某个岗位几乎所有工作，事无巨细都要详细说明考核的要求和标准。

过分追求指标的全面、完整，必然会冲淡最核心的关键业绩指标的权重，因而使绩效考核的导向作用大大弱化。

7. 过于注重公平公正，忽视绩效管理的激励效应

绩效管理取得成效，最重要的一点是实现绩效考核与薪酬激励的公平公正性。只有公平、公正才能使人信服，才能促进个人和组织的绩效提升。但应注意，没有绝对的公平与公正，激励效应是绩效管理发挥作用的前提，如果只关注公平而忽视激励效应，那是得不偿失的。

公平是个体主观感受，由于信息不对称，往往高估别人的报酬；由于人的本性，往往高估自己的投入。因此绝对的公平很难达到，应该追求的是相对公平。

激励效应在绩效管理过程中发挥着重要的作用。激励是手段，激励内容和激励方式应符合员工的真正需求。

8. 对推行绩效管理的效果抱有不切实际的幻想，不能持之以恒

绩效管理是一个逐步完善的过程，能取得多大成效与企业的基础管理水平有很大关系。企业的基础管理水平不是短期内就能快速提高的，企业推行绩效管理不可能解决所有问题，因此短期内不能对绩效管理寄予过高期望。

绩效管理会对企业产生深远的影响，但这种影响是缓慢的。绩效管理影响着企业各级管理者和员工的经营理念，同时对于促进和激励员工改进工作方法，提升业绩有很大的促进作用，但这些改变都是逐步实现的，不是一蹴而就的。

推行绩效管理是企业发展的必然。只要正确认识绩效管理的作用，从企业的实际情况出发，扎扎实实地推进绩效管理工作，组织和个人的绩效就会逐步提升，企业竞争力最终会得到提高。

二、如何做好绩效管理促进业绩提升

很多企业在绩效管理上下了很大功夫，做了很多尝试，但收效甚微。其根本原因在于不能从企业实际情况出发，没有选择合适的绩效考核工具，没有扎扎实实去做绩效管理工作。甚至有些企业，各种考核工具轮番使用，平衡计分卡、阿米巴经营、OKR（Objectives Key Results，目标与关键成果）考核等只要有了新理念、新工具，企业不惜代价去尝试，多年下来，企业并没有得到真正的发展，而企业的管理水平也没有得到真正的提高。

水木知行 TP 绩效体系与水木知行关键业绩考核指标体系，为中小企业管理提升提供了简单、系统、适用的解决方案。团队（Team）绩效与个人（Person）绩效并重，解决好员工激励与两个绩效管理循环问题，就解决了组织发展和个体发展问题。水木知行关键业绩指标体系是在传统 KPI（Key Performance Indicator，关键绩效指标）考核以及东方人性格特征基础上建立起来的，体现了传统 KPI 考核、目标管理、平衡计分卡、OKR 考核、三支柱模型、阿米巴经营等工具的核心思想，能解决有效激励和准确识别问题，得到了广泛的认可。权重指标与非权重指标的区分以及定性指标、定量指标的使用及设计方法，对绩效管理和绩效考核的推进实施有重要意义。

（一）建立TP绩效管理体系

1. 绩效需要解决的两个问题

卓越的绩效管理体系，要解决以下两个核心问题：第一，绩效管理要公平公正，真正提高个人、部门和组织的绩效；第二，绩效管理能得到切实推进，使企业战略目标落地。

第一个问题要保证个人、部门和组织对完成绩效目标有强烈愿望，主要手段是通过薪酬激励及考核约束解决好公平与激励问题，而其核心在于绩效考核效度问题，难点是如何确定合理的绩效目标。第二个问题要解决战略目标分解及落地问题，主要手段是保证个人目标、部门目标与组织目标的一致性，其核心是所有管理者和员工都切实深入到绩效管理的各个环节过程中，难点是如何对绩效目标进行有效分解。

水木知行 TP 绩效管理体系能很好地满足上述两方面要求。TP 绩效管理体系如图 2-1 所示。

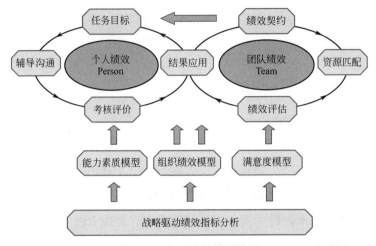

图 2-1　TP 绩效管理体系

TP 绩效管理体系包括一个基础平台、两个绩效循环和三个绩效指标模型。一个基础平台是战略驱动绩效指标分析，解决考核战略目标导向以及目标分解落地问题。两个循环是团队绩效管理循环和个人绩效管理循环，解决如何切实推进绩效管理的问题，包括绩效目标设定、绩效辅导沟通、绩效考核评价和绩效结果应用等各个环节。三个绩效指标模型指的是组织绩效模型、能力素质模型和满意度模型，解决的是考核内容问题，使绩效考核做到公平、公正、有效。

战略驱动绩效指标分析的结果是组织绩效模型、能力素质模型和满意度模型，解决了绩效考核的内容问题。组织绩效模型为关键业绩考核提供支持。能力素质模型为能力素质考核提供支持。满意度模型为满意度考核提供支持。

团队绩效管理循环和个人绩效管理循环是绩效管理的核心过程，也是绩效管理能否取得成效的关键。该绩效管理体系除了重视对个人的绩效管理外，还强调了对团队的绩效管理，故称为"TP 绩效管理体系"。

从影响绩效的主要因素可以看出，若要切实提高绩效，只有通过提高激励效应这个因素，进而影响技能因素和内部条件因素，最终才能提高个人绩效和组织绩效。TP绩效管理体系就是通过一个基础平台和三个模型解决有效激励问题，通过两个循环解决技能因素和内部条件因素问题，因此TP绩效管理模型可以最大限度地提升个人和组织绩效，保证组织战略目标的完成。

2.TP绩效管理体系的特点

（1）战略驱动目标落地，注重团队个人绩效的同步提升

TP绩效管理体系站在公司战略发展的高度来设计。以传统关键业绩考核、能力素质模型为基础，借鉴了OKR考核、平衡记分卡、阿米巴经营、三支柱模型等工具的优秀思想。组织绩效模型、能力素质模型和满意度模型为团队考核、个人考核提供基础支持。TP绩效管理体系通过战略驱动绩效指标分析，使个人目标、部门目标以及组织战略目标保持一致，实现考核的战略导向性，使公司把握外部发展机遇，促进战略目标落地。

TP绩效管理体系站在提高组织和个人绩效的角度来设计。通过团队绩效管理循环和个人绩效管理循环，使各级管理者和员工都切实参与到绩效管理过程中来。激发员工积极性，提升能力素质，充分发挥内部潜力，最大限度地提高组织和个人的绩效水平。团队绩效管理重视绩效评估，个人绩效管理重视辅导沟通。

团队绩效管理循环由绩效契约制定、环境资源匹配分析、绩效评估和结果应用四个环节组成。绩效评估是绩效管理的核心环节，公司目标管理、核算管理等基础管理工作对团队绩效管理有非常重要的影响。

个人绩效管理循环由绩效目标设定、绩效辅导沟通、绩效考核评价以及绩效结果应用等环节组成。绩效辅导沟通是绩效管理取得成效的基础，公司各级管理者和员工对绩效管理工具和方法的理解与掌握情况，是绩效管理成功的关键。

（2）组织绩效模型反映了组织核心流程价值创造过程

该模型回答了各流程的关键控制点、高绩效行为特征以及相对应的关键业绩指标等方面的问题。关键业绩指标考核体系是定量指标和定性指标的结合，

定性指标通过对主要流程关键控制点行为特征进行分析，采用定性描述方式来说明高绩效行为的特征。关键业绩指标分为权重指标和非权重指标，权重指标用来体现战略导向实现准确识别，非权重指标用来强调重要事项考核，使考核结果更有效度。

（3）关注能力素质考核及满意度考核

对员工的能力素质进行评估，找出现有能力与要求能力之间的差距，采取针对性措施，才能形成以能力素质提升为核心的人力资源规划、招聘选拔、绩效考核、薪酬激励、员工能力发展等人力资源管理体系，为公司战略目标的最终实现提供切实保障。能力素质模型分为个性品质、基本技能、专业技能和管理技能四个方面。个性品质、基本技能适用于对所有岗位人员的考核。管理技能适用于管理岗位人员的考核。专业技能适用于专业技术岗位人员的考核。

满意度模型包括客户满意度、员工满意度和部门满意度。客户满意度是分析客户对公司的有关产品和服务的满意程度，公司通过对关键事项及行为的改进，提高客户对产品及服务的满意度水平。员工满意度是员工积极状态的晴雨表，是比客户满意度更超前的指标，关注员工满意度水平对企业长远发展是非常必要的。较高的部门满意度对组织的顺畅运行是非常重要的，并能为组织的长远发展提供保障。

（4）处理好组织发展与个人发展问题

在传统工业经济时代，个人目标往往根据组织目标分解而来，因此个人发展往往依附于组织发展。在知识经济时代，组织和个体的关系发生了变化，单一个体可能对组织目标的实现有重大影响，因此必须处理好组织发展与个人发展的平衡问题。除了要求组织目标与个人目标一致用好激励机制外，公司的管理方法和思路也应做出改变；总体来讲，需要从工业经济时代的管控思维转向知识经济时代的赋能思想。

工业经济时代组织结构是严格的层级制组织结构，领导权威大多来自所在岗位的固有权利，管理的职能强调的计划、组织、控制。知识经济时代往往实行柔性组织结构，权威以专业为基础，责任为依托，真正做到让具体做事的人具有权威性，组织管理的职能更加强调目标、激励、绩效、创新等，在管理方法上，往往划小责任单元，实行目标责任管理。

在知识经济时代，组织应该具有驾驭不确定性的能力，最重要的是企业领导应该具有创新精神以及超越自身经验的见解；组织成员应该能够成长并有持续的价值创造能力。这个时候对员工的管理往往是从管理、控制转变成领导、激励，组织和员工的关系变成了相互依存、共生共赢关系。知识经济时代，对员工的激励非常重要，因此应该做好员工期望管理，管理好员工的期望，公司发展前景、培训成长、职位晋升、工资晋级、绩效工资和奖金等事项都应该进一步明确，员工应该为此而努力。

知识经济时代，通过组织学习获取公司核心竞争优势非常重要，这也就是组织能力，其结果就是获得了智力资本。组织学习包括知识获取、知识分享、知识运用及知识存储几个方面。智力资本包括人力资本、组织资本和关系资本三个方面，人力资本指的是员工的知识、技能和能力；组织资本指的是组织系统中保留下来的知识，也就是公司的知识积累；关系资本指的是组织的商誉、品牌形象以及组织与外部良好的合作及协作关系。TP绩效管理体系通过TP绩效管理循环以及团队激励机制等赋能手段应用来加强组织学习、组织能力的培养和提高，这在知识经济时代具有非常重要的意义。

3. TP绩效管理的几个关键点

根据绩效管理模型，决定公司业绩的第一个重要因素是外部环境。如果公司能赶上一个非常好的外部发展环境，比如赶上了房地产的十年黄金发展期，公司内部管理、激励机制即使存在一定问题，企业也能得到一定发展。如果外部环境不好，公司业绩肯定会受到影响。决定公司业绩的第二个重要因素是员工技能。如果员工技能大大低于岗位任职资格要求，个人的业绩会低于预期，组织的业绩也就会受到影响。决定公司业绩的第三个重要因素是内部条件，包括人、财、物、信息等资源条件以及内部管理、制度流程等软性因素，公司的发展受到这些内部条件的制约。决定公司业绩的第四个因素是员工积极性。员工没有积极性，就不会有好业绩。

在这四个因素中，外部环境最关键，员工技能和内部条件也很重要。然而，外部环境因素企业不能控制，员工技能短期不能提高，公司内部资源条件有限制，因此想提升业绩只有通过激励效应提高员工积极性；同样，在外部环境不利变情况下不被市场淘汰，一定要超越同行发展，这时员工的激励效应也是最重要的。

不同的公司选择了不一样的手段来提升绩效，有的重视员工培训，有的重视制度流程建设，有的重视企业文化建设。如果从提高员工积极性入手，通过员工自我激励，自我培养逐步改善内部条件，提高自身技能水平，那么绩效提升就会进入短期、中期、长期良性循环，就能促进组织业绩持续提升。

做好绩效管理促进组织业绩持续提升，需要做好以下几点：建立激励机制、重视辅导沟通、保证考核有效、狠抓绩效改进。

激励手段、奖励效应在绩效管理中发挥着重要作用，有以下几点需要注意。第一，激励内容和激励方式要恰当，激励内容应是员工需要的，对年轻骨干员工最重要的激励是有良好的职业发展前景，明确的加薪预期，工作好的及时肯定。科学系统的职位发展体系和工资晋级体系是非常重要的。第二，激励机制不仅仅体现在薪酬安排上，在很多方面都应有激励机制，在评价标准的设计上也应是有激励的。

辅导沟通非常重要，因为绩效考核本身并不能提高个人和组织的绩效。绩效辅导是绩效提升的关键因素，绩效辅导贯彻绩效管理各个环节，但辅导取得效果的前提还是以主管和员工的积极性为基础。绩效辅导沟通的必要性在于，第一，管理者需要及时掌握下属的工作进展情况，有助于避免小错误、小偏差的累积酿成大错或造成无法挽回的损失。第二，发现高绩效行为，总结、推广先进工作经验，有利于组织业绩的提升。第三，有利于绩效期末对员工进行公正、客观的考核评估。第四，员工需要管理者对工作进行评价和辅导支持，员工希望在工作中不断得到自己绩效的反馈信息，以便不断提高自己的绩效和发展自己的能力素质。肯定员工的工作成绩并给予明确赞赏，维护和进一步提高员工的工作积极性，是非常重要的。管理者应及时协调各方面资源，对下属的工作进行辅导支持。

绩效考核很关键。绩效考核的目的是对组织、个人绩效进行准确识别和有效区分，为激励机制应用提供基础依据，因此，绩效考核应务实有效。绩效考核是绩效管理的核心环节。

绩效改进是根本。企业发展需要不断自我扬弃，自我改进。做好绩效改进也是组织不断学习、不断成长的有效途径。在以下三个方面不断改进和优化，组织业绩就会逐步提升。第一，通过绩效考核发现企业管理中存在的问题，促进企业基础管理的提升，比如财务管理、财务核算、员工培训、员工招聘等。第二，通过绩效考核发现企业流程中存在问题，促进管理流程和业务流程优化。第三，不断优化考核体系，使绩效考核更有效度，不断提升绩效管理水平。

（二）企业发展目标制定及分解落地

从绩效管理模型可以看出，公司业绩是受外部环境影响的，但如果笃定发展目标，通过激励机制发挥员工积极性，促进内部条件逐步改善，激励员工能力快速提高，那么公司抵御外部环境变化风险能力就会提高，公司能站在更长远的角度想问题，这有助于公司最终发展目标的实现。因此卓越的绩效管理体系建设，能促进员工能力与企业业绩同步提升，能使公司发展战略目标落地。

1. 如何科学合理地制定绩效目标

如何科学、合理地制定绩效目标，是绩效管理能够取得成效的最关键因素，也是最具挑战性的环节。很多企业在绩效管理实践中都会遇到这个难题，如果绩效目标制定不合理，那么通过绩效考核对业绩优秀者进行激励进而提高组织整体绩效的目的就不可能达到。

在实践中，科学、合理地制定绩效目标以及激励措施，应充分考虑被考核者的内部条件因素，适当考虑外部环境因素，评估目标达成后对被考核者的激励效果。

制定的绩效目标应该满足以下要求。首先，制定的绩效目标必须是明确的，绩效目标的数字必须是确定的；同时要有灵活性，应该考虑到外部环境变化以及内部资源条件限制情况下绩效目标如何进行调整。其次，绩效目标的制定要有挑战性，同时要有实现的可能。

制定绩效目标的过程，一般有目标分解和员工参与目标设定两种方式。目标分解即目标由最高管理者制定，然后层层分解、最终落实到个人。员工参与设定即加强员工的参与，在整体目标设定以及目标分解过程中注重员工的作用。在实际操作过程中，往往是两种方法结合使用，只不过各有侧重而已。

需要指出的是，对于称职的管理者，对公司业务会非常熟悉，选择和确定有效的绩效考核指标并不是非常困难的事情。选择合适的指标并确定恰当的权重很重要，但更关键的是如何确定绩效目标及设计切实有效的评价标准。

2. 如何将企业发展目标分解落地

卓越的绩效管理体系，要解决战略目标分解及落地问题，保证个人目标、部门目标及组织目标的一致性。只有这样才能实现组织绩效与个人绩效同步提升的目的。

目标分解，就是将组织目标分解为部门目标，部门目标分解为各个岗位目标。岗位目标应支撑部门目标，部门目标应支撑组织目标。

目标落地，就是各个岗位、各个部门以及组织都会为了各自目标的完成而竭尽全力，通力合作达成目标。除了需要运用激励机制激发员工积极性外，绩效考核的有效性是最关键的，而绩效考核有效的前提就是绩效考核指标与目标的一致性。在实践中，如何根据组织发展目标确定组织绩效考核指标，这是很多公司一直困惑的问题。

在最早的企业管理实践中，有些人认为这个环节不是非常难做的事情，一个称职的管理者应该清楚地知道自己的工作目标和工作重点，也应该知道下属的工作目标和工作重点，因此这位管理者应该能够制定出有效的绩效考核指标及评价标准。但事实情况并不是这样简单，很多企业绩效管理不能得到有效推进都是这个环节出了问题，考核指标出现问题使绩效考核不能做到公平、公正。

后来，企业实践又将绩效考核重点放在了量化考核指标上，能量化的尽量量化考核，不能量化的就不考核，由此带来了严重的负面影响。因为定量考核指标能反映的是量的差别，常常忽视质的差别，而决定企业长远发展的因素不是仅靠数字就能衡量的。在这种考核导向下，出现了为工作数量的完成而降低工作质量的倾向，而工作质量降低对组织的损害是长久和深远的。

那么，应该如何解决这些问题呢？**结果导向和过程控制相结合是解决这些问题的根本。**

结果指标用来对工作目标是否达成进行考核；定量指标和非权重指标相结

合能激励目标达成并强化绩效考核的效度。过程指标用来对工作过程进行考核，通过分析核心业务流程关键控制点的行为特征，提出关键节点工作的标准和要求，进而为过程考核评价提供支持，其实质是定性指标。

绩效目标分解包括绩效目标值的分解和绩效考核指标本身内涵的分解，后者要比前者重要得多，难度也大得多。做好这个事情，需要对业务有较深刻的理解，并不是简单地靠几个技术手段就能解决的。

当定量指标绩效目标值不能进一步分解的时候，关注被考核者的核心工作及重点任务就显得非常重要了，这样可以设计针对性的定性指标来考核。只要将绩效目标描述清楚，评价标准事先设计得当，那定性指标的考核更有效果。

（三）如何将绩效管理落到实处

将绩效管理落到实处的关键是做好绩效管理各环节工作，TP绩效管理体系包括两个循环，团队绩效管理循环和个人绩效管理循环。团队绩效管理循环是针对部门团队的绩效管理活动，个人绩效管理循环是针对个人的绩效管理提升活动。

1. 团队绩效管理循环

团队绩效管理循环由绩效契约签订、环境资源匹配分析、绩效评估和绩效结果应用四个环节组成。绩效评估是绩效管理的核心环节，公司目标管理、预算核算等基础管理水平对团队的绩效管理有非常重要的影响。

（1）绩效契约签订。

在制订绩效计划时，一定要让被考核者充分发表自己的意见和建议，参与整个绩效计划的制订，以使绩效计划更加符合实际；同时，被考核者应该对自己参与制订的绩效计划进行表态，明确承诺绩效计划的完成。

绩效契约一般包括年度（项目）目标责任和阶段关键业绩绩效计划两种形式。年度（项目）考核注重结果，阶段考核坚持结果和过程控制相结合，只有年度（项目）目标责任考核及阶段关键业绩考核并重，才能实现绩效管理切实提高绩效的目的。在某些情况下，绩效契约还可以加入满意度考核指标。

目标责任一般以年度为周期或按项目时间签订，可以称之为"年度目标责任"或"项目目标责任"。团队责任目标制定要有挑战性，同时还要有实现的可能，根据情况还可以制定基本目标和挑战目标。目标确定后，上级和下级应就目标实现与否达成奖惩协议，同时明确实现目标责任所需的前提或条件，并赋予下级相应的资源配置权力，以实现责权利的统一。

（2）环境资源匹配分析。

在绩效契约签订后，管理者应密切关注外部环境和内部条件的变化，及时协调内部资源，给予团队足够支持，以保证目标的达成。

如果由于内部条件、外部环境变化导致目标实现难度增大，应及时进行目标资源匹配分析，对有关责任团队及时增加人、财、物等资源的支持；若由于内部条件、外部环境变化导致已定绩效目标过高或过低，那么就要根据实际情况，实事求是地对原目标进行调整，制定新的目标。

（3）绩效评估。

绩效评估是团队绩效管理循环中最重要的环节，这个环节决定着绩效管理工作的成败。绩效评估包括目标责任考核及阶段关键业绩考核两个方面。由于目标责任周期一般比较长，是年度或项目周期，因而在此期间进行阶段关键业绩考核是非常必要的。阶段关键业绩考核要将年度目标（项目目标）按阶段进行分解，主要目的是监控目标责任完成情况，及时发现存在的问题及隐患，避免重大损失的发生。年度（项目）考核是根据目标责任完成情况进行的考核，有关业绩数据一般要经过相关部门的审计，以保证公正公平性。

（4）绩效结果应用。

根据阶段绩效考核结果发放员工绩效工资，实现过程激励控制；根据目标责任实现情况，对有关人员进行奖惩。

2. 个人绩效管理循环

个人绩效管理循环由绩效任务目标制定、绩效辅导沟通、绩效考核评价和绩效结果应用等环节组成。绩效辅导沟通是历时最长的环节，公司各级领导者和员工对绩效管理工具的理解与掌握是绩效管理成功的关键。个人绩效任务目标中的绩效目标主要是关键业绩指标，也可以加入能力素质指标。

（1）绩效任务目标制定。

在绩效考核周期开始阶段，主管和下属要对绩效任务目标的有关方面做详细沟通，主管应该正式对下属下达绩效任务目标，以使下属非常清楚本考核期的工作重点及工作目标，以便向着目标的方向努力，由此会促进绩效目标的完成。

（2）绩效辅导沟通。

组织和个人的绩效目标确定后，在绩效计划的执行过程中，不可能一帆风顺。一方面，组织和个人工作目标的实现会受到外部环境变化及内部资源条件的制约；另一方面，由于现实中的人是非理性的，在受到挫折或打击后会意志消沉，影响工作的积极主动性，因此会降低个人和组织的绩效。在这种情况下，上下级之间及时、顺畅的沟通，就会起到非常积极的作用。

在沟通过程中，上级应及时掌握下属的阶段绩效目标完成情况。在没有完成阶段目标时，上级领导应该分析是因为外部环境发生了变化，还是公司提供的资源无法满足绩效计划的完成，抑或是因为组织及个人能力素质、工作方法原因，导致了低绩效。如果是因为外部环境发生了变化，那么上级领导应该及时对绩效计划进行调整，以使绩效目标适应变化后的企业外部环境；如果是因为公司提供的资源无法支持绩效计划的完成，那么上级领导应尽快协调，给予人、财、物、信息等方面的支持，推进绩效计划的完成。如果是因为组织和个人在能力素质、工作方法上出现了问题，上级则应帮助下属减轻思想上的包袱，提高能力，转变工作方法，以尽快提高绩效。

绩效辅导沟通的重要性还体现在：通过上级的阶段性评价，使下属对自己的工作有清楚的认识，做到胜不骄、败不馁。受到表扬、激励的员工会因为得到上级的认可而更加努力提升绩效，受到较低评价的员工会感受到压力，努力寻求改善绩效的办法。

（3）绩效考核评价。

绩效考核评价是绩效管理循环中最核心的环节。评价员工的绩效，上级将绩效评估结果和员工讨论面谈，肯定成绩，指出不足，协助员工制订绩效改进计划，是这个环节的主要工作内容。员工接受绩效考核结果，对于绩效管理的成功十分关键，因而在绩效考核评价环节，充分进行反馈、沟通是非常必要的。

许多企业在绩效管理实践中，往往忽视绩效反馈面谈这个环节，管理者凭印象给员工打分，打分结果也没有和员工进行沟通，认为填写完绩效考核表格、算出考核分数、发出绩效工资，绩效管理就结束了。事实上，这样不能完全达到提升绩效的目的。实践中，管理者对下属的考核指标进行评价后，应该与下属进行充分沟通。这样做一方面避免了管理者由于不能详细掌握实际情况而对下属做出不公平评价；另一方面，也能让被考核者了解自己的绩效状况，明白自己的成绩及存在的不足。在绩效反馈面谈中，管理者和下属应争取对绩效考核不一致的地方达成一致意见，消除下属的抵触心理。上级应该协助下级制订绩效改进计划，同时对下一阶段的绩效目标达成共识，这样才能完成一个有效的绩效管理循环。

在绩效反馈面谈时，主管需要与下属商讨下一阶段的绩效目标。主管应尽力创造良好条件，促进员工的能力发展，同时还要根据员工的实际能力状况，设定绩效目标，对于外部环境、内部条件发生变化的，应及时调整绩效目标，把绩效目标制订得更为科学、合理。

绩效反馈面谈时，主管还应协助下属制订个人发展计划（Individual Development Plan，简称"IDP"）。个人发展计划是指员工的工作能力与工作绩效在一定时期内得到改进和提高的系统计划。

- 个人发展计划一般是在管理者的指导下由员工自己制订，最后经主管批准实施，主管应对员工实现个人发展计划所需的各种资源给予支持。
- 个人发展计划通常包括以下内容：有待发展的项目，发展这些项目的意义和可行性，这些项目目前的绩效水平以及预期达到的水平，发展这些项目的方式、途径及需要的资源支持，完成这些项目的时间、期限等。
- 有待发展的项目一般是关于工作能力、关键业绩指标等有待提高的方面的。这些有待发展的项目很可能是目前水平较低的，也可能是水平尚可，但对组织、部门绩效进一步提升有制约作用的项目。
- 一般来说，在每个绩效期间，应该选择一个最为迫切需要提高的项目，制订个人发展计划。一个人需要提高的项目虽然很多，但人的精力是有限的，一定期间内不可能将所有的地方都加以提高。

（4）绩效结果应用。

绩效考核结果应该和绩效工资、奖金的计算与发放联系起来，同时绩效考核结果还可以用于岗位晋升、工资晋级、培训教育及个人发展计划制订等。

三、绩效管理常用工具方法介绍

（一）关键业绩考核

关键业绩指标（KPI），是衡量组织、部门或岗位发展目标实现情况的绩效考核指标，其目的是建立一种机制，将企业战略目标层层分解，转化为组织、部门、岗位可衡量的业绩考核指标，通过对这些指标的监控和管理，激励员工完成这些指标，从而保证公司战略目标的实现。

传统 KPI 指标被认为都是反映结果的定量指标。这是 KPI 受到质疑的第一个主要原因，KPI 受到质疑的另外一个原因是没有激励性，达到目标后就得满分，没有更加努力的动力。其实，这两点只要稍做改进，KPI 就会继续焕发强大的生命力。对于第一个方面，水木知行把定性指标也称作 KPI，好的指标不在于是定量还是定性，只要目标清晰，评价标准明确，无论定量还是定性都是好的 KPI 指标。对于第二个问题，只要改变评价标准，超过目标后可以多得分，激励问题就解决了。

关键业绩指标考核不仅能实现绩效管理的战略导向，更能使绩效考核更有效度，是企业卓越绩效管理的基础，因此在企业管理实践中得到了广泛应用。在互联网企业广泛应用的绩效管理工具 OKR，也体现着关键结果思想。关键业绩考核方法是最伟大的一个绩效考核方法，关注关键业绩这一思想，能使我们聚焦战略、关注目标达成、关注卓越绩效，能将业绩卓越者与业绩优秀者区分出来，为激励机制应用提供了有效依据。

员工绩效考核 KPI 指标必须来自战略，这一点是值得商榷的。传统观点认为关键业绩考核最大的好处是能实现战略落地。实际上，关键业绩考核最大的价值在于能真正实现准确识别和有效区分，能提高绩效考核的效度，战略落地的价值次之。因为在管理者日常管理工作过程中，通过战略宣贯，战略实施举措以及阶段工作重点的传达，达到战略落地更便捷。

（二）能力素质模型及其应用

在影响绩效的几个因素中，员工技能因素对业绩的持续提升非常关键。企业要形成核心竞争力，员工就必须具备相应的核心能力，这是公司战略目标得以实现的基础。而核心能力识别和培养是最重要的问题，能力素质模型就是解决该问题的有效手段。

建立和发展员工的核心能力素质体系，其最终目的是满足企业经营发展需要。识别对企业战略目标实现最具支持作用的行为和能力，有计划地建立和培养这样的能力，是建立能力素质模型的关键。

对员工的能力素质进行评估，找出现有能力与要求能力之间的差距，采取针对性措施，才能形成以能力素质提升为核心的人力资源规划、招聘选拔、绩效考核、薪酬激励、员工能力发展等人力资源管理体系，为公司战略目标的最终实现提供切实保障。

能力素质模型就是用行为方式来定义和描述员工完成工作需要具备的知识、技能和品质，通过对不同层次的定义和相应层次具体行为的描述，确定不同岗位人员完成本职工作所需要的各种核心能力以及各种能力的等级，这些能力会对员工的个人绩效及企业的目标实现产生关键影响。能力素质考核即考核员工的能力素质是否与岗位要求相匹配。

从企业角度来看，能力素质模型是推进企业核心能力构建和进行组织变革、建立高绩效文化的推进器。其重要作用体现在：有利于企业进行人力资源盘点，明晰目前能力储备与未来要求之间的差距；建立一套标杆参照体系，帮助企业更好地选拔、培养、激励能为企业核心竞争优势做出贡献的员工；可以更加有效地使用人才，实现企业的经营目标；便于企业集中优势资源，对最急需或对经营影响重大的能力素质优先培训和发展；建立能力发展阶梯，便于企业内部人员的横向调动和发展，可以更有效地进行员工职业发展规划。

从员工角度来看，能力素质模型为员工指明了努力的方向，使员工认识到

"如何做事"与"做什么"同样重要，为此要有针对性地提高自己的能力素质。通过有效激励，帮助员工更好地提高个人能力素质，从而提高个人和组织绩效。

水木知行能力素质模型包括四个范畴：**个性品质、基本技能、管理技能和专业技能**。

个性品质是个人的性格特征及品格特点，应与公司倡导的核心价值观相匹配，它是公司企业文化的表现，是公司对员工行为的内在要求，体现公司认可的行为方式。个性品质分为个人品德、职业素养和性格精神三个维度。目前很多著名企业非常重视价值观方面的考核，有些企业价值观方面的考核权重甚至达到50%。

基本技能是做好本职工作需要具备的基本能力，包括思维、表达、理解、沟通、学习、计划、执行、应变、压力反应及矛盾处理等方面。基本技能分为思维感知、沟通交流和自我精进三个维度。

管理技能是企业各级管理者做好计划、组织、协调、控制等工作需要具备的能力，是适用于企业各级管理人员的能力素质要求。管理技能分为基本管理、领导力和战略决策三个维度。

专业技能适用于专业技术人员，是专业技术人员为完成有关工作必须具备的专业技术能力要求。专业技能分为行政、财务、生产、市场、网络等范畴。

（三）满意度模型及其应用

满意度是个体对现实状况和个人期望进行比较后形成的主观感觉。满意度的外在表现是情绪的流露，这种情绪的流露具有可传导性。

如果上级管理者对于下级员工的满意度较低，将导致领导对下级的批评；下级会将不满情绪通过语言和表情动作传递给客户，客户就会对员工产生不满意；而较低的客户满意度又会影响上级对下属的满意度。如此循环往复，领导、员工、客户的满意度都会降低，工作绩效就无法提高了；如果部门之间的满意度不高，会造成扯皮、推诿现象，这样也会造成客户的不满。

由此可见，满意度测评应该是绩效考核的一个重要组成方面，包括客户满意、员工满意和部门满意三个维度。只有同级部门满意、下级部门满意、上级部门满意和员工满意，才能最终形成客户满意的结果，从而最终提高企业的竞争力。通过评价满意度水平，可以了解组织的运行状态。如果员工满意度、客户满意度以及部门满意度不高，管理者就应该知道企业管理出现了问题，应积极去探寻原因，寻求解决方法，加强、改善管理。

评价部门满意度可以发现部门协作中存在的问题，及时解决影响组织效率的因素，促进组织绩效的提高；同时也可以发现不同部门、上级部门和下级部门之间的利害关系，使企业决策者对企业组织现状及人际关系有更清楚的认识。员工满意度可以体现员工在薪酬、绩效和职业发展等方面对企业有关政策和发展前景的看法。通过采取针对性措施，改进存在的问题，提高员工满意程度，可以激励员工提高绩效。通过客户对企业提供产品或服务的满意度感知，可以发现企业管理中存在的漏洞和问题，这样可以避免灾难性后果的发生。

部门满意度广泛地应用于同级部门、上级部门对下级部门、下级部门对上级部门的考核评价中。对部门满意度的评价一般是采用指标方式，由有关部门负责打分评价。

部门满意度评价一般由公司内部组织进行，但应注意：由于部门满意度评价涉及各部门的利益关系，所以统计数据需要保密，如果打分信息泄露，会带来严重后果。一方面，考核者不敢按照自己的实际想法进行满意度评价，尤其是涉及下级部门对上级部门的满意度测评，这时往往会为了讨好上级部门而给予不真实的满意评价。另一方面，满意度评价可能会成为部门间互相报复的工具。

员工满意度和客户满意度通常采用测评方式，通过对一系列疑问句"是"或"否"的回答，以及判断句"同意"或"不同意"的回答，来测评员工或客户的满意程度。客户满意度测评和员工满意度测评，一般委托外部专业服务机构来进行。

员工满意度是员工积极性状态的"晴雨表"，它不仅受员工个体因素和有关工作因素的影响，还受所在公司总体经营状态和发展前景的影响。因此，关注员工满意度水平对公司的长远发展是非常必要的。

通过员工满意度测评可以帮助管理者倾听员工的心声，是了解员工需求的有效方法；还可以用于诊断企业人力资源管理现状，定期的员工满意度调查相当于为企业进行定期"体检",根据调查结果分析企业管理中存在的问题,并提出针对性的管理改善建议,提高管理水平,使员工满意度获得提升、公司竞争力得到进一步增强。

(四)其他有关工具、方法介绍

在绩效管理领域,除了关键业绩、能力素质、满意度等有关工具、方法得到广泛应用之外,平衡计分卡、OKR 考核、积分制、阿米巴经营等几种管理方法也得到了广泛的应用。需要指出的是,这些工具都需要有利的外部环境和适宜的内部条件支持,因此应谨慎应用。

1. 平衡计分卡

平衡计分卡(Balanced Score Card,简称"BSC")是由卡普兰(Robert Kaplan)和诺顿(David Norton)提出的。平衡计分卡一度非常风靡,对中国企业绩效管理实践有深刻的影响。平衡计分卡的突出特点是,将企业的愿景、使命和发展战略与企业的业绩评估系统联系起来,把企业的使命和战略转变为具体的目标和考核指标。平衡计分卡以企业的战略为基础,将各种衡量方法整合为一个有机的整体,既包括了传统的财务指标,又通过客户、内部运营及学习成长指标来弥补财务指标的不足。平衡计分卡四个方面的提出,站在战略规划、战略实施角度来看,能对各个业务单元提出要求,具有较强的指导意义。

传统的财务会计模式只能衡量过去发生的事项,但无法评估企业前瞻性的发展,这种考核模式,业务单元的利益最大化可能导致企业整体利益的损失,为追求实现短期利益可能会影响长期发展,因此过于注重财务指标考核容易产生注重短期利益而忽视企业长久竞争力培养的倾向。

平衡计分卡突破了以财务指标作为唯一衡量指标的局限性,做到了多个方面的平衡。平衡计分卡通过对财务、客户、内部运营及学习成长等四方面指标均衡设置,使四方面指标互为支撑,财务指标与非财务指标相结合,注重短期利益的同时,强调了企业长期竞争能力的培养。平衡计分卡的四个维度指标具有因果关系:学习成长指标的实现有助于内部运营的改善;内部运营的改善有助于客户满意度的提高;而内部运营的改善以及客户满意度的提高,有助于财务指标的实现。

事实上，平衡计分卡不仅是绩效管理工具，更是战略管理工具，它解决了长期以来困扰战略管理者的难题，即战略规划与战略实施脱节的问题，因此平衡计分卡得到了理论界和实务界的广泛关注。成功应用平衡计分卡，无疑对企业竞争力的培养，对企业的长远发展，都是有促进作用的。

平衡计分卡有诸多优点，但在企业绩效管理实践中，失败案例较多。企业在引进平衡计分卡作为绩效管理工具时一定要慎重，因为若要全面实施平衡计分卡，企业必定花费大量的成本和时间，这往往是很多企业所不能承受的。平衡计分卡作为对业务单元层面的考核可以借鉴，但将其作为对岗位考核尤其是基层岗位考核的工具时要慎重。如果企业因为绩效考核而引进岗位层面的平衡计分卡，那是没有必要的；因为这将耗费管理者太多的时间和精力，绩效考核应该考虑成本和收益的平衡。平衡计分卡首先是一种战略执行工具，然后才是一种企业业绩管理工具，用它来做员工考核不是用其所长。但无论怎样，平衡计分卡这种思想对绩效管理实践的启迪意义是非常重大和深远的。

总体来讲，平衡计分卡实质是战略管理工具，对于绩效管理工作来讲，它仅仅是选择绩效考核指标的一种方法而已，其价值主要在于思想层面，在实操层面意义不大。首先，选择绩效考核指标只是做好绩效考核的基础，绩效目标如何确定，绩效评价标准如何制定等更影响着绩效考核的效度，决定了绩效管理的成败。其次，平衡计分卡如果应用不当，会引起不良后果。如果将工业经济时代的绩效管理工具照搬应用在知识经济时代，本身就脱离实际了。最后平衡计分卡过于追求定量考核，注重结果而忽略过程，只靠结果说话，这并不能满足 VUCA 时代对管理提出的更高要求。因此生硬使用平衡计分卡，必然会带来诸多问题。

2.OKR 考核

OKR 是英文"Objectives & Key Results"的首字母缩写，中文意思即"目标与关键成果"。OKR 最初由美国英特尔公司使用，后来包括谷歌、领英在内的许多硅谷公司都采纳了这个制度并取得良好效果。目前国内著名企业华为、腾讯较早引入 OKR，阿里、京东、字节跳动等也都在推进 OKR。

OKR不是绩效考核工具，是系统的绩效管理工具。《OKR：源于英特尔和谷歌的目标管理利器》一书，对OKR是这样说明的："OKR是一套严密的思考框架和持续的纪律要求，旨在确保员工紧密协作，把精力聚焦在能促进组织成长的、可衡量的贡献上。"其重点在以下几个方面：

（1）严密的逻辑框架：OKR由目标和关键成果两部分组成，因此目标和关键成果是整个体系的核心。在做一件事情的时候，首先必须有明确的目标，其次有明确的产出成果；在目标和成果之间还有一个桥梁，那就是关键实施举措。从这里可以看出，OKR的核心是基于战略和目标，注重战略实施举措，关注核心工作成果的逻辑来进行绩效管理的，因此本质是一个绩效管理的工具。

（2）持续的纪律要求：OKR强调不同业务团队、不同岗位之前的协同，因此特别强调不同业务、不同岗位节奏的匹配性，OKR强调过程中要不断地评估OKR的进程，直到达到KR（即关键成果）的各项关键要求。这就要求OKR对有关组织、有关岗位都要公开透明，OKR倡导的是公开透明的团队氛围。

（3）精力聚焦：确保员工紧密协作，关注促进组织成长的核心贡献，KR一般3~5条即可。

根据绩效管理模型，激励机制在绩效管理过程中发挥着重要的作用。激励的目的就是提高人的积极性，也就是提高人们的动机。动机分为内在动机和外在动机。自主、胜任和关系是人类的三大基本心理需求，如果能促进个体这三个基本心理需求，个人内在动机就会增强；有助于提高员工工作自主性、员工胜任工作、良好的人际氛围的措施都会增加员工的内在动机。如果强化外部管控的手段，包括激励和惩罚，会强化个体外在动机，降低个体的内在动机水平。

OKR的核心思想，是员工的动机着眼于内部动机，工作本身对员工的激励是最重要的激励，不主张使用奖金等物质激励方式，因此KR达成与否不与奖金等物质激励挂钩。

相对于传统的KPI方式，OKR将工作重心从"考核"回归到了"管理"，关注目标实现的前提下，强化过程管理。OKR有以下几个特征。

（1）OKR在精不在多——核心目标和关键成果非常聚焦，因为它是用来明确工作重心的。这点与KPI是类似的。

（2）全体公开、透明——同级、直接上级、间接上级的目标都是公开的，因此能更加充分理解目标并实现目标的导向作用。

（3）OKR 由个人提出，由组织确定。但提出目标是要有野心的，是非常具有挑战性的。考核结果弱化与当期收入的关联，目的是让员工放下包袱敢想、敢干，创造卓越绩效。

（4）OKR 实行的前提，是员工具有主观能动性、创造性，并且具有较高的职业道德素养和突出的专业技术能力。

值得说明的是，OKR 并不是一个全新的管理工具。它是在目标管理、传统 KPI 考核、传统绩效管理等工具基础上，为了适应外部环境变化迅速、工作产出结果不确定性大、产品生命周期缩短情况下，对高智力研发等岗位人员一种有效的管理工具，也是人力资源实现从以岗位为基础管理到以能力为基础管理转变的有效手段和方式。OKR 和传统绩效考核方法主要区别在于以下几点。

（1）OKR 的精髓是员工激励只靠内在激励，不靠外在激励，即员工激励靠的是工作本身的兴趣、爱好等精神层面激励。因此应慎重研究公司所处行业特点以及员工成熟度水平，如果忽略这个基础，OKR 可能不会取得实效。国内有的企业在用的时候调整了，将业绩评价、收入待遇与 OKR 考核挂钩，只要挂钩就和原来的机制设计理念有差异了。

（2）OKR 是在美国英特尔公司诞生的，其所在的是极其不确定性 VUCA 时代的高科技行业，没有办法做定量的评估，传统的 KPI 考核不适用，而又不能不去管理，所以在传统 KPI 上衍生了 OKR。

（3）KPI 和 OKR 本质上都是使组织和个人的目标统一，大的方向是目标管理，OKR 增加了上下级之间的沟通频次，更公开透明，可以及时调整目标，是应对于 VUCA 时代高科技企业更加柔性管理的机制。

3. 积分制

积分制管理是指把积分制度用于对人的管理，以积分来衡量人的价值，衡量被考核人的综合表现，然后再把各种物质待遇、福利与所获得的积分挂钩，并向高分人群倾斜，从而达到激励人的主观能动性，充分调动人的积极性的目的。积分制吸引人的标签很多，结果说话、量化考核、公正客观、及时激励、奖优罚懒等，因此积分制管理在普通中小企业受到了一定的推崇。

积分制主要有两种形式。

第一种积分制，积分主要用于工资以外的薪酬福利待遇，比如达到一定积分给予工资晋级、年底奖金、发放物品、培训机会、出国旅游、发放补助、商业保险待遇等。其积分方式月度不封顶，加分维度有：学历、职务、资历、工龄、才艺等，做了事就有分数积分，将所有的工作全方位量化计分，分数不清零，累计加分。由于分数不清零，容易形成大家吃老本、混资历等情况的弊端。

这种积分制往往适用于基层生产服务岗位，是调动成熟度低员工积极性的一个手段，有点近似企业文化功能；对于员工成熟度高或者专业程度要求高的岗位，这种管理方法基本是无效的。

第二种积分制，积分直接对应工资，主要用于工资发放。其实质是对服务支持岗位实行类似于生产岗位的计件工资制。

每个岗位每月赋予基础分值1000分，对应岗位员工月薪标准（如若员工月工资标准为5000元，每1积分代表5元），结合公司战略目标从岗位说明书和工作流程，将岗位工作进行量化处理，提炼关键的产值指标和价值指标，并对每个指标赋予相对应的分值。每个指标根据过往历史数据设置平衡值，月度工作成果超出平衡值给予一定的加分，低于平衡值给予一定的扣分。有些企业在实际操作过程中，提炼若干个关键指标，每个指标给予一定权重（直接对应奖励金额）并设定平衡点；达到平衡点就会得到奖励金额，超过就会多得，未达目标就会少得。这种方法其本质也是积分制。

这种积分制也得到了有很多中小企业的推崇。第一，实现了"薪酬的全绩效模式"，工资完全由其个人业绩决定，实现了利益驱使的激励模式，将每个岗位划分为战略单元，每个人关注个人目标达成情况，实现了员工的自主经营和自我管理；第二，设置基础分值，这样既做到了薪酬保密也实现了每月绩效得分横向和纵向的比较，有利于绩效提升。这种积分制其实质是生产单位提成工资向服务行业企业的推广应用，具有直接性、明确性、及时性等特征，员工易于接受。对于老板而言，员工挣的每一分钱都来自业绩提成，因此老板自认为不再有压力。

这种积分制在外部环境变化不大，员工努力工作就会有成果的业务岗位会取得一定效果，员工积极性和主动性都会得到提高；尤其是在市场向好前提下，员工收入会比较有保证。但这种方法做好的基础依赖于有效的绩效考核，对考核要求很高，操作复杂，管理成本大大增加；如果操作不当或者外部环境变化较快，会出现很多弊端。

其一，这种机制仅以结果说话，员工收入随业绩波动得比较大，其最大的弊端，使企业和员工关注短期行为，不利于应对不确定性。其二，员工的产值指标和价值指标各指标积分值不一样，奖励效价也不一样，员工可能为了自己的收益忽略公司整体利益。其三，将岗位工作进行量化，业务部门相对好量化，职能部门和高层管理岗位量化难度比较大，会增加内部管理成本；即使勉强完成量化，会造成员工关注积分指标对应事项，忽略非积分指标事项；如果一旦发现要增加某项工作又得给员工增加积分，额外增加了人力成本。其四，缺乏对不确定性的应对机制，员工短期价值高或低，可能并非员工的努力和能力原因导致，有可能是外部环境使然，这种方法不利于应对外部环境的不确定性。其五，此种激励方式对历史数据要求非常高，没有历史数据做支撑启用全绩效薪酬风险非常大，因为员工收入和绩效强相关，没有历史数据在制定平衡值和加减分规则的时候很难让员工信服，员工和管理者之间的博弈会非常激烈，加大企业制定目标的难度不利于战略落地。其六，此种激励方式适合生产、服务行业的基层员工，而基层岗位员工的收入更多的是其时间价值体现，因此薪酬与绩效挂钩不应太强。其七，这种方法会使企业老板和员工都关注短期利益，员工忠诚度不高，老板也很难从长远角度看问题，因此对公司后备干部培养以及公司长远发展是不利的。

4. 阿米巴经营

前几年国内流行阿米巴经营，很多企业趋之若鹜。阿米巴经营模式是日本著名管理学家稻盛和夫倡导并成功实践的经营哲学和管理办法。由稻盛和夫创建的京瓷公司和KDDI（日本第二大电信运营商）都最终成长为世界500强。稻盛和夫接手经营陷入困境的日航公司并导入阿米巴经营后，成功地让其复活，更增加了阿米巴经营的神秘色彩。

阿米巴管理模式是量化赋权管理模式，基于牢固的经营哲学和精细的部门独立核算管理，将大公司平台拆分成若干小的单元，每个小的单元就是一个阿米巴，每个部门是一个阿米巴，甚至把大的部门拆成小组阿米巴。在国内最常见的阿米巴模式是公司将前台作战的业务部、销售部、生产部、研发部和后台服务的财务部、行政部、人力资源部、后勤保障部等都做成阿米巴。各个阿米巴的领导者以自己为核心，自主经营，自行制订计划，独立核算，持续自主成长，让每一个员工成为主角，全员参与经营，让企业与员工形成事业共同体。将整个公司的所有员工都激活、激励起来，在公司内部形成一种创业的生态，达到公司员工自下而上的激励效果，依靠全体智慧和努力完成企业经营的目标，实现创造高效益的目的。阿米巴经营哲学的核心思想是：敬天爱人，共筑企业与员工的长期美好。

单独学习阿米巴的管理办法，没有经营哲学做基础，会很难取得预期的成功。很多企业纷纷导入阿米巴，但成功的不多，并没有因此带来预期的成长及赢利的提升，人力成本也没有因此而下降。原因是多方面的，最重要的一个原因就是**日本的企业与中国的企业文化环境不一样，日本的企业为终生雇佣制，员工没有生存的后顾之忧，员工流动也少。**启用阿米巴经营模式必须要以下几个前提：

第一，公司有完善的企业文化。公司需要长期坚持不懈地抓企业文化建设，企业内部员工要有一致的使命、愿景和统一的行动指南，如果没有相应的文化为纽带盲目导入阿米巴，会导致相互争夺资源，出现内耗。

第二，良好的人才培养机制。由于阿米巴模式的推行，企业面临人才快速培养的需求，所以要有系统的人才复制机制，加强职业化的团队打造，促使达到阿米巴所需要的员工能力素质要求。

第三，要有清晰的商业模式和具备竞争力的产品或服务。选择启用阿米巴的公司须赢利且处在公司的上升期。如果公司不赢利启用阿米巴，会有公司规避责任的嫌疑，员工会内心抵触，达不到较好的收益，注定会失败。

第四，完整公开的财务数据化体系。实施阿米巴模式必须要有完善的财务数据化体系并将数据适当公开，预算和核算体系清晰全面，有系统的数据做支撑。

第五，成熟的运营管控体系。实施阿米巴一定要在运营体系较成熟的前提下，如负责质量全面管理的质量管理体系，负责目标管理的计划管理体系，以经营机制为核心的现代化经营体系等。统一指挥和各级管理结合，有各方面专业化管控手段和方法。没有这些做基础，贸然推进将存在较大风险，甚至存在失败的可能。

第六，各个团队独立核算。启用阿米巴要实施各个团队的独立核算。对于没有直接业绩产生的服务部门无疑就会要用"内部转移价格"，这会增加企业的管理成本。同时这个价格大多是由公司制定，作战单元阿米巴享受其服务的过程中如果服务和产品不满意，而且价格比外部价格还高的情况下，作战单元的阿米巴就可能会启用外部服务而不使用公司内部的服务，很容易造成企业内部矛盾，这样反而造成了公司整体损失。对于职能管理部门的阿米巴要慎重启用，这些部门主要职责是做好专业支持服务，其价值体现在公司整体利润增值中，应该在公司整体超额利润中给予其奖励，而不是硬要做成阿米巴。

值得说明的是，阿米巴经营作为管理方法来讲，并没有太多独特之处，只不过将公司各个单元都作为利润单元，需要核算模拟利润，其中转移价格的确定给管理增加了很大的成本，也会带来很多问题。

从管理角度来讲，无论利润单元、成本单元、费用单元，将其作为整体进行管理和激励，使用本书团队绩效管理的思想，与其签订目标责任书，明确责权利，只要考核做得好，激励做到位，员工的积极性一样能发挥出来，激励员工自我赋能，最终实现个人、团队、组织的目标。

第 3 章

绩效考核体系及绩效考核

第 1 章　企业发展需要解决的管理问题
第 2 章　如何做好绩效管理，保障业绩提升
第 3 章
第 4 章　如何做好薪酬管理，实现薪酬激励
第 5 章　如何设计薪酬体系，推动战略落地
第 6 章　如何设计岗位体系，引导职业发展

本章着重介绍了如何建立系统规范、简单有效的绩效考核体系。此外，对关键业绩考核以及绩效考核的几个关键问题有重点阐述。

提醒管理者：科学、合理的绩效考核体系以及合理的绩效考核指标设计是绩效管理取得成效的关键。了解和掌握关键业绩考核指标设计的方法和技术是每个企业管理者的必修课。

本章要点

绩效考核体系设计

- 设计绩效考核体系时，绩效管理方式方法要与公司发展战略以及公司决策领导管理风格相匹配。
- 构建绩效考核体系时，应将中高层管理者以及业务骨干的利益与公司利益紧密联系，形成大家休戚与共、风险共担的局面。

关键业绩考核指标设计

- 水木知行关键业绩指标体系由权重指标和非权重指标两大类组成，其中权重指标又分为定性指标和定量指标。为了体现公司发展战略导向，权重指标不宜选择太多，否则会冲淡最核心指标的权重，可以将某些指标设计成不占权重形式，这样的指标称为非权重指标。
- 关键业绩指标的选择和权重确定的过程；是考核者与被考核者双向沟通的过程；在考核项目的选择、权重的确定、考核指标说明等方面，双方应充分沟通。

绩效考核的几个关键问题

- 到底该由谁来负责考核——关键业绩考核一般采用自上而下考核法，而满意度测评、能力素质考核一般可以采用360度考核法。
- 慎用"末位淘汰"法——在使用"末位淘汰"法时，要正确认识"末位淘汰"法具有积极作用和消极作用的两面性。
- 关键业绩考核指标选择与权重确定——关键业绩指标要少而精，定性指标和定量指标相结合，灵活运用非权重指标。
- 如何做好绩效考核实施工作——应取得业务部门的支持与认可；应取得员工的理解与认可；绩效考核指标选择设计好；绩效结果应用好。

科学、合理的绩效考核体系以及合理的绩效考核指标设计是绩效管理取得成效的关键。如何对公司及公司高层、部门团队及负责人、普通员工进行绩效考核是所有企业都必须面对的问题，了解和掌握关键业绩考核指标设计的方法和技术是每个企业管理者的必修课。

一、绩效考核体系设计

（一）绩效考核体系的含义

绩效考核体系是由一组既独立又相互关联，并能较完整地表达评价要求的考核指标所组成的评价系统。绩效考核体系的建立，有利于评价团队及员工工作状况，是进行绩效考核工作的基础，也是保证考核结果准确、合理的重要因素。

设计绩效考核体系时，绩效管理方式方法要与公司发展战略以及公司决策领导管理风格相匹配。绩效考核体系构建时应将中高层管理者以及业务骨干的利益与公司利益紧密联系，形成大家休戚与共、风险共担的局面。

绩效考核体系由绩效考核者、绩效被考核者、绩效考核周期、绩效考核内容、绩效考核结果等方面组成。

- 绩效考核者指的是由谁负责进行考核。
- 绩效被考核者指的是对谁进行考核。
- 绩效考核内容指的是在哪些方面进行考核。
- 绩效考核周期指的是多长时间进行一次绩效考核。
- 绩效考核结果指的是绩效考核分数、绩效考核等级、绩效考核系数等各个方面。

构建绩效考核体系就是明确由谁负责，对谁、在哪些方面进行考核，多长时间进行一次考核，绩效考核结果如何应用等方面的制度规定。

明确进行绩效考核的目的和原则，明确绩效考核的组织管理以及绩效考核注意事项，明确绩效考核重大事项的决策机制以及公司决策领导、人力资源部门的职责，是非常重要的。一般情况下，企业设立绩效评估委员会作为绩效考核的最高决策机构。

人力资源部是其日常执行机构，其职责包括：体系建立、组织执行、指导监督、绩效改进。人力资源部门应该从烦琐事务中解脱出来，借助大数据、人工智能等领域的先进手段工具，成为数据和创新的驱动者。

1. 绩效被考核者

绩效被考核者是绩效考核的主体。明确绩效被考核者是建立绩效管理体系的第一步，一般将绩效被考核者分为团队考核和个人考核两大类。团队考核可以是对公司整体、部门团队等的考核；个人考核可以是对公司高层、部门中层、部门员工的考核。

2. 绩效考核内容

绩效考核内容是绩效考核体系的核心，也是构建绩效管理体系最重要的环节。绩效考核内容包括目标责任、关键业绩、能力素质、满意度等方面，不同的内容适用于不同的考核主体。目标责任指标其实质也是关键业绩，综合测评是反映关键业绩、能力素质及满意度等方面的综合指标。事实上，任何有效的考核指标体系都是关键业绩、能力素质及满意度等某一方面或某几方面的综合。

3. 绩效考核周期

绩效考核周期指的是多长时间进行一次绩效考核。考核周期有固定时间间隔和非固定时间间隔，固定时间间隔一般有年度考核、半年度考核、季度考核、月度考核，除年度考核外，其他考核可以称为阶段考核；非固定时间间隔一般是指一个任务或项目完成后进行的考核，可以称为项目考核，如果这个任务或项目时间跨度比较大，可以把这个任务或项目分为几个阶段，每个阶段结束后进行阶段考核。

需要指出的是，对于绩效考核周期而言，实践中有两种倾向。一种是绩效考核周期短期化倾向，如周考核、日考核等。事实上，这种作为日常管理手段的考核并不是真正意义上的绩效考核，真正意义上的绩效考核除了应用于绩效工资、奖金发放外，主要用作工资晋级、职位晋升的依据。为了将绩效考核落到实处，实践中就有了另一种倾向：将绩效考核周期延长，很多生产企业将管理人员的绩效考核周期由月度也改为了季度。

实际上，绩效考核周期与业务性质、管理风格、员工流动率有关。如果业务性质是不确定较大，业绩成果需要较长时间才能体现，就应该用较长考核周期。如果决策领导是授权式管理风格，不太注重过程管理，那么可以用较长周期；如果决策领导是指令式管理风格或者教练式管理风格，绩效考核周期可以短些。如果员工流动率较高，就应该用较短考核周期；如果员工流动率较低，就可以采用较长考核周期。

4. 绩效考核者

绩效考核者是指由谁负责进行绩效考核。关键业绩考核一般采用自上而下考核法，而满意度测评、能力素质考核一般可以采用360度考核法。

在企业实际运作中，360度考核法和自上而下考核法是经常采用的方法，通常针对考核内容的不同，采取不同的方法或者两种方法相结合。

5. 绩效考核结果

绩效考核一般采取100分制，团队考核一般为关键业绩和满意度各占一定权重，个人考核一般为关键业绩和能力素质各占一定权重。

根据绩效考核分数将被考核者划定为若干等级，其主要目的是为了有效区分，考核优秀者将有更多的工资晋级、职位晋升机会，考核待改进者督促业绩改进，考核不合格者转岗培训；不同的考核等级对应不同的绩效考核系数，考核结果优秀者会受到激励，考核结果较差者绩效工资会受到影响。

（二）公司及公司高层绩效考核

1. 公司整体考核

对公司整体进行考核，一般由董事会负责组织与经营层签订年度经营目标责任书。对于独资或控股子公司，根据企业治理结构不同，由子公司董事会或者集团公司经营层与子公司签订经营目标责任书；年末由董事会或者集团公司经营层负责组织根据年度业绩完成情况进行考核评价。

一般情况下，为了监督检查公司战略执行以及目标完成情况，子公司经营层应该向董事会或者集团公司经营层进行半年度业绩述职，由董事会或者集团公司经营层监督监控战略执行及经营目标完成情况。

将中高层管理者及业务骨干的利益与企业利益紧密联系，形成大家休戚与共、风险共担的局面，避免企业业绩下滑而中层以及骨干员工收入并会不降低，因而不会有压力感、紧迫感的情况。

一般情况下，对于公司整体考核结果可以等同于企业主要负责人的考核结果，考核结果根据考核分数确定并且与高管层薪酬激励挂钩。企业整体考核结果也可以与企业中层管理者以及业务骨干的绩效工资挂钩。

2. 公司高层考核

对公司主要负责人的考核往往由上级部门组织进行，一般情况下等同于公司整体考核（目标责任考核）结果。对于公司其他高层考核，有以下几种方式。**具体选择哪种方式，与公司所有制性质、业务特点、公司规模、高管人数都有关系，要慎重使用。**

- 如果公司规模不大，其他高层领导也不多，可以采取公司整体业绩与所有高层都等同对待方式，将公司年度业绩完成情况与每个高层年度薪酬挂钩，这样能够增加凝聚力。
- 对于分管业务的副总，可以采取签订目标责任书的形式，与其年度薪酬挂钩；对于其他职能副总，其年度薪酬采取与公司整体业绩挂钩方式；由公司组织对其他高层进行季度关键业绩考核并用于季度绩效工资发放中。
- 由公司组织对其他高层进行年度能力素质考核，年度考核分数由年度能力素质考核分数、目标责任分数以及季度关键业绩考核分数综合确定。根据年度考核分数划定绩效考核等级并用于工资调整、职务调整应用中。

（三）部门团队及负责人绩效考核

1. 部门团队及其负责人年度考核（项目考核）

部门团队包括公司业务管理部门、职能管理部门以及各个生产单元；生产单元包括生产企业的生产车间、工程公司的项目部、连锁经营公司的直营店、技术服务公司的业务部等。

除了工程公司项目部要根据项目周期进行项目考核外，其他部门团队应该进行年度考核。年度考核（项目考核）注重结果。公司将发展战略及年度经营目标向各个部门（项目）分解后，应组织与各个部门（项目）签订经营目标责任书，年度考核（项目考核）于次年初（项目结束后）根据经营目标完成情况进行。如果公司规模比较小，职能部门没有有效的定量考核指标，职能部门年度考核结果一般根据阶段考核结果确定，不再进行年度考核。在需要多个部门协调配合的企业中，往往还会对各部门团队进行部门（项目）满意度考核，同级部门之间、上级对下级部门、下级对上级部门都可以进行满意度考核评价。

部门团队负责人同样进行年度考核（项目考核）。部门团队负责人年度（项目）绩效考核以部门年度（项目）考核分数为主，同时考虑部门（项目）阶段关键业绩考核、部门（项目）满意度考核以及个人能力素质考核等因素。

2. 对部门团队及负责人进行阶段考核

根据业务性质、行业特征及公司管理风格对部门团队进行阶段考核，阶段考核可以是月度考核，也可以是季度甚至半年度考核。阶段考核注重过程控制与结果相结合。如何将目标责任考核与阶段过程考核相联系是很关键的，要将目标责任进行分解反映在阶段考核中，阶段考核指标应支撑年度考核目标。

对部门团队的阶段绩效考核一般以关键业绩考核为主，同时加入满意度考核内容。对于部门团队的阶段绩效考核结果，可以根据关键业绩得分与满意度评价得分计算；一般情况下，满意度所占权重比较小，可以占 10%～20%。

对部门团队的关键业绩指标考核，一般由公司分管领导提出相应考核指标及绩效目标，经公司总经理审定后执行。对部门关键业绩指标考核评价主要有三种主要模式：

第一，由公司总经理、分管领导及其他领导各自打分评价，最终加权确定。

第二，由分管领导提出评价意见，最终由公司总经理评定。

第三，由公司主要领导组成的绩效评估委员会评定。

三种模式各有优缺点，各有适用条件，一般根据公司的企业文化特征及决策领导风格来选择。

无论采用哪种模式，首先需要被考核部门做自我陈述，对阶段工作成果做简要说明，对考核指标逐项进行阐释，同时提供必要的绩效考核数据。

其他有关部门应该提供相关考核数据，并对有关考核指标进行评价、说明；公司分管领导要对分管部门工作进行评价、说明。

公司总经理应对绩效考核结果做最终说明，肯定取得的成绩，提出改进事项。

团队负责人同样要进行阶段考核。阶段考核除了关键业绩考核外，一般还引入能力素质考核；关键业绩考核与部门关键业绩考核等同对待。

表 3-1 是某集团公司各下属分、子公司对集团本部各部门满意度评价表。

表 3-1 某集团本部各部门满意度评价表

评价单位：

指标 部门	工作指导与支持	工作计划及效率	专业素质水平	制度流程建设	信息沟通与公平公正	小计	总分
综合管理部							
人力资源部							
党委党建部							
财务资产部							
安全质量部							
经营管理部							
市场营销部							
物资管理部							

注：1. 由绩效考核办公室负责按季度组织进行。
2. 各分公司、子公司负责对集团本部各部门进行评价。
3. 单项打分满分为10分，若认为该项"满意"打 8～10 分，"一般"打 6～7 分，"较差"打 0～5 分。
4. 小计满分 50 分，总分 = 小计 ×2。

表 3-2 是某集团公司集团本部各部门对下属分、子公司满意度评价表。

表 3-2 子公司、分公司满意度评价表

评价单位：

指标 部门	工作支持与配合	工作效率	专业素质水平	制度流程遵守	信息反馈及时准确	小计	总分
一分公司							
二分公司							
三分公司							
四分公司							
质量检测子公司							
商品砼子公司							
钢结构子公司							
机械设备公司							

注：1. 由绩效考核办公室负责按季度组织进行。
2. 集团本部各部门负责对各分公司、子公司进行评价。
3. 单项打分满分为10分，若认为该项"满意"打 8～10 分，"一般"打 6～7 分，"较差"打 0～5 分。
4. 小计满分 50 分，总分 = 小计 ×2。

表 3-3 是某集团公司中层管理人员季度能力素质评价表。

表 3-3　某集团公司中层管理人员季度能力素质评价表

评价者：

姓名＼指标	统筹规划能力	执行能力	组织协调能力	培养指导能力	责任担当	小计	总分

注：1. 由绩效考核办公室负责组织对集团本部及分公司各中层岗位进行季度能力素质考核。

2. 由集团董事长、集团总经理、分管领导、集团其他高层负责对各部门负责人及其他中层管理岗位人员单独进行评价，由部门负责人负责对本部门其他中层单独进行评价。

部门负责人得分 = 董事长评价分数 ×40%+ 总经理评价分数 ×30%+ 分管领导 ×20%+ 班子其他成员评价分数 ×10%

部门其他中层得分 = 董事长评价分数 ×20%+ 总经理评价分数 ×20%+ 分管领导 ×20%+ 班子其他成员评价分数 ×10%+ 部门负责人 ×30%

3. 由集团董事长、集团其他领导、分公司总经理、分公司分管领导、分公司其他班子成员负责对分公司部门负责人单独进行评价，由集团分管领导、分公司部门负责人负责对本部门其他中层单独进行评价。

分公司部门负责人得分 = 集团董事长评价分数 ×30%+ 集团其他领导评价分数 ×20%+ 分公司总经理评价分数 ×20%+ 分公司分管领导 ×20%+ 分公司其他班子成员评价分数 ×10%

分公司部门其他中层得分 = 集团分管领导评价分数 ×20%+ 分公司总经理评价分数 ×20%+ 分公司分管领导 ×30%+ 分公司其他班子成员评价分数 ×10%+ 部门负责人 ×20%

4. 单项打分满分为 10 分，若认为该项素质"优秀"打 9～10 分，"良好"打 7～8 分，"一般"打 5～6 分，"较差"打 1～4 分。

5. 总分 = 小计 ×2，折算为百分制。

（四）普通员工绩效考核

对于普通员工的阶段绩效考核一般以关键业绩为主，可以同时考虑能力素质因素。普通员工年度绩效考核可以根据阶段绩效考核结果确定。

对于高级业务岗位员工，可以制定年度任务目标并将任务目标分解到季度，根据年度任务目标完成情况进行年度考核，根据季度工作完成情况进行季度考核，年度考核注重结果，季度考核注重过程控制。

在实际操作中，根据企业实际情况，可以采取直接上级和跨级上级共同评价的方法，共同商定被考核者分数；也可以由直接上级和跨级上级分别评价打分，然后加权确定最终分数。

二、关键业绩考核指标设计

（一）关键业绩考核指标体系

科学合理的绩效考核指标是绩效考核结果有效的基础，绩效考核指标设计是绩效管理体系设计的一个重要环节。

根据绩效管理模型，影响绩效的因素有外部环境、内部条件、员工技能和激励效应，衡量绩效的最有效指标就是关键业绩指标。此外，衡量员工技能的能力素质指标以及影响激励效应的满意度指标也得到广泛的应用。在对部门团队考核中，经常采用关键业绩指标与满意度指标相结合；在对岗位个人的考核中，往往是关键业绩指标与能力素质指标相结合。

无论是对部门团队考核还是对岗位个人考核，关键业绩指标都是最重要的，代表岗位的核心职责。关键业绩指标一般都占有最高的权重，通常在70%以上，因此科学、合理地设计关键业绩指标是非常关键的。

关键业绩指标由指标名称、指标定义、评价标准、绩效目标以及绩效考核者等一系列要素组成。

水木知行关键业绩指标体系由权重指标和非权重指标两大类组成。

- 权重指标反映部门或岗位的核心价值，体现公司战略导向，使部门和员工向组织期望的方向努力，完成组织或个人绩效目标，从而为组织目标达成做出贡献。
- 权重指标分为定性指标和定量指标。工作中关键行为以及无法设定数量化绩效目标的工作结果，设计为定性指标。

为了体现公司发展战略导向，权重指标不宜选择太多，否则会冲淡最核心指标的权重，可以将某些指标设计成不占权重形式，这样的指标称为非权重指标。

- 非权重指标可以不是常规工作，但事项的发生对组织和部门战略目标的实现又具有重大意义和影响，因此对这类指标的考核采取不占权重的形式。
- 非权重指标也可以是常规工作，将常规工作提炼出重大工作失误或屡次工作错误作为非权重考核指标。
- 非权重指标包括否决指标、奖励指标和奖惩指标。对于非常规工作或者对战略导向意义不大的常规工作，若事件发生对组织影响重大，可以考虑采用非权重指标形式，然后再根据工作结果对组织目标实现的正面或负面影响，设计否决指标、奖励指标或奖惩指标。

需要强调的是，很多著名企业都非常看重价值观方面的考核，有的权重甚至达到50%（阿里巴巴公司2019年实行的考核制度，业绩和价值观各占50%）。实际上，价值观方面的考核可以设计成非权重指标形式，采用否决指标或奖惩指标形式。

关键业绩指标的选择和权重确定过程是考核者与被考核者双向沟通的过程，在考核项目的选择、权重的确定、考核指标说明等方面，双方应充分沟通。被考核者应全面参与指标的设置过程，从而加深对指标的理解并承诺绩效目标的完成。

（二）关键业绩考核指标设计

1. 定量关键业绩考核指标设计

定量指标是能够准确定义、精确衡量并能设定绩效目标的，反映工作结果的关键业绩指标。定量指标的五个要素包括指标定义、评价标准、信息来源、绩效目标和绩效考核者。

考核指标五个要素的合理设计对定量指标的有效性是非常关键的，尤其是评价标准和绩效目标是相互关联的，在设计考核指标时要尤其注意。此外，设计绩效考核指标的评价标准也很关键，要设计合适的评价标准，以使考核结果做到公正、公平，实现有效激励。

有效的定量评价指标必须满足以下四个前提条件，其中任何一个前提不存在，定量指标考核的公平、公正性就会受到质疑，绩效考核将失去效度。

第一，定量指标可以明确定义、精确衡量，数据信息准确、可靠并且获取成本有限。

第二，定量考核指标一定要符合公司的发展战略导向，否则就会产生南辕北辙的效果。

第三，定量考核指标的目标值确定要科学、合理，充分考虑内部条件、外部环境等多方面因素。

第四，定量考核指标的完成不会降低工作质量，否则会有非常严重的负面效果。以工作质量的降低来满足工作数量的要求，对组织的损害是长期和深远的。

2. 定性关键业绩考核指标设计

定性指标是相对应定量指标而言的，定量指标和定性指标的区分在于评价标准是数量化的计算还是定性的描述。无论是定量指标还是定性指标，最后评价得分都是数量化的分数。

定性指标主要应用于以下几个方面：

第一，对于反映工作中关键行为的考核，可以通过分析高绩效行为特征，用定性描述的方式确定绩效目标和评价标准；第二，有些指标虽然也是某些行为的结果，可以明确定义，却不能精确衡量，也无法设定数量化的绩效目标，比如工作疏忽错误、工作完成及时性等，这时也需要采用定性指标；第三，有效的定量指标需要具备前提条件，如果前提条件不具备，一般也采用定性指标的形式。

定性指标的五个要素同样是指标定义、评价标准、信息来源、绩效目标和绩效考核者。定量指标五要素与定性指标五要素的主要差别体现在以下几个方面：

- 定量指标评价标准是精确数量化计算，而定性指标评价标准是定性的描述；

- 定量指标绩效目标是具体数值，而定性指标的绩效目标是定性的描述；
- 定量指标绩效信息往往来自财务部、销售部等某个特定部门，而定性指标绩效信息往往来自各个利益相关部门及领导。

3. 非权重绩效考核指标设计

非权重指标包括否决指标、奖励指标和奖惩指标。非权重指标广泛应用于对团队以及对个人的考核中。有些非权重指标是各个部门、各个岗位通用的，这些指标往往体现着公司的发展战略、企业文化及价值观；有些非权重指标是某个部门、某个岗位所独有的，跟部门职责和岗位职责有关。

（三）业务部门及核心岗位绩效考核实例

1. 业务部门年度目标责任书

业务部门年度目标责任书示例如表3-4所示。

表3-4 ××公司业务部门年度目标责任书

			考核指标及标准	
项目	指标	分值	考核内容及目标	衡量标准与评分说明（权重按10分计）
年度运行目标	收入	20	考核年度部门实现收入_____万元	收入以财务部提供当年实际回款金额核算，完成目标得10分，每多完成5%加1分，每低于目标5%减1分 最高15分，最低0分
	利润	20	考核年度部门实现利润_____万元 利润核算方式为业务收入去除产品生产成本、部门直接发生费用和部门员工工资成本	完成目标得10分，每多完成5%加1分，每低于目标5%减1分 最高15分，最低0分
	合同额	50	该指标反映年度产品销量情况 年度产品销售合同额目标_____万元	达成目标值得10分，每高于目标5%加1分，每低于目标5%减1分 最高15分，最低0分

续表

			考核指标及标准	
项目	指标	分值	考核内容及目标	衡量标准与评分说明（权重按 10 分计）
战略推进	内贸市场开拓	10	考核部门年度国内市场开拓情况，实现国内市场收入_____万元	达成目标值得 10 分，每高于目标 5% 加 1 分，每低于目标 5% 减 1 分 最高 12 分，最低 0 分
非权重指标	销售管理责任	/	部门内部管理规范有序、公司决策事项执行到位，部门团队建设卓有成效： ● 没有发生重大客户投诉给公司带来严重损失或给公司声誉带来不良影响事故 ● 没有发生销售成本严重超出计划值事件 ● 没有发生销售策略制定严重不合理给公司带来损失事件 ● 没有发生票据不合法、票据不真实、凭证遗失等重大事件 ● 没有发生销售订单变更严重不合理给生产带来冲击事件 ● 每月因工作失误引起客户投诉带来较大损失或客户投诉处理不当给公司带来较大损失事件 ● 没有发生验厂验货费用审核不实或因管理不善造成重复验厂验货，给公司带来损失事件 ● 部门员工未发生打架斗殴、玩忽职守、徇私舞弊、违法乱纪等影响恶劣，给公司带来较大损失事件 ● 在内部管理及其他方面没有因工作疏忽或失误给公司带来严重损失事件	若发生前述事项，发生一项次扣 5 分，若带来较严重损失，扣 10 分，带来重大损失扣 20 分 因销售管理改进、销售渠道拓展、销售策略创新等明显使销售业绩大幅提升、销售成本大额降低或公司品牌、影响力等明显提升，根据贡献程度加 5 分或 10 分
	内部管理	/	业务部门内部管理规范有效： ● 无重大财产损失 ● 业务部门员工没有严重违反公司基本管理制度的行为发生	发生财产损失超过 10 万元每次扣 10 分，发生财产损失超过 20 万元事件每次扣 20 分，本项最多扣 40 分 业务员工发生严重违反公司基本管理制度行为，情节严重恶劣，每人次扣 5 分

激励措施：

（1）若年度绩效考核分数低于 100 分，业务部门绩效考核系数为绩效考核分数除以 100 十分位取整，最低 0.6。

（2）若年度绩效考核分数达到 100 分及以上，绩效考核系数等于 =1+（绩

效考核分数 /100-1）×2，十分位就近取偶数，最高 2。

（3）年度绩效考核分数达到 100 分为优秀等级，达到 90 分为合格等级，低于 90 分为待改进等级。

2. 生产、销售等普通业务岗位员工

对于此类岗位，绩效管理的战略导向作用比较重要，因此以具有激励性质的定量指标考核为主，通过分配不同权重体现战略导向作用，通过非权重指标保证考核效度。这是很多企业采用的有效方式。表 3-5、表 3-6 为某外贸公司业务员岗位绩效考核实例资料。

表 3-5 ××公司业务员岗位绩效考核表

部门	业务部	岗位	业务员	考核期间	
姓名		考核分数		评价等级	
目标及要求	工作重点及目标： 直接上级签字： 　　　　　　　　　　　　　年　月　日					
关键业绩	序号	权重	指标名称	业绩表现	评分
	1	10	市场开拓工作		
	2	30	合同额		
	3	10	客户服务管理		
	4	20	跟单协调		
	5	10	业务费用控制		
	6	10	订单出口跟踪		
	7	10	重点工作		
	8	非权重	岗位工作失误		
	9	非权重	工作纪律		
	10	非权重	工作建议		
	关键业绩最终得分				

续表

	序号	指标	满分	部门负责人评分	分管副总评分
能力素质	1	诚信敬业精神	25		
	2	沟通表达能力	25		
	3	团队合作	25		
	4	严谨细致精神	25		
		能力素质评分小计			
	能力素质评分 = 部门负责人评分 ×50%+ 分管副总评分 ×50%				
	最终考核得分 = 关键业绩最终得分 ×80%+ 能力素质评分 ×20%				

表3-6　××公司业务员岗位季度关键业绩考核指标及评价标准

序号	指标名称	指标说明	目标及评价标准
1	市场开拓工作	公司市场开拓工作按计划有效落实	权重以 10 分计评价标准： 基本达到要求得 8 分，较好完成得 9 分，非常出色有亮点得 10 分，发生以下事项扣分，最低为 0 分 ● 未能及时完成有关工作，扣 2 分 ● 在完成工作过程中，出现疏忽和失误，一次扣 2 分，若给公司带来较大影响和损失，扣 5 分
2	合同额	该指标反映当月产品销量情况 产品销售合同额目标＿＿＿万元	权重以 10 分计评价标准： 达成目标值得 10 分，每高于目标 5% 加 1 分，每低于目标 5% 减 1 分 最高 15 分，最低 0 分
3	客户服务管理	公司客户的日常维护工作落实到位 客户投诉的受理、提交及时有效 公司客户满意度调查工作及时开展，并准确统计汇总调查结果	权重以"10 分"计评价标准： 基本达到要求得 8 分，较好完成得 9 分，非常出色有亮点得 10 分，发生以下事项扣分，最低为 0 分 ● 未能及时完成有关工作，扣 2 分 ● 在完成工作过程中，出现疏忽和失误，一次扣 2 分，若给公司带来较大影响和损失，扣 5 分
4	跟单协调	该指标考核订单生产进度控制的及时性，对出货异常情况的协调	权重以 10 分计评价标准： 基本达到要求得 8 分，较好完成得 9 分，非常出色有亮点得 10 分，发生以下事项扣分，最低为 0 分 ● 订单进度发生延误，1 次扣 1 分 ● 发货和进仓时间延误，1 次扣 1 分；若给公司带来损失扣 5 分 ● 对于出货存在的异常问题未及时协调，造成公司经济损失，扣 5～10 分

续表

序号	指标名称	指标说明	目标及评价标准
5	业务费用控制	考核对业务费用控制情况，能积极有效减少业务相关不必要开支	权重以10分计评价标准： 完成目标得10分，每低于目标1个百分点加1分，每高于目标1个百分点减1分 最高12分，最低0分
6	订单出口跟踪	该指标考核业务订单跟踪管理 ● 客户清关资料跟踪 ● 订单单证报检管理 ● 及时完成出口核销 ● 销售数据录入统计及时	权重以10分计评价标准： 基本达到要求得8分，较好完成得9分，非常出色有亮点得10分，发生以下事项扣分，最低为0分 ● 未能及时完成有关工作，扣2分 ● 在完成工作过程中，出现疏忽和失误，一次扣2分，若给公司带来较大影响和损失，扣5分 ● 客户清关资料出现错误，一次扣5分；资料寄出不及时，视延误情况一次扣5～10分；扣完为止 ● 订单单证报检不及时，一次扣5分；出现订单单证丢失的情况，一次扣10分 ● 未及时提交相关出口资料或核销出现错误，造成公司损失，一次扣5～10分
7	重点工作	考核员工重点工作任务、工作目标完成情况	权重以10分计评价标准： ● 9～10分：能出色完成重点工作任务，实现工作目标 ● 7～8分：基本完成了重点工作任务，实现工作目标，但偶尔需要提醒和督促 ● 5～6分：最低限度地完成了重点工作和工作目标，存在工作拖拉、责任心不强现象 ● 3～4分：没有完成预定工作任务，没有达成目标，除了客观因素外，个人工作失误以及能力欠缺是主要原因 ● 1～2分：没有完成预定工作任务，没有达成目标，主要原因在于个人工作不积极、不主动
8	岗位工作失误	● 未按公司管理规定及时进行系统操作、客户投诉处理、单据制作、交付工作，影响业务正常进行，引起客户不满 ● 在业务处理过程中，存在与客户争执、冲突现象，引发客诉升级	该指标最多扣20分 出现前述重大工作疏忽或错误1例扣5分，若给公司带来较大损失1例扣10～20分

续表

序号	指标名称	指标说明	目标及评价标准
9	工作纪律	该指标考核员工遵守公司规章制度、良好职业道德等方面	该指标最多扣20分 工作不严格要求自己，超过5次迟到或早退，扣10分；存在上班期间从事与工作无关事项，如打游戏等扣10分；存在严重违反公司规章制度等行为如散布谣言、打架斗殴、徇私舞弊等扣20分
10	工作建议	该指标反映个人对推动部门或公司经营发展的贡献	该指标最多奖励10分 提出的建议经部门或公司研究并正式采纳后，为部门或公司运营及管理带来良好影响的，奖励5分；经采纳的建议，为部门或公司整体管理水平或业绩提升做出重大贡献的，一次奖励10分

3. 基层管理及业务支持岗位员工

此类岗位的工作性质主要是支持服务，很多工作都是常规例行工作，强调工作完成及时性以及准确性，战略导向意义并不大，定量考核项目少些，大多是工作及时性以及工作质量等方面的定性考核指标。表3-7～表3-9为某外贸生产企业生产计划主管实例资料，表3-10及表3-11为某外贸生产企业生产计划主管实例资料。

表3-7 ××公司生产计划主管的季度考核表

部门	生产计划部	岗位	生产计划主管	考核期间	
姓名		考核分数		评价等级	
目标及要求	工作重点及目标： 部门负责人签字： 　　　　　　年　月　日				

续表

	序号	权重	指标名称	业绩表现	评分
关键业绩	1	10	订单评审		
	2	20	生产计划制订		
	3	10	物料管控及库存周转管理		
	4	20	物料采购跟踪		
	5	20	生产进度控制		
	6	10	生产信息统计分析		
	7	10	重点工作		
	8	非权重	岗位工作失误		
	9	非权重	工作纪律		
	10	非权重	工作建议		
	关键业绩最终得分				

	序号	指标	满分	部门负责人评分	分管副总评分	总经理评分
能力素质	1	计划执行精神	25			
	2	组织协调能力	25			
	3	沟通表达能力	25			
	4	团队协作精神	25			
	能力素质评分小计					
	能力素质得分 = 部分负责人评分 ×40%+ 分管副总评分 ×30%+ 总经理评分 ×30%					
	最终考核得分 = 关键业绩最终得分 ×80%+ 能力素质得分 ×20%					

表 3-8 考核指标说明评价标准（权重类）

序号	指标名称	指标说明	目标及评价标准（权重以10分计）
1	订单评审	该指标考核能否按规程及时组织进行订单评审工作	基本达到要求得8分，较好完成得9分，非常出色有亮点得10分，发生以下事项扣分，最低为0分 ● 未能及时完成有关工作，扣2分 ● 在完成工作过程中，出现疏忽和失误，一次扣2分，若给公司带来较大影响和损失，扣5分

续表

序号	指标名称	指标说明	目标及评价标准（权重以10分计）
2	生产计划制订	● 公司周、月度、年度生产经营计划的制订与落实，能充分根据市场需求、结合成品库存及在制品数量，结合生产单位产能和加工特点，合理安排生产 ● 生产计划除了考虑及时满足客户要求外，能在节省人工成本、加工成本的角度合理安排生产 ● 及时编制各车间生产性物资的采购计划	基本达到要求得8分，较好完成得9分，非常出色有亮点得10分，发生以下事项扣分，最低为0分 ● 未能及时完成有关工作，扣2分 ● 在完成工作过程中，出现疏忽和失误，一次扣2分，若给公司带来较大损失及影响，扣5分，发生由于计划安排不合理或监控不到位，造成生产掉线，影响下一环节生产，一次扣2分，造成损失达5000元以上的，一次扣5分
3	物料管控及库存周转管理	该指标考核物料、半成品、成品库存管理工作成效 ● 生产计划编排及时合理，能按计划及时督促各车间进行物料流转 ● 半成品及时进行减库存管理 ● 物料、设备需求、采购计划制订及时、完整、合理，并能有效落实 ● 物料统计分析准确及时 ● 物料采购控制与跟催有成效，采购订单变更处理管理有成效	基本达到要求得8分，较好完成得9分，非常出色有亮点得10分，发生以下事项扣分，最低为0分 ● 未能及时完成有关工作，扣2分；未能按计划进行原料、半成品、成品库存盘点，一次扣2分 ● 在完成工作过程中，出现疏忽和失误，一次扣2分，若给公司带来较大影响和损失，扣5分；出现原料、半成品库存积压情况，一次扣2分，因原料、半成品库存积压影响生产，一次扣5分
4	物料采购跟踪	该指标考核采购控制与跟催，采购订单变更处理，物料申购的工作成效	基本达到要求得8分，较好完成得9分，非常出色有亮点得10分，发生以下事项扣分，最低为0分 ● 未能及时完成有关工作，扣2分 ● 在完成工作过程中，出现疏忽和失误，一次扣2分，若给公司带来较大影响和损失，扣5分 ● 物料申购和采购控制跟催不到位，未及时发现，一次扣1分；采购计划变更后未及时通知采购部门或本部门进行处理，一次扣2分；采购订单变更或延误后未及时通知生产部门进行生产调整或生产计划未及时进行调整，一次扣2分；物料申购品种、规格、型号、时间、数量出现错误，一项扣2分；扣完为止

续表

序号	指标名称	指标说明	目标及评价标准（权重以10分计）
5	生产进度控制	该指标考核对各车间生产进度、生产流程、成本、库存等管控情况 ● 生产计划部要跟踪生产车间能都按计划完成生产任务、对于分期生产的任务，进度要符合计划要求 ● 积极协调各车间工作，对生产进度落后的环节积极督促协调	基本达到要求得8分，较好完成得9分，非常出色有亮点得10分，发生以下事项扣分，最低为0分 ● 未能及时完成有关工作，扣2分 ● 在完成工作过程中，出现疏忽和失误，一次扣2分，若给公司带来较大影响和损失，扣5分；未能及时跟踪生产，生产环节掉线未能及时调整生产计划，一次扣2分；造成损失达5000元以上的，一次扣5分
6	生产信息统计分析	该指标考核生产性相关的统计管理工作 ● 物料统计分析的准确性、完整性和及时性 ● 生产成品、半成品的数据统计准确、及时、完整 ● 单据与物料、成品核对准确、及时	基本达到要求得8分，较好完成得9分，非常出色有亮点得10分，发生以下事项扣分，最低为0分 ● 未能及时完成有关工作，扣2分 ● 在完成工作过程中，出现疏忽和失误，一次扣2分，若给公司带来较大影响和损失，扣5分
7	重点工作	考核员工重点工作任务、工作目标完成情况	● 9~10分：能出色完成重点工作任务，实现工作目标 ● 7~8分：基本完成重点工作任务，实现工作目标，但偶尔需要提醒和督促 ● 5~6分：最低限度地完成重点工作和工作目标，存在工作拖拉、责任心不强现象 ● 3~4分：没有完成预定工作任务，没有达成目标，除了客观因素外，个人工作失误以及能力欠缺是主要原因 ● 1~2分：没有完成预定工作任务，没有达成目标，主要原因在于个人工作不积极、不主动

表 3-9 考核指标说明评价标准（非权重类）

序号	指标名称	指标说明	目标及评价标准
1	岗位工作失误	该指标考核工作重大失误事件	该指标最多扣 40 分 ● 生产计划、物料需求计划制订出现重大失误，严重影响生产，给公司带来较大损失，一次扣 10 分；单据核对失误，造成物料、发货错误，给公司造成损失达 5000 元以上，一次扣 20 分 ● 物料入库、成品验收不及时，造成库存积压，给公司带来重大财产损失，全厂原料损耗率达 20% 以上，扣 10 分；达 50% 以上，扣 40 分 ● 生产计划漏排，发生一次扣 10 分，给公司带来严重损失，扣 20 分 ● 请购计划漏排一次扣 3 分；若因请购计划漏排导致生产延误，扣 5 分，若带来较大损失，扣 10 分
2	工作纪律	该指标考核员工遵守公司规章制度，良好职业道德等方面	该指标最多扣 20 分 工作不严格要求自己，超过 5 次迟到或早退，扣 10 分；存在上班期间从事与工作无关事项，如打游戏等扣 10 分；存在严重违反公司规章制度等行为，如散布谣言、打架斗殴、徇私舞弊等扣 20 分
3	工作建议	该指标反映个人对推动部门或公司经营发展的贡献	该指标最多奖励 10 分 提出的建议经部门或公司研究并正式采纳后，为部门或公司运营及管理带来良好影响的，奖励 5 分；经采纳的建议，为部门或公司整体管理水平或业绩提升做出重大贡献的，一次奖励 10 分

表 3-10 会计专责岗位季度绩效考核表

考核期间							
	考核分数				评价等级		
	序号	指标	权重	得分（10 分制）	计分 = 权重 × 得分 ÷ 10		绩效考核者
关键业绩	1	岗位任务目标	50				
	2	临时重点工作	20				
	3	业务能力	20				
	4	工作效率及工作饱满度	10				
非权重指标		岗位工作重大错误	否决指标				
		制度遵守	奖惩指标				
		工作创新	奖励指标				
		关键业绩得分合计					

续表

	序号	指标	满分	部门负责人评分	分管领导评分
能力素质	1	工作责任感	25		
	2	执行能力	25		
	3	沟通能力	25		
	4	服务意识	25		
		能力素质得分小计			
	能力素质最终得分 = 分管领导评分 ×50% + 部门负责人评分 ×50%				
	最终考核得分 = 关键业绩得分 ×80% + 能力素质最终得分 ×20%				

目标及要求	工作重点、阶段目标： 部门负责人签字： 年　月　日
个人工作自述	 签字： 年　月　日
评价及工作改进	 部门负责人签字： 年　月　日

分管领导签字	部门负责人签字	本人签字

表 3-11　会计专责岗位季度绩效考核指标及评价标准

序号	指标	考核内容及目标	衡量标准与评分说明（权重指标以10分计）	适用岗位
1	岗位任务目标	考核岗位职责履行，岗位工作任务、季度计划目标完成情况	● 9~10分：充分履行了岗位职责，圆满完成任务目标，工作没有任何失误 ● 7~8分：比较充分地履行了岗位职责，基本完成任务目标，但偶尔需要提醒和督促 ● 5~6分：基本履行了岗位职责，因客观原因没有完成任务目标或者偶尔存在工作推诿、不接受工作安排示例 ● 1~4分：没有完成任务目标，除了客观因素外，个人工作失误、能力欠缺、工作不积极、不主动是主要原因或者经常存在工作推诿、拒绝工作安排示例	所有岗位
2	临时重点工作	考核阶段或临时安排的重点工作完成情况	● 9~10分：能出色完成重点工作任务，实现工作目标 ● 7~8分：基本完成重点工作任务，基本实现工作目标 ● 5~6分：最低限度地完成重点工作和工作目标，存在工作拖拉、责任心不强现象 ● 1~4分：没有完成重点工作任务，除了客观因素外，个人工作失误、能力欠缺、工作不积极不主动是主要原因	所有岗位
3	业务能力	考核专业领域业务知识、解决专业领域问题能力以及承担重要任务工作等方面	● 9~10分：通晓本岗位专业领域业务知识，能妥善解决专业领域有关问题，能担负有关重要任务工作 ● 7~8分：熟悉本岗位专业领域业务知识，一般能解决专业领域有关问题，能担负有关一般任务工作 ● 5~6分：本岗位专业领域业务知识还有欠缺，解决专业领域有关问题能力需要进一步提高 ● 1~4分：本岗位专业领域业务知识与岗位要求还有较大差距，解决专业领域有关问题能力需要较大程度提高	所有岗位
4	工作效率及工作饱满度	考核工作效率以及工作饱满度等情况	● 9~10分：工作效率高，能用正确的方式方法及时完成有关工作任务，工作任务非常饱满 ● 7~8分：工作效率中等，一般能用正确的方式方法及时完成有关工作任务 ● 5~6分：工作效率有待提高，有时不能用正确的方法及时完成有关工作任务 ● 1~4分：工作效率低下，工作任务不饱满	所有岗位

续表

序号	指标	考核内容及目标	衡量标准与评分说明（权重指标以10分计）	适用岗位
5	岗位工作重大失误	该指标考核在履行岗位职责过程中，没有发生重大失误。出现问题一次扣10分，带来非常严重后果扣20分；该项指标最多扣20分	发生财务管理重大错误（审核疏忽、票据不合法、票据不真实、凭证遗失、账目混乱、重要数据不实等）给集团、分子公司带来较大损失的	会计专责
			在国家、地方税务局检查中发现重大问题	
			由于工作失误导致集团文书档案、资料丢失或损毁，给集团造成严重影响	所有岗位
			未按保密程序操作导致机密信息泄露，给集团、客户带来不良影响的	所有岗位
			违反集团廉洁高效从业管理规定，情节严重，给集团带来一定损失或不良影响	所有岗位
6	制度遵守	考核员工对集团规章制度、流程遵守执行、工作纪律等情况。该指标最多减40分，最多加20分	发生以下事项，每项次扣10分： ● 未经批准擅自违反制度流程办事 ● 涉及需要岗位合作的事项，未及时协调配合，造成有关工作进展不力或带来一定损失 ● 互相拆台、工作推诿扯皮现象 ● 虚假汇报，虚假报销，利用集团资源为个人谋私利 ● 疏于保密，出现泄密事件 ● 违背企业文化精神以及严重违反集团行为规范事件 ● 工作不严格要求自己，季度内超过5次迟到或早退 ● 存在上班期间从事与工作无关事项，如打游戏等 发生以下事项，每项次扣20分： ● 互相拆台、工作推诿扯皮现象，并带来严重负面影响 ● 虚假汇报，虚假报销，利用集团资源为自己谋私利，情节严重者 ● 出现泄密事件给集团或客户带来损失 ● 存在严重违反集团规章制度等行为如散布谣言、打架斗殴、徇私舞弊等 ● 违背集团企业文化精神以及严重违反集团行为规范，给集团带来负面影响或较大损失事件 发生以下事项，加20分： ● 涉及需要岗位合作的事项，因及时有效支持配合，使有关工作进展大幅度超过预期或带来直接或间接收益 ● 提出的建议为集团研究并正式采纳后，推动了绩效较大提升或给集团带来较大贡献	所有岗位

续表

序号	指标	考核内容及目标	衡量标准与评分说明（权重指标以10分计）	适用岗位
7	工作创新	在业务开展以及管理活动过程中，鼓励员工用创新性的方法和思路解决问题，给部门和集团创造价值	在业务开展以及管理活动过程中，有创新性的方法和思路，促进部门业绩较大程度提升，促进了集团发展，加10分	所有岗位

三、绩效考核的几个关键问题

（一）到底该由谁来负责考核——360度考核与自上而下考核

设计绩效考核体系，绩效考评人的确定是非常重要的。如果考评人选择不恰当，将会导致"人情分"的出现，使绩效考核走过场，考核结果失真。

360度考核与自上而下考核是站在由谁负责进行考核的角度，对绩效考核方法所做的区分。在企业实际运作中，360度考核法和自上而下考核法是惯常采用的方法。通常针对考核内容的不同，采取不同的方法或者两种方法相结合。

1. 360度考核

360度考核法是被考核者的上级、平级、下级和服务的客户以及被考核者自己对被考核者进行评价，通过综合分析各方面意见，清楚自己的长处和短处，来达到提高绩效的目的。

这种考核方法操作复杂，成本比较高，尤其是当考核者不对被考核者业绩负责时，会出现不看重业绩而看重个人关系的倾向。

2. 自上而下考核

自上而下考核法操作程序一般是由被考核者自评，然后由被考核者的直接上级做出评价。

这种考评方法操作简单，效率高。

直接上级应对下属工作业绩负责，因此考核者一般能比较公正、客观地评价被考核者的表现。

自上而下考核法对于员工个人也要进行自我评价（或者称为"自我陈述"更恰当）。一般情况下，被考核者自己不会打分，只是对自己的工作绩效水平做简要描述，被考核者上级可以据此发现评价不一致的地方，有利于绩效考核的公平公正性。

3. 如何确定绩效考评者

考评者选择要根据"责任、了解、相关"的原则。

（1）"责任"原则。

就是考核者对被考核者的业绩担负一定的责任，比如部门经理对部门员工工作不力应承担责任，因此部门经理对部门员工进行考核是必要的。

（2）"了解"原则。

就是考核者对被考核者的工作是了解的，如果不了解，必然会成为"走过场"、流于形式，比如销售人员对产品售后服务是了解的，因此由销售部门提供售后部门产品售后服务方面的考核信息是必要的。

（3）"相关"原则。

就是被考核者工作业绩与考核者是相关的，或互相影响的，比如产品设计质量会影响产品试制工作进度，因此由产品试制人员增加对设计人员产品设计质量方面的考核是必要的。

4. 慎重选用360度考核法及自上而下考核法

如果进行考核的主要目的是对过去业绩的评定，并强调考核结果与工资奖金直接挂钩，那么在考核中就不宜使用360度考核法，最好是偏重直接上级的评价，因为直接上级是对下属的业绩负责的。采用自上而下考核法，在具体运作中，直接上级要充分听取被考核者本人和其他人的意见。

如果进行考核的主要目的是为了职业发展和业绩提高，就可以多听取周围人的意见，并强调彼此的沟通，这时可以采用360度考核法。应用360度考核法成功与否，与公司的组织模式、管理基础和企业文化有很大关系。

在一个人际关系紧张、高度集权的企业里，实施360度考核的风险是很大的；而在以团队方式进行管理的企业中，实施360度考核则是比较合适的。对于能力素质、满意度等方面的考核内容，采用360度考核也是比较合适的。

关键业绩考核一般采用自上而下考核法，而满意度测评、能力素质考核一般可以采用360度考核法。

对于关键业绩考核而言，如果公司管理比较规范，那么关键业绩考核是谈不上360度考核一说的。在整个考核体系中，结果如何应用一般在制度层面，考核指标是根据公司发展战略选择和确定，绩效目标是根据公司及团队绩效目标分解确定，评价标准一般是由主管和员工达成共识确定，因此最终决定考核分数的就是绩效数据信息了。因为所有利益相关者都有提供绩效考核数据信息的权利，根据这些信息，绩效考核分数自然已经确定了，虽然理论上是由直接上级负责进行评价，实际上是综合各方因素对被考核者做出了评价。

（二）慎用"末位淘汰"法

"末位淘汰"法是绩效考核结果应用的一种方法。该方法是将员工考核成绩进行排序，将排在最后面一定比例的员工确定为绩效最差员工，对其进行解除岗位聘任甚至解除聘用关系的处理。

有些企业，比如保险公司对业务员绩效考核采取"末位淘汰"法取得了不错效果。企业绩效考核采用"末位淘汰"法时一定要慎重，不能照搬。

"末位淘汰"法的使用需要具备前提条件：

第一，企业具备非常强的业绩导向企业文化，大家都认可"能者上、庸者下"的企业文化氛围。第二，企业绩效管理能得到切实推进，绩效考核结果能得到员工的信服、认可，绩效考核结果有效度。第三，企业业务特点适宜较高的人员流动率，骨干人员储备充足。

在使用"末位淘汰"法时，要正确认识"末位淘汰"法具有积极作用和消极作用的两面性。

"末位淘汰"法的积极作用在于：能够使企业从上至下聚焦于企业对各部门及员工所设定的工作目标，保证目标的实现；同时也创造了一种内部竞争环境，以绩效为导向，保证了全员效率，杜绝"大锅饭""混日子"的低效率情况。

但"末位淘汰"法也存在其负面影响，如：员工有不安全感，从而导致焦虑，员工关系紧张，对企业不忠诚，追求短期效益而忽视长期效益，关注局部而忽视全局。

企业在考虑采用"末位淘汰"法时，应该学习、借鉴有关企业成功操作经验，与本企业进行全面的对比、分析，评估引入"末位淘汰"法面临的风险。

（三）关键业绩考核指标选择与权重确定

1. 选择关键业绩指标的原则

选择关键业绩指标要坚持以下原则。

（1）关键业绩指标要少而精。

既然是关键业绩指标，就应该选择对组织绩效贡献最大的方面来衡量。如果选择指标太多，就会淹没最核心指标的重要性，因此也就失去了导向作用。

（2）定性指标和定量指标相结合。

选择关键业绩指标应坚持定性指标和定量指标相结合的原则。合理的考核指标体系往往是定量指标和定性指标的结合。定量指标看似科学，但如果应用不当会带来非常严重的负面效果，用好定量指标非常关键。

（3）灵活运用否决指标、奖励指标、奖惩指标。

否决指标、奖励指标和奖惩指标等非权重指标的引入，对绩效考核指标体系发展起到了重要作用。不仅大大提高了绩效考核的效果，也使绩效考核易于落地，因此得到了广泛的应用。

2. 确定关键业绩指标权重的原则

确定绩效指标的权重同样是绩效考核指标设计过程中非常重要的环节。一方面，权重突出了绩效目标的重点项目，体现了管理者的引导意图和价值观念。另一方面，权重直接影响员工的工作重点，影响员工工作方向的选择。

既然绩效考核要突出战略导向，那么当然应该将与战略目标和经营重点相关的考核指标赋予更多的权重。

设定考核指标权重，不能根据实际工作中占用的时间来确定。事实上，往往耗费时间最长的工作可能不是最重要、最核心的工作，耗费时间最长的工作往往是日常工作。

（四）如何做好绩效考核实施工作

1. 绩效考核应取得业务部门的支持与认可

绩效的现实状况是：领导和员工对绩效管理认识不够，总认为绩效管理是人力资源部的事情；作为直接领导不想参与对下属的业绩评价；某些部门尤其是业务部门会对绩效考核消极应付。

造成这种现状的原因是多方面的，首先，绩效管理得不到业务人员的重视。其次，做业务出身的业务部门经理习惯简单粗放的管理方式，可能会极力抵制绩效考核工作。再次，业务部门领导认识问题，往往将更多精力放在具体业务运作而不是管理上。

正确认识是：人力资源部门只是绩效管理的组织协调部门，各级管理人员才是绩效管理的主角；各级管理人员既是绩效管理的对象（被考核者），又是其下属绩效管理的责任人（考核者）。

如何改变这种状况呢？第一，要进行思想灌输，使他们改变"大业务员"的思维定式，认识到管理的重要性。第二，要对管理者进行管理培训，提高管理者管理技能素质和企业管理水平。第三，从企业文化建设入手，加强公司的执行力。

从根本上来讲，让业务部门接受和认可绩效考核的关键，是让绩效考核真正成为业务部门领导管理员工的有效手段和工具，将日常业务管理与绩效考核有效结合，绩效考核成为业务管理的有效手段。

2. 绩效考核应取得员工的理解与认可

很多企业推进绩效管理，往往会受到员工的抵制和抱怨，认为绩效管理就是绩效考核，绩效考核就是挑员工毛病，有些企业盲目采用和自己企业文化、业务特点和管理水平不相适应的考核工具、方法是导致这种现状的最根本原因。

正确的认识是，绩效考核只是绩效管理的一个重要环节。绩效考核是手段，绩效管理的目的是为了提升组织和个人绩效。绩效考核的目的是准确识别和有效区分，为激励机制应用提供依据。

如何改变企业及员工的错误认识呢？

首先，要使员工认识到绩效管理和绩效考核会带来好处。在绩效管理和绩效考核这个事情上，无论是中高层管理者以及普通员工的的确确都能享受到好处，绩效管理能使中低层员工有较好的职业发展，能使中高层管理者更加有效地完成任务目标，保证公司发展目标战略落地。

其次，还是要加强对各级管理者有关绩效管理工具、方法和技巧的培训，使绩效计划制订、绩效辅导沟通、绩效考核评价以及绩效结果应用等环节的工作落到实处。

从根本上来讲，公司的绩效管理体系应该具有激励机制，应该使乐于接受绩效考核、积极进行绩效管理的有关部门及岗位获得益处，只有这样才能真正有效推进绩效考核工作。

3. 绩效考核指标选择设计好

选择合适的绩效考核指标，明确各指标的权重，制定客观的评价标准，确定合适的绩效考核者，是关键业绩考核指标设计的主要环节。

权重指标和非权重指标的划分，对关键业绩指标体系的发展有重要的影响；这解决了绩效考核战略导向限制指标不能过多与绩效考核公平公正需要考核内容全面完整、考核指标不能太少之间的矛盾，对绩效考核的有效性具有重要的意义。权重指标和非权重指标的划分，不仅提高了绩效考核的效度，对部门员工绩效考核的切实落地实施也有很大的促进作用，非权重考核指标是公司人力部门介入到部门员工层面考核的一个有效手段。

考核结果的客观公正并不在于考核指标采取定量还是定性形式，若定量指标使用前提不存在，将会引起更多的问题。无论是定量指标还是定性指标，只要绩效目标清晰，评价标准明确，定量指标和定性指标会达到同样的效果。

很多企业绩效考核最终失败都是定量指标应用出现问题导致，定量指标应用需要具备一定的前提条件。任何一个前提不存在，定量考核都会出现严重问题。因此用好定量考核指标很关键。

选择指标很重要，设计好关键业绩考核指标更重要。这需要更专业知识，有兴趣的读者请阅读相关专业书籍。

4. 绩效结果应用好

很多绩效考核最终失败是由于绩效考核结果应用不当引起的。

绩效考核结果要和绩效工资挂钩，这样才能实现薪酬绩效的激励作用。 如果绩效考核结果与工资、奖金没有任何联系，那这样的绩效考核肯定是在走形式，因为没有涉及大家核心利益的变革，不会引起员工的足够重视；如果绩效考核结果与个人绩效工资挂钩程度太强的话，也会对绩效考核的实施产生负面影响。

绩效考核结果还应该应用在其他方面，工资晋级、岗位调整、职位晋升、培训发展等。

第 4 章
薪酬管理与员工激励

第1章　企业发展需要解决的管理问题
第2章　如何做好绩效管理，保障业绩提升
第3章　如何建立绩效体系，推进绩效考核
第4章
第5章　如何设计薪酬体系，推动战略落地
第6章　如何设计岗位体系，引导职业发展

本章着重介绍了激励有关理论及其对管理的启示，薪酬激励及薪酬日常管理基本知识，这些都对企业管理者有非常强的指导意义。

提醒管理者：薪酬是最具激励性质的因素，在企业培养人才、保留人才、吸引人才方面发挥着巨大的作用。知识经济时代员工激励遇到的难题，依然只能通过薪酬激励来解决；只不过由过去以经济性薪酬激励为主转变为经济性薪酬激励和非经济性薪酬激励并重而已。

本章要点

薪酬激励理论启示

- 马斯洛需求理论提醒管理者，要准确识别下属的主导需求，有针对性对员工进行管理。双因素理论则提醒管理者，尽量不要把激励因素变成保健因素，一旦把奖金固定下来就变成了保健因素。
- 水木知行综合激励模型认为：员工的努力会促进工作业绩提升，工作业绩提升会得到组织奖励，组织奖励会使员工满意，员工满意后会继续努力工作，这样就完成了一个绩效管理综合激励循环。

薪酬管理基本知识

- 薪酬是最具激励性质的因素，在企业培养人才、保留人才、吸引人才方面发挥着巨大的作用。人力资源管理将由以岗位为基础转变为以能力为基础。依据业绩付酬是当今薪酬管理必须解决的问题，薪酬福利待遇应该与个人、部门、组织绩效紧密联系。
- 实行岗位工资制是市场化条件下企业规范化管理的第一步。绩效工资制是以个人业绩为付酬依据的薪酬制度，其核心在于建立公平、合理的绩效评估系统。

薪酬日常管理

- 薪酬成本管理要正确判断企业目前的薪酬水平是否合理以及薪酬成本未来发展变化趋势等。
- 薪酬调整是保持薪酬动态平衡、实现组织薪酬目标的重要手段，也是薪酬管理的日常工作。
- 实行薪酬保密制度还是薪酬公开制度，应该根据企业的实际情况来确定。

在知识经济时代的企业管理中，激励有着更加重要的地位和作用；没有激励机制，员工的潜能就不会充分发挥，组织赋能及个人赋能都无从谈起。无论是工业经济时代还是知识经济时代，薪酬都是最主要的激励方式，区别在于由以前更加关注经济性薪酬转变为经济性薪酬和非经济性薪酬并重而已。

对于各级企业管理者，应该熟悉常用的激励理论并懂得其对管理的指导意义，应该掌握薪酬的基本知识以及薪酬日常管理的有关工具方法和技巧。

一、激励理论及其对管理的指导意义

薪酬激励理论很多，可以分为内容型激励理论、过程型激励理论和综合型激励理论等。薪酬激励理论都是站在一定角度，在人性假设的基础上建立的，因此研究人性假设和薪酬激励理论对于薪酬管理实践具有非常强的指导意义。

（一）内容型激励理论及其对管理的启示

内容型激励理论重点研究的是影响工作动机的构成因素，研究如何满足人的需求。本书简要介绍马斯洛的需求层次理论和赫茨伯格的双因素理论。

1. 马斯洛的需求层次理论

美国心理学家马斯洛把人的各种需求归结为五大类，分别是生理需求、安全需求、社会需求、尊重需求和自我实现需求。

（1）生理需求。

生理需求是人类维持生存最基本的需求，包括对食物、水、衣服、睡眠和性等的需要。只有当这些最基本的需求得到满足后，其他需求才能成为新的激励因素。

（2）安全需求。

安全需求包括人身安全、财产安全以及对职业保障、生老病残保障等方面的需求。人们的储蓄、保险习惯以及国家针对有关方面的立法，都体现了这方面的需求的重要性。

（3）社会需求。

社会需求反映的是爱和归属的需要。人需要在一定的群体中生活，希望得到友谊和爱情，如果这方面的需求得不到满足，会使人产生孤独感和压抑感。

（4）尊重需求。

一般人都有基于事实给予自己高评价的倾向，并希望得到他人的认可和尊重，由此产生两方面的需求：第一，渴望有能力、有成就、独立而自由；第二，渴望得到名誉和声望。尊重需求的满足，使人增强自信心，觉得自己在社会上有地位和价值，有发展前途。

（5）自我实现需求。

自我实现需求是指按照自己的意愿，发挥自己的优势和潜能，创造价值，成就一番事业的需要。

对于马斯洛需求层次理论，需要着重指出以下几点。

第一，上述各需求层次之间是有内在联系的，需求的五个层次之间依次递进。当低一层次的需求"相对"满足之后，追求高一层次的需求就会成为主导需求；并不是低层次需求"完全"满足之后，高层次需求才成为最重要的。另外，人们在某一时刻可能同时并存好几类需求，只不过各类需求的强度不同而已，但一般情况下会有一个是主导需求。

第二，需求满足的难易程度与社会发展水平以及需求层次有关。较低层次的需求偏重于物质生活方面，需求弹性较小；而较高层次的需求偏重于精神生活方面，需求弹性较大。在社会发展水平较低的情况下，生理、安全、社会需求都是很重要的需求，同时也是比较难满足的需求；在社会发展水平较高的情况下，尊重需求、自我实现需求往往成为重要的需求，同时也是比较难满足的需求。

在企业管理实践中，当员工的低层次需求普遍是主导需求时，不能忽视个别员工高层次需求的满足；当员工的高层次需求普遍成为主导需求时，不能忽视个别员工低层次需求的满足。

第三，五个层次的需求在某种程度上反映了人类的共同需求特征，但并不完全适用于每一个个体。对于不同的社会文化以及个体性格特征而言，例外的情况并不鲜见，因此管理者在采用需求层次理论解决实际问题时要灵活应用。

第四，在目前社会经济条件下，生理需求和安全需求较容易得到满足，社会需求、尊重需求、自我实现需求逐渐成为人们的主导需求，但依次递进、逐层满足的特征并不十分明显；主导需求与个体性格特征及生活环境有关，这提醒管理者，准确识别下属的主导需求，有针对性地对员工进行管理非常有意义。

随着社会的发展及人民生活水平的提高，马斯洛需求层级理论的低层次需求（生理需求、安全需求）大都已经不是问题，对很多新生代员工来讲，这些都像空气和水一样很自然得到的。但无论如何，员工仍然会有主导需求（社会、尊重、自我实现），马斯洛需求层次理论提醒管理者一定要关注员工的主导需求。

2. 赫茨伯格的双因素理论及其启示

美国心理学家赫茨伯格的双因素理论认为：当某种因素存在时可以引起满意，当它缺乏时不会引起不满意，只是没有满意；当某种因素存在时人们并不觉得满意，当它缺乏时则会引起不满意。前者被称为"激励因素"，后者被称为"保健因素"。这两类因素在管理上的作用是不同的。

双因素理论的价值在于区分哪些因素具有激励效应，能使管理者更好地对员工进行激励；另外也提醒管理者，尽量不要把激励因素变成保健因素，那样不但没有激励效果，反而有带来不满的可能。很多企业在设计薪酬福利时，经

常把具有激励效应的奖金固定下来，一旦奖金变成保健因素，那就不能再降了，否则就会引起不满。

（1）激励因素。

激励是积极地增加，而不是仅仅维持现状。激励因素一般以工作内容为中心，或者说工作本身就是一个激励因素，此外，成就、成长、承认、责任、晋升、地位、工资晋级、绩效工资、奖金等也都是激励因素。如果激励因素运用得当，能极大地调动员工的工作积极性，同时对保健因素的缺乏所引起的不满往往也具有较强的容忍力。

（2）保健因素。

保健因素不能带来激励效应，但能防止不满意倾向的增加。固定工资、津贴补贴、福利等都是保健因素，此外，人际关系、工作条件、工作环境、工作稳定性等也都是保健因素。如果保健因素运用不当，会引起员工不满甚至怠工；如果运用得当，员工会认为理应如此。

需要说明的是：

第一，双因素的划分是相对的，只能说某些因素是偏重于激励方面还是偏重于保健方面，甚至有些因素本身就具有两种性质，运用得好会满意，运用得不好会不满意。

第二，双因素划分不是对立的，有些因素既不是激励因素，也不是保健因素；做了这个事情员工积极性并没有提高，如果不做这个事情也不会有啥问题。这提醒管理者尽量不要做这些无意义的事情。有些企业过于追求形式上的东西，有些企业过于追求公平公正就是这样的例子，这样会耗费大量的管理成本。

双因素理论对于企业管理在考虑公平问题与激励问题时具有非常大的指导意义。 经过多年的企业管理实践，水木知行认为，在企业管理手段和方法上，并不是简单的激励因素和保健因素二元区分，很多管理措施既不是激励因素，也不是保健因素。这提醒管理者，尽量不要做既不是激励因素又不是保健因素的事情，因为做这些事情不会带来积极性的提高，如果不做，也不会有太大的问题。

（二）过程型激励理论及其对管理的启示

过程型激励理论主要研究的是从个体动机产生到采取具体行为的过程。这些理论试图弄清人们对付出努力、取得绩效、获得奖励的认识，以达到更好地对员工进行激励的目的。下面介绍弗洛姆的期望理论、斯金纳的强化理论和亚当斯的公平理论。

1. 弗洛姆的期望理论及其启示

美国心理学家弗洛姆的期望理论的主要观点如下。

一个目标对人的激励程度受两方面因素的影响。一是目标效价，即人对实现该目标有多大价值的主观判断。如果实现该目标对人来说很有价值，那么人的积极性就高；反之，积极性则低。二是期望值，即人对实现该目标可能性大小的主观估计。只有认为实现该目标的可能性很大，才会去努力争取，从而在较高程度上发挥目标的激励作用；如果认为实现该目标的可能性很小，甚至完全没有可能，那么目标的激励作用就小，以至完全没有。

期望理论提醒管理者，在进行激励机制设计时，激励内容、激励方式应符合员工的真正需求，同时在制定绩效目标时应充分考虑内外部环境因素，使员工对目标的完成抱有信心。

激励机制设计要考虑时空因素。 第一个，激励面一定要广，我们激励的对象不是最终得到奖励或惩罚的个体，而是按照组织期望要求去做的整体；第二个，激励周期要长，提前定好规则，让员工在整个周期都按组织期望的努力去做。

2. 斯金纳的强化理论及其启示

美国哈佛大学教授斯金纳的强化理论的主要观点如下。

人的行为只是因外部环境刺激所做的反应，是受外部环境刺激所调节和控制的，改变刺激就能改变行为。通过有效的刺激能加强人的某种行为，因此管理者通过各种强化手段，能有效地激发员工的积极性。

在管理实践中，常用的强化手段有三种，即正强化、负强化和消退强化。这些手段可以单独应用，也可以组合运用。

（1）正强化：是指对人的某种行为给予肯定和奖赏，以使其重复这种行为。在管理过程中，凡是直接或间接地对组织目标实现做出贡献的行为，都应及时给予肯定和奖励；如果这种行为得不到强化，那就意味着没有得到组织的认可，人的积极性就会消退，这种行为就不会持续。

（2）负强化：是指对人的某种行为给予否定和惩罚，以防类似行为再度发生。在管理中，对不符合组织期望的行为进行否定或惩罚，可以促使这种行为受到削弱或抑制，同时也有利于良好行为的形成和巩固。负强化的措施有批评和惩罚两种，其中批评包括公开批评、非公开批评，也可分为直接批评和间接批评，惩罚包括警告、记过、降职、降薪、罚款、开除等。

（3）消退强化：是指对某种不良行为不予理睬，采取视而不见的态度，让行为者感到这种行为得不到承认，慢慢地终止该行为。管理者对某些不良行为采取消退强化的措施，有时会取得比负强化更好的效果。当员工工作成果与预期目标相差较大时，如果主要是因为能力不足，而员工已经尽了力，这时适当应用消退强化对于保护员工自信心和积极性非常重要。任何一个中层管理者，都应该掌握消退强化这项管理技能。

事实上，采取正强化、负强化以及消退强化措施，要根据行为性质、行为对组织目标的影响以及行为者个体区别对待。强化措施应用得好会起到好效果，应用不好则会带来非常负面的影响，尤其应用负强化措施时要慎重，一方面不能伤害行为者的自尊心，另一方面一定要对事不对人。

在我国目前发展阶段，员工还没有非常高的成熟度，有些员工自我管理、自我控制能力不足，只有正激励没有负激励的模式不能保证任务目标的完成；而只有负激励没有正激励会引起员工严重不满，因此应平衡使用正激励和负激励，做得好的员工应该得到及时奖励，存在不足的地方应及时指出并给予适度鞭策，同时各级管理者应熟练掌握并恰当应用消退强化技能。

3. 亚当斯的公平理论及其启示

公平理论是美国心理学家亚当斯提出的，该理论的基本要点如下。

人的工作积极性不仅与个人的实际报酬多少有关，而且与人们对报酬的分配是否感到公平关系更为密切。人们总会自觉或不自觉地将自己付出的劳动代价及所得到的报酬与他人进行比较，并对公平与否做出判断，公平感直接影响着人们的工作动机和行为。因此，从某种意义上来讲，动机的激发过程实际上是人与人进行比较，做出公平与否的判断，并据以指导行为的过程。

与其他人进行比较的模型是：用 A 表示"自己对本人所获报酬的感觉／自己对本人投入的感觉"，用 B 表示"自己对他人所获报酬的感觉／自己对他人投入的感觉"。公平理论的基本公式可以表达为：

（1）A=B，员工会感觉到公平，工作处于稳定状态。

（2）A＜B，员工会感到不满意，往往会减少自己的投入，或者要求增加自己的报酬；此外，员工期望组织减少比较对象的报酬或增加其工作投入。

（3）A＞B，员工开始感到满意，但往往不会增加自己的投入或期望降低自己的报酬；大多数情况下，员工会重新衡量感觉程度，会有增加他人报酬同时降低他人投入的感觉，直到等式平衡为止。

在这个主观比较过程中，由于信息不对称，往往高估别人的报酬；由于人的本性，又会高估自己的投入。因此，这个等式很难令所有人都达到平衡状态。这个理论提醒管理者以下几点。

① 信息公开很重要，要尽量做到过程公平。这样会减少感觉误差，给管理带来促进作用，增加公平感。

② 员工认为不公平在一定程度上是正常现象，如果所有人都有公平感，那是不正常的。

③ 在企业管理实践中，应该不仅关注结果公平，更应关注过程公平；因为只有过程公平，人们才会对结果信服。

④ 公平是历史阶段产物，不同时期人们对公平的评价标准不一样，追求公平要考虑企业现状及发展阶段的要求。

（三）综合激励模型及其对管理的启示

内容型激励理论和过程型激励理论都是站在某一角度研究激励问题，实际上人是最复杂的，模型的应用需要一定的前提条件，因此在使用时要针对实际情况慎重应用。图 4-1 是站在绩效管理角度研究激励问题的水木知行综合激励模型。

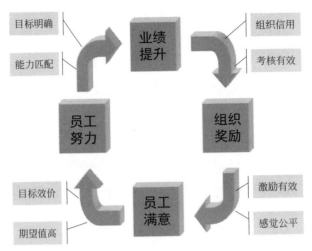

图 4-1 水木知行综合激励模型

水木知行综合激励模型认为：员工的努力会促进工作业绩提升，工作业绩提升会得到组织奖励，组织奖励会使员工满意，员工满意后会继续努力工作，这样就完成了一个绩效管理综合激励循环。

上述这个循环系统的实现是有条件的，需要以下各方面的支撑，下面任何一个方面出现问题，绩效管理综合激励循环就会中断，就发挥不出激励应有的作用。

1. 目标效价有吸引力和期望值足够高是员工努力工作的前提

根据期望理论，员工对某个事件的投入程度与目标效价和期望值都有关。如果目标达成获得的激励对员工没有吸引力，那么员工的工作积极性就会受到影响；如果目标达成对员工来说不切实际，员工没有信心达成目标，那么这样的激励对员工就犹如"水中月、镜中花"，员工也不会为不可能的事情而竭尽全力。

在对员工制定激励措施时，首先，一定要考虑激励措施对员工是否有吸引力，如果没有吸引力，那就不会达到激励的效果。其次，正激励和负激励要平衡使用，某些情况下，负激励也会有非常好的效果。在对员工进行工作目标设定时，一定要切合实际，使目标具有挑战性，同时要有实现的可能。另外，要让员工认识到，只要努力是一定可以达成目标的，组织也会尽全力支持员工达成目标。

2. 能力匹配和目标明确是员工努力带来业绩提升的前提

如果员工能力和工作任务要求不匹配，那么员工的努力将得不到预期结果；如果员工目标不明确，工作产出不是组织期望的结果，那么员工的努力很可能白费，因此，能力匹配和目标明确是员工努力带来业绩提升的前提。

"能力匹配"本质上是根据员工能力进行人力资源配置，使得人尽其才，同时对人才进行培养以满足工作需要。"目标明确"本质上是给员工指明方向，减少员工工作上的盲目性。一方面，管理者应使组织目标的重要性为员工所认识并自觉认同，将员工的个人目标和组织目标紧密联系起来；另一方面，管理者也应积极地为员工完成个人目标创造条件，为员工提供业务辅导和资源支持。

3. 组织信用和考核有效是业绩提升带来组织奖励的前提

如果组织没有信用，承诺的事项不能兑现，或者不能公正地评价员工的绩效，那么都可能带来组织奖励的不能兑现。因此，组织信守承诺和绩效考核准确、有效是业绩提升带来组织奖励的前提。

期望理论提出，激励效应是目标效价和期望值的乘积。如果组织承诺事项不能兑现，会降低员工的期望值，就会影响员工的积极性；如果没有公平、公正的绩效考核系统，员工的业绩不能得到肯定，也会降低员工的期望值。

绩效考核系统一定要能识别组织期望的行为并能给予公平、公正、有效的评价，否则会降低员工的期望值，进而影响员工的积极性。

4. 激励有效和感觉公平是组织奖励带来员工满意的前提

激励如果没有效果，就不会带来员工满意；员工如果有不公平感，将会引起不满意。因此，激励有效和感觉公平是组织奖励带来员工满意的前提。

激励有效性表现在两个方面：一是激励内容要适当，二是激励要及时、程度适中。 内容型激励理论，无论是需求层次理论还是双因素理论，都提醒管理者：要对员工采取针对性的激励措施，否则不会有预期的效果。而过程型激励理论则着重研究激励过程，其中强化理论对激励的手段方式提出要求，期望理论对目标效价以及期望值提出要求，公平理论要求尽量做到结果公平、过程公平和机会公平。

（四）人性假设与管理特征

美国工业心理学家麦格雷戈认为：有关人的性质和人的行为的假设对于管理人员的工作方式来讲是极为重要的，各种管理人员以他们对人的性质的假设为依据，可用不同的方式来组织、控制和激励人们。基于这种思想，他提出了 X 理论和 Y 理论。

1. X 理论及管理特征

X 理论的主要内容如下。

- 大多数人是懒惰的，他们尽可能逃避工作。
- 大多数人都没有雄心壮志，也不喜欢负责任，宁可让别人领导。
- 大多数人的个人目标与组织目标是自相矛盾的，为了达到组织目标必须靠外力严加管制。
- 大多数人是缺乏理智的，不能克制自己，很容易受别人影响。
- 大多数人工作是为了满足基本的生理需要和安全需要，所以才选择那些在经济上获利最大的事去做。
- 人群大致分为两类，多数人符合上述假设，少数人能克制自己，这部分人应当负起管理的责任。

根据 X 理论的观点，管理人员的职责和相应的管理方式如下。

- 管理人员关心的是如何提高劳动生产率、完成任务，其主要职能是计划、组织、领导和控制。
- 管理人员主要是应用法定职权发号施令，使对方服从，让人适应工作和组织的要求，而不必考虑在情感上和道义上如何给人以尊重。
- 强调严密的组织和制定具体的规范与工作制度，如工时定额、技术规程等。
- 应以金钱报酬来激励控制员工。
- 此种管理方式是"胡萝卜加大棒"的方法，一方面靠金钱收买与刺激员工，另一方面通过严密地控制、监督和惩罚迫使人们为组织目标努力。在人们生活还不够丰裕的情况下，"胡萝卜加大棒"的管理方法是有效的。但是，当人们的生活足够丰裕时，这种管理方法的效果就不太明显了。因为，那时人们的动机主要是追求更高级的需求，而不是满足低层次的需求了。

2. Y 理论及管理特征

Y 理论的主要内容如下。

- 一般人并不是天性就不喜欢工作的，工作中体力和脑力的消耗就像游戏和休息一样自然。工作可能是一种满足，因而自愿去执行；也可能是一种处罚，因而只要可能就想逃避。到底怎样，要看环境而定。
- 外来的控制和惩罚并不是促使人们为实现组织目标而努力的唯一方法，它甚至对人是一种威胁和阻碍，并放慢了人成熟的脚步。人们愿意实行自我管理和自我控制，来完成应当完成的目标。
- 人的自我实现要求和组织要求的行为之间是没有矛盾的。如果给人提供适当的机会，就能将个人目标和组织目标统一起来。
- 一般在适当条件下，人不仅学会了接受职责，而且还学会了谋求职责。逃避责任、缺乏抱负以及强调安全感，通常是经验的结果，而不是人的本性。
- 大多数人而不是少数人，在解决组织的困难问题时，都能发挥较高的想象力、聪明才智和创造力。
- 在现代工业生活条件下，一般人的智慧潜能只是得到了部分发挥。

根据 Y 理论的观点，管理人员的职责和相应的管理方式如下。

- 管理者的重要任务是创造一个使人得以发挥才能的工作环境，发挥出员工的潜力，并使员工在为组织目标实现贡献力量时，也能达到自己的目标。此时的管理者已不仅仅是指挥者、调节者或监督者，还起辅助者的作用，从旁给员工以支持和帮助。
- 对人的激励主要是来自工作本身的内在激励，让他负责具有挑战性的工作，担负更多责任，促使其工作作出成绩，满足其自我实现的需要。
- 在管理制度上给予员工更多的自主权，实行自我控制，让员工参与管理和决策，并共同分享权力。

需要指出的是，X 理论和 Y 理论是两种极端的观点；X 理论适合人们的低

层次需求不能得到满足时,而 Y 理论更适合人们的低层次需求已经得到满足的情况。事实上,X 理论和 Y 理论给我们提供了思考问题的两种角度,在使用时要根据社会发展现状以及人的个体因素综合考虑,不能机械地照搬使用。

3. 几种人性假设

(1)经济人假设。经济人假设认为:人是由经济诱因引发工作动机的;人总是被动地在组织的操纵、激励和控制下从事工作;人总是企图用最小的投入取得满意的报酬;大多数人缺乏理性,不能克制自己,很容易受别人影响,组织必须设法控制个人的感情。经济人假设的理论基础是 X 理论,它建议采用"胡萝卜加大棒"的管理方法。

(2)社会人假设。影响人生产积极性的因素,除物质因素外,还有社会、心理因素;生产率的高低主要取决于员工的士气,而员工的士气受企业内部人际关系及员工的家庭和社会生活的影响;非正式组织的社会影响比正式组织的经济诱因对员工有更大的影响力;员工强烈期望领导者能承认并满足他们的社会需要,所以,要调动员工的工作积极性,必须使员工的社会和心理需求得到满足。

(3)自我实现人假设。人一般是勤奋的;人能够自我管理、自我控制;在适当条件下,人能将自己的目标与组织的目标统一起来;人是有责任感的;人具备创造力和想象力,在现代企业条件下,人的能力只是得到了部分发挥。自我实现人假设认为,管理者应把管理的重点从重视人的因素转移至创造良好的工作环境,使得员工能力得到最充分的发挥。自我实现人假设的理论基础是 Y 理论,更强调员工的自我管理。

(4)复杂人假设。经济人、社会人、自我实现人假设理论的出现各自反映出当时时代的背景,适用于特定的环境,而人是很复杂的,不能把人归为一类。复杂人假设的基本观点是:人的需要是多样的,随着发展条件而变化,因人而异,因事而异;人在同一时间内有各种需要和动机,会发生相互作用;人在组织中可能产生新的需要和动机;一个人在不同单位工作或同一单位的不同部门工作会产生不同的需要;由于人的不同,同一管理方式会有不同的反应,所以没有特定的管理方式对任何组织都适用,管理方法和技巧必须随时、随地、随人、随境不断变化，强调管理者必备的最重要的能力体现在鉴别情景、分析差异、诊断问题的洞察力上。

虽然 X 理论、Y 理论以及四种人性假设都是工业时代提出来的管理思想，在知识经济时代同样有巨大的指导价值。无论社会发展到什么阶段，人的想法或需求可能会有所不同，但人性这一根本命题是一直存在的。如今很多优秀企业的管理方法和管理手段，都能从这里找到理论依据，因此这种权变性的思想对当今管理仍有巨大的指导价值。

二、薪酬管理基本知识

（一）薪酬的含义、作用及支付依据

薪酬是最具激励性质的因素，在企业培养人才、保留人才、吸引人才方面发挥着巨大的作用。知识经济时代员工激励遇到的难题，依然只能通过薪酬激励来解决；只不过由过去以经济性薪酬激励为主转变为经济性薪酬激励和非经济性薪酬激励并重而已。

1. 薪酬的含义

薪酬是员工向其所在单位提供劳动后所获得的各种形式的补偿，是单位支付给员工的劳动报酬。薪酬包括经济性薪酬和非经济性薪酬两大类，其中经济性薪酬又分为直接经济性薪酬和间接经济性薪酬，薪酬构成如图 4-2 所示。

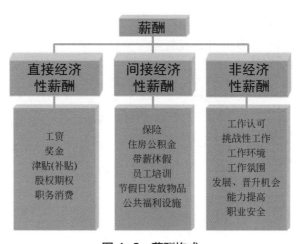

图 4-2　薪酬构成

（1）直接经济性薪酬。

直接经济性薪酬是单位按照一定标准以货币形式向员工支付的薪酬。对于普通员工而言，直接经济性薪酬主要是工资、奖金、津贴（补贴）等；对于企业中高层管理者而言，除上述形式的薪酬之外，股权期权、职务消费等也是经常采用的形式，在经济性薪酬中往往也占有比较大的比例。

绩效工资是具有激励作用的薪酬项目，如果绩效考核流于形式，绩效工资将不会有激励作用；如果绩效工资设计合理，绩效考核做到准确识别和有效区分，绩效工资会比奖金更能实现激励作用。因为绩效工资更能应对不确定性问题，绩效考核能做到注重结果和过程控制的均衡，而奖金一般只看结果，适用于比较确定性的问题。

奖金是具有激励作用的薪酬项目，在提高员工积极性方面具有重要作用；奖金的确定、计算、发放如果存在问题，就达不到激励员工的效果，甚至会带来一些严重负面问题；奖金应尽量公开透明，发放及时，避免绝对平均主义。

津贴（补贴）项目对实现薪酬公平目标有重要作用。适度的补贴项目是必要的，但存在过多的补贴项目对实现薪酬的公平目标、激励作用是不利的。

建立中高层管理者以及业务骨干人员长期激励机制非常重要，股权、期权激励是重要手段，应用不当会带来严重问题。股权激励本身往往是保健因素，设计好期权激励机制很关键。

（2）间接经济性薪酬。

间接经济性薪酬不直接以货币形式发放给员工，但通常可以给员工带来生活上的便利，减少员工额外开支或者免除员工后顾之忧。

（3）非经济性薪酬。

非经济性薪酬是指无法用货币等手段来衡量，但会给员工带来心理愉悦效用的一些因素。非经济性薪酬包括工作本身的因素、价值实现因素以及工作条件等方面的因素。

- 工作本身的因素包括有兴趣的工作、参与企业管理、挑战性工作、工作认可、培训机会、职业安全等。
- 价值实现因素包括社会地位、个人发展、提拔晋升、个人价值实现等。
- 工作条件等方面的因素包括良好的工作氛围、舒适的工作环境和便利的生活条件等。

非经济性薪酬之所以也被划分为薪酬的一种，是因为这些非经济因素的心理效用也会对职业选择和激励效果产生重要的影响，是单位吸引人才、留住人才的重要手段，尤其是目前时代背景下，更应该重视非经济性薪酬的激励作用。

2. 薪酬的作用

薪酬的作用主要体现在以下几个方面。

（1）薪酬具有维持和保障作用。

薪酬对于员工是非常必要的，对员工而言意味着保障；薪酬对于维持组织的稳定非常重要，如果出现严重不公平问题，会对员工积极性带来严重影响，甚至会引起组织震荡和冲突，因此要解决好公平问题才能维持组织的稳定。

（2）薪酬具有激励作用。

维持稳定并不是企业的最终目的，有良好的业绩更重要，因此系统的绩效管理非常必要。激励机制在绩效管理中发挥着重要的作用，薪酬是激励机制建设中最重要的手段和方式，因此科学合理的薪酬激励体系对企业发展而言非常重要。

通过适当激励使个人满意，产生激励效应，从而提高个人和组织的业绩，这是绩效管理的目标之一，而薪酬激励在这个方面起着决定性作用。

（3）薪酬具有优化人力资源配置的功能。

不同区域、不同行业、不同职业的薪酬不一样，劳动力供给和需求的矛盾在劳动力价格形成过程中起着非常重要的作用。但如果企业主动适应这种趋势，实行恰当的薪酬策略，将有助于企业战略目标的实现。

3. 薪酬的支付依据

薪酬支付依据是指单位依据什么向员工支付薪酬。薪酬支付依据有以下几个方面：员工的岗位，员工的职务，员工的能力，员工的业绩等。

（1）依据岗位付酬。

依据岗位付酬是大多数公司采用的方式，其实质是依据岗位价值付酬；岗位价值体现在岗位责任、岗位贡献、岗位所需知识技能等方面。

（2）依据职务付酬。

依据职务付酬是依据岗位价值付酬的简化，它能体现不同职务等级间薪酬差异，但它不能体现同一职务等级、不同岗位的薪酬差别。

（3）依据能力付酬。

依据能力付酬是现代薪酬管理的发展趋势，也是知识经济时代企业必须解决的问题。不给能力强的员工更多的劳动报酬和发展机会，企业一定无法获得竞争优势。

传统的人力资源管理是以岗位为基础的人力资源管理，岗位分析、岗位目标、岗位工资、岗位考核等是关键；知识经济时代，人力资源管理将由以岗位为基础转变为以能力为基础，能力分析、能力发展、能力工资、能力评定等变得越来越重要，成为人力资源管理的关键。

（4）依据业绩付酬。

依据个人、部门和组织的业绩付酬。

依据业绩付酬是当今薪酬管理必须解决的问题，只有将薪酬福利待遇与个人、部门、组织绩效紧密联系，激发员工积极性，才能实现普通员工、管理层以及股东的多赢。

（二）薪酬管理目标及几种管理方式

薪酬管理在人力资源管理体系中占有重要地位，同时也是企业高层管理者和员工最为关注的方面。薪酬的维持保障作用可以保障员工安心工作，保障个人的生活和维持组织的稳定；而薪酬的激励作用可以激发员工积极性，促进个人和组织的发展；薪酬的优化人力资源配置功能可以优化人力资源配置，保证公司发展战略目标的实现。薪酬管理对于组织绩效提升具有非常重要的作用，在以绩效管理为核心的人力资源管理中，薪酬管理占有重要地位。

1. 薪酬管理的含义

薪酬管理是在组织发展战略指导下，对员工薪酬支付原则、薪酬策略、薪酬水平、薪酬结构以及薪酬构成进行确定、分配和调整的动态管理过程。薪酬管理包括薪酬体系设计、薪酬日常管理两个方面。

- 薪酬体系设计主要包括薪酬水平设计、薪酬结构设计和薪酬构成设计。

薪酬设计是薪酬管理最基础的工作，如果薪酬水平、薪酬结构、薪酬构成等方面有问题，那么企业薪酬管理是不可能达到预期目标的。
- 薪酬日常管理是由薪酬预算、薪酬支付、薪酬调整组成的循环，这个循环可以被称为"薪酬成本管理循环"。薪酬预算、薪酬支付、薪酬调整工作是薪酬管理的重点工作，应切实加强薪酬日常管理工作，以便实现薪酬管理的目标。

薪酬管理目标是基于人力资源战略而设立的，人力资源战略又服从于企业的发展战略，因此薪酬管理应符合企业发展战略需要，这主要是通过采取恰当的薪酬策略来实现。

2. 薪酬管理目标

薪酬要发挥应有的作用，薪酬管理应达到以下三个目标：效率、公平、合法。薪酬体系建立起来后，应密切关注薪酬日常管理中存在的问题，及时调整公司的薪酬策略，调整薪酬水平、薪酬结构以及薪酬构成，以实现效率、公平、合法的薪酬目标，从而保证企业发展战略的实现。

达到效率和公平目标，要解决好稳定和发展的关系问题，最大限度实现薪酬的激励作用；而合法性是薪酬的基本要求——合法是企业存在和发展的基础。

（1）效率目标。

效率目标包括两个层面：第一个是站在产出角度来看，薪酬能给组织绩效带来最大价值；第二个是站在投入角度来看，可以实现薪酬成本控制。薪酬效率目标的本质是用适当的薪酬成本给组织带来最大的价值。

（2）公平目标。

公平目标包括三个层次：结果公平、过程公平和机会公平。

结果公平是指组织在进行人事决策、制定各种奖励措施时，应符合公平的要求。如果员工认为受到不公平对待，将会产生不满。

员工对于结果公平的认知，来自其对工作的投入与所得进行的主观比较；在这个过程中，还会与过去的工作经验、同事、同行、朋友等进行对比。结果公平分为自我公平、内部公平和外部公平三个方面。自我公平即员工获得的薪酬应与其付出相匹配；内部公平即同一企业中，不同员工获得的薪酬应与其对企业做出的贡献相匹配；外部公平即同一行业、同一地区或同等规模的不同企业中，类似岗位的薪酬应基本相同。

过程公平是指在制定任何奖惩决策时，组织所依据的决策标准或方法符合公正性原则，规则提前制定，程序公平一致，标准透明、过程公开等。过程公平也可称为程序公平，相较于结果公平是更高层次上的公平。公司发展到一定阶段需要加强制度建设，其目的就在于实现程序公平。

过程公平做得好，会对结果公平有较大促进作用；过程公平做得不好，比如规则不合理或者并未严格执行规则等都会对结果公平带来较大损害。

机会公平指组织赋予所有员工同样的发展机会，包括组织在决策前与员工互相沟通，组织决策考虑员工的意见，主管考虑员工的立场，建立员工申诉机制等。

在目前社会发展阶段，企业追求适度的机会公平是必要的，但不能太过于注重机会公平，否则会产生非常严重的负面效果，毕竟资源是稀缺的、机会是有限的，企业没有能力给所有的员工提供同样足够多的资源和机会。

（3）合法目标。

合法目标是企业薪酬管理的最基本前提，要求企业实施的薪酬制度符合法律法规、政策条例要求，比如不能违反最低工资制度、法定保险福利、薪酬指导线制度等的要求规定。合法目标的另外一个含义是企业在进行管理变革、薪酬改革等涉及员工切身利益等重大问题时，企业制定的薪酬策略除应符合国家法律法规、政策条例的要求外，还应体现以人为本的精神，实现企业与员工的共赢。

3. 薪酬管理的几种方式

（1）张口定价型。

公司成立初期，公司规模往往不大，人员不多，工资多少由老板和员工商定，实质上还是老板说了算，说涨就涨了。

这种薪酬管理方法虽然不规范，但比较简单实用，管理效率比较高；如果公司员工不多，员工工作状况老板心里都清楚，就不会出现较大公平问题，薪酬的激励作用和优化资源配置功能也能在一定程度上实现。如果公司发展到一定阶段，公司管理面临规范性要求或者员工人数较多，那么这种管理方法往往在公平上会出严重问题，薪酬激励作用及优化人力资源配置功能都满足不了公司发展需要。

薪酬晋级机制不完善，一般是自己提出加薪申请，如果老板不同意，个人往往就会离职；这种模式的弊端是会哭的孩子有奶吃，老实人往往吃亏。

定薪往往说不清是根据岗位还是根据人来定，因此薪酬管理比较混乱。工作调整后如何定薪也是说不清楚的事情，往往还是老板和员工商定，即使考核不合格，也不会轻易降低薪酬。

（2）一直不涨型。

一直不涨型有两种情况。一种是实行张口定价型工资管理，随着人员越来越多，老板给员工加薪操作越来越困难，老板很难准确了解每个员工能力及工作状况，老板希望人力资源经理尽快改变薪酬管理方法。但由于人资水平有限，企业本身情况又非常复杂，很难找到解决方案，事情就这么拖下去了。面对这种情况，建立具有晋级机制的岗位工资制是解决问题的关键。

另外一种就是实行了岗位工资制，但工资晋级机制不完善，要么是薪酬设计未考虑定期晋级机制，要不就是薪酬晋级只能实现普涨。企业决策者往往是不希望员工工资整体普涨的，因为这样的加薪不会有激励作用，也解决不了公平问题。

无论哪种情况，工资长期不涨，会存在新员工工资比老员工高的问题。老板往往通过年底红包来解决内部公平及骨干员工激励问题。长此以往，年底红包年年升，不能降，本来奖金作为激励因素最终也变成了保健因素。

（3）单加绩效型。

单加绩效型有两种情况。一种是传统的国有企业，在整个改革开放市场化进程中，最初工资只是基本工资；为了解决多劳多得问题，加了岗位工资；为了解决干好干坏问题，加了绩效工资。另外一种就是企业为了提高员工积极性，给员工增加压力动力，认识到绩效考核的必要性，这样就额外加了绩效工资项目。

无论哪种情况，岗位工资和绩效工资都是并列项目；额外发放绩效工资，钱是多花了，业绩往往并没有上来。尤其重要的是，即使绩效考核不合格，岗位工资也会全部拿到。这就传达了错误的理念，即使干得不好，岗位也会保留；"考核不合格可以转岗，转岗仍不合格可以解聘"就难以操作了。

（4）绩效占比型。

绩效占比型有两种情况：一种是将岗位工资分解为固定工资、季度绩效工资、年度绩效工资几部分，绩效工资占岗位工资一定比例；另一种是淡化岗位工资概念，将工资构成设置为基本工资、绩效工资等项目，避免了绩效考核不合格还拿全部岗位工资的情况，"考核不合格可以转岗，转岗仍不合格可以解聘"就可以操作了。

绩效工资作为岗位工资的一部分，将个人薪酬福利待遇及个人职业发展与个人、部门、组织绩效紧密联系，激发员工积极性，能实现普通员工、管理层以及股东的多赢局面。

（三）几种基本工资制度

1. 岗位工资制和职务工资制

（1）岗位工资制。

岗位工资制是依据任职者在组织中的岗位确定工资等级和工资标准的一种工资制度。实行岗位工资制，是市场化条件下企业实行规范化管理的第一步。

岗位工资制基于这样一个假设：岗位任职资格要求刚好与任职者能力素质相匹配。如果员工能力超过岗位要求，意味着人才的浪费；如果员工能力不能完全满足岗位要求，则意味着任职者不能胜任岗位工作，无法及时、保质保量地完成岗位工作。

岗位工资制的理念是：不同的岗位将创造不同的价值，因此不同的岗位将给予不同的工资报酬；同时，企业应该将合适的人放在合适的岗位上，使人的能力素质与岗位要求相匹配，对于超过岗位任职资格要求的能力不给予额外报酬；岗位工资制鼓励员工通过岗位晋升来获得更多的报酬。

目前，岗位工资制在各类型企业中都有广泛应用，其优点如下。

① 薪酬分配相对公平。岗位工资制是建立在规范的工作分析基础之上的，

通过岗位评价确定各岗位价值,确保薪酬分配的内部公平;通过对关键岗位进行有针对性的市场调查,从而可以实现薪酬分配的外部公平。

② 简明易懂,可操作性强。岗位工资制明确了各岗位的工资数额,使员工易于理解并接受,能够增加薪酬的透明度;岗位工资制操作简便,易于维护。

③ 易于考核。因为岗位职责明确、责权匹配,因而对员工的绩效考核易于推进和取得成效。

④ 成本可控并且相对较低。因为岗位工资标准明确,岗位编制确定,因此测算岗位工资比较准确、容易,另外由于没有对超过岗位要求的能力给予报酬,因此工资成本相对较低。

岗位工资制也有以下不足之处。

① 岗位工资制要求责权匹配,在某个特定岗位的员工,往往只关注自己岗位的工作,对自己职责范围之外的工作通常漠不关心,这对团队氛围的养成是不利的。

② 缺乏灵活性。由于岗位工资制对各岗位的工资数额都有明确规定,因此在操作上不够灵活。

③ 使用范围有一定限制。岗位工资制适用于大部分岗位工作,但对某些知识密集型岗位以及需要丰富经验的岗位(诸如律师、设计师、咨询顾问等),使用岗位工资制便存在一些问题。对于这类性质的工作,虽然岗位相同,但不同任职者创造的价值可能差别非常大,实行岗位工资制对薪酬的公平目标提出了挑战。

岗位工资制的实行需要企业具备一定的管理基础:第一,能将公司岗位划分为合适的序列和层级,能明晰各岗位的责任权利并且责权匹配,同时对各岗位的任职资格有明确的认定;第二,可以识别员工的能力素质,并将合适的人放在合适的岗位上,尽量减少"人才浪费"以及"揠苗助长"的现象。

(2)职务工资制。

职务工资制是简化了的岗位工资制。职务和岗位的区别在于:岗位不仅表达出层级还表达出工作性质,比如人力资源主管、财务部部长等就是岗位;而职务仅仅表达出层级,比如主管、经理以及科长、处长等。职务工资制在国有企业、事业单位及政府机构得到了广泛应用。

事实上，职务工资制只区分等级，和岗位工资制具有本质的不同。岗位工资体现不同岗位的差别，岗位价值综合反映了岗位层级、岗位工作性质等多方面因素，是市场导向的工资制度；而职务工资仅仅体现层级，是典型的等级制工资制度。

职务工资制的特点和岗位工资制的优缺点近似，但相对于岗位工资制，职务工资制还有一个特点是：根据职务级别定酬，某些人可能没有从事什么岗位工作，但只要到了那个级别，就可以享受相应的工资待遇。这是对内部公平的最大挑战。

在国企总部，由于职务晋升对员工有较大的激励，职务等级工资制得到广泛的应用；有些企业自认为实行的是岗位工资制，其实质仍然是职务等级工资制。国企子公司及民营企业往往面临吸引人才、保留人才的难题，承认岗位价值，有利于保留和吸引核心业务岗位人员，岗位工资制得到了广泛的应用。

2. 技能工资制和能力工资制

技能工资制和能力工资制是根据员工具备的与工作有关的技能和能力高低，来确定其报酬水平。技能工资制往往适用于普通岗位员工；能力工资制往往适用于中高级管理人员和专业技术人员。

（1）技能工资制。

技能工资制根据员工所具备的技能向员工支付工资；技能等级不同，薪酬支付标准就不同。

技能工资主要与劳动技能要素相对应，确定依据是岗位、职务对劳动技能的要求和雇员个人所具备的劳动技能水平。技术工人、管理人员和专业技术人员的技能工资可分为初、中、高三大工资类别，每类又可分为不同的档次和等级。

（2）能力工资制。

能力工资制根据员工所具备的能力向员工支付工资，员工能力不同，薪酬支付标准就不同。

在人力资源开发与管理中，能力多指一种胜任力和胜任特征，是员工具备的能够达成某种特定绩效或者是表现出某种有利于绩效达成的行为能力。

美国著名心理学家麦克利兰"冰山模型"最早对"能力素质"进行了系统

研究。个人绩效行为能力由知识、技能、自我认知、品质和动机五大要素构成。知识是指个人在某一特定领域拥有的事实型与经验型信息；技能是指结构化运用知识完成某项具体工作的能力，即对某一特定领域所需技术与知识的掌握情况；自我认知是个人关于自己的身份、人格以及个人价值的自我感知；品质是指个性、身体特征对环境和各种信息所表现出来的持续而稳定的行为特征；动机是指在一个特定领域自然而持续的想法和偏好（如成就、亲和力、影响力），它们将驱动、引导和决定一个人的外在行动。

这一模型把个体素质形象地描述为漂浮在洋面上的冰山，将人员个体素质的不同表现划分为"水面以上部分"和"水面以下部分"。其中，知识和技能就属于"水面以上部分"，是外在表现，是容易了解与测量的部分，相对而言也比较容易通过培训来改变和发展；而自我认知、品质和动机则属于"水面以下部分"，是内在的、难以测量的部分，它们不太容易通过外界的影响而得到改变，却对人员的行为与表现起着关键性作用。

水木知行认为，知识、技能、能力、经验依次构成了能力的四个维度：知识是前人的经验积累；技能是自己会干某个事情；能力是能把这个事情完成得非常出色的背后因素；经验是自己成功的过往。

（3）技能工资制和能力工资制的特点。

技能工资制和能力工资制的理念是："有多大能力，就有多大舞台。"技能工资制和能力工资制真正体现了"以人为本"的理念，给予员工足够的发展空间和舞台。如果员工技能或能力大大超过目前岗位的工作要求，将给员工提供更高岗位的工作机会；如果没有更高层次的岗位空缺，也将给予超出岗位要求的技能和能力以额外报酬。

技能工资制和能力工资制的优点如下。

① 有利于员工提高技能和能力。技能工资制和能力工资制会鼓励员工不断进行学习，使自己的技能、能力素质不断提高。

② 人员配置灵活。由于根据人的能力来确定工资，可以灵活配置员工，对于岗位轮换比较频繁的企业有较大好处；由于人员任务分派不受岗位职责限制，更有利于将任务指派给合适的人去做；可以充分提倡"能者多劳"的精神，有利于进行人员精简。

③ 工作内容丰富，员工满意度高，员工成长快。鼓励员工掌握多种技能（能力），可以扩展和丰富员工的工作内容，提高员工的满意度，同时使员工快速成长。

④ 组织扁平化，提高组织效率。因为根据技能（能力）定酬，员工工资的增长与员工技能（能力）有关，同时可以将决策权授予最有技能（能力）的员工而不必在意其等级。在这种情况下，员工的关注点在于个人以及团队技能（能力）的提高，而不仅仅是自己的岗位等级，因此可以促进组织结构扁平化，提高组织运作效率。

技能工资制和能力工资制的不足之处如下。

① 工资设计和管理困难。人的能力难以评价，尤其是哪些能力应该得到更高的报酬，这和企业文化以及企业发展战略都有关系；技能工资管理也比较困难，何时调薪、如何调薪都是棘手问题，需要企业具有比较高的薪酬管理水平。

② 技能工资制会引发员工不公平感。如果不同人从事同样的工作，只是因为其中某些人掌握更多的技能而得到更多的报酬，会使其他人产生不公平感，这样会影响这些员工的工作积极性。

③ 影响员工本职工作，降低工作效率。由于鼓励员工提高多样工作技能，可能会使基层员工忽视本职工作，有好高骛远思想，使个人工作效率降低，从而影响组织绩效。

④ 基于员工技能和能力的薪酬体系的建立和维护是一项非常复杂的工作，是对企业人力资源管理的巨大挑战。一方面，技能和能力并不等同于现实的业绩，如果实施技能和能力工资制，将导致人工成本增长超过企业现实业绩增长，以至于企业无法承受；另一方面，技能的鉴定和能力的评价带有主观性，这可能会影响内部公平，不像岗位工资制那样易于被员工接受。

⑤ 技能工资制和能力工资制不利于公司人工成本控制。因为给予超过岗位要求的技能和能力额外的报酬，会增加公司人工成本；如果员工的技能和能力转化不成业绩，会导致公司竞争力下降。

在传统企业薪酬管理实践中，技能工资制得到了广泛应用，尤其是广大事业单位，到目前为止仍实行岗位技能工资；但真正的能力工资制并不多见，部分互联网企业解决了这个问题，是通过建立职位发展体系来解决这个问题的，其实质仍然归结于岗位工资制度。

3. 绩效工资制

绩效工资制是以个人业绩为付酬依据的薪酬制度，其核心在于建立公平、合理的绩效评估系统。

绩效工资制可以应用于任何领域，适用范围很广，在销售、生产等领域更是得到广泛认可。

绩效工资制的优点如下。

① 有利于个人和组织绩效的提升。采用绩效工资制需要对绩效进行评价，给予员工一定的压力和动力，同时需要上级主管对下属不断进行绩效辅导和资源支持，因此会促进个人绩效和组织绩效的提升。

② 实现薪酬的内部公平和效率目标。根据绩效付酬，有助于打破"大锅饭"、平均主义思想，鼓励多劳多得，因而可以实现薪酬的内部公平以及提高效率这两个目标。

③ 人工成本相对较低。虽然对业绩优异者给予较高报酬会让企业的人工成本增加，但事实上，优秀员工报酬的增加是以给企业带来价值为前提的，员工获得高报酬的同时，企业也获得了更多利益；此外，企业给予业绩低下者较低薪酬或淘汰业绩低下者，会在一定程度上降低工资成本。

绩效工资制的缺点如下。

① 导致短视行为。由于绩效工资与员工本期绩效相关，易造成员工只关注当期绩效，从而产生短视行为，可能会为了短期利益的提高而忽略组织的长远利益。

② 影响员工忠诚度。如果绩效工资所占比例过大，固定工资太少或者没有，保健因素的缺乏容易使员工产生不满意；另外，这种工资制度不可避免地会使有的员工被淘汰，员工流动率比较高。这些都会影响员工的忠诚度，影响组织的凝聚力。

三、薪酬日常管理

薪酬日常管理是由薪酬预算、薪酬支付、薪酬调整组成的循环。其中，薪酬预算是组织在薪酬管理过程中进行的一系列人工成本开支方面的权衡和取舍。详细分析人工成本构成以及人工成本变化趋势，是企业进行薪酬预算的首要工作。

（一）人工成本分析

站在企业的角度来看，组织在提供产品或服务的过程中，使用劳动力而支付的所有直接费用和间接费用的总和就是企业的人工成本。

直接费用包括工资总额和社会保险费用。间接费用包括员工招聘、员工培训等有关费用以及员工福利费用、员工教育经费、劳动保护费用、住房费用、工会经费和其他人工成本支出等方面的费用。

（1）员工工资总额。

员工工资总额是指企业在一定时期内支付给本企业员工的全部劳动报酬的总和，包括工资、奖金、津贴补贴等所有货币形式的收入。

（2）社会保险费用。

社会保险费用是企业和员工法定必须缴纳的为了解决员工未来某一时期生、老、病、死、伤残、失业等困难费用。

目前，普遍实施的社会保险有养老保险、工伤保险、失业保险、医疗保险和生育保险，其中养老保险、医疗保险、失业保险由单位和个人共同缴纳，而工伤保险和生育保险由单位缴纳。

社会保险费用在人工成本中占有非常大的比例，企业缴纳的部分大约占工资总额的30%，其中基本养老保险费用占绝大部分。

（3）员工福利费用。

员工福利费用主要用于员工的医药费、医护人员工资、员工探亲假路费、生活补助费、医疗补助费、独生子女费、托儿所补贴以及上下班交通费补贴等。

（4）员工教育经费。

职工教育经费是指企业为员工学习先进技术和提高文化水平而支付的费用。

（5）劳动保护费用。

劳动保护费用是指企业购买劳动防护用品的费用，如购买工作服、手套等劳保用品的费用。

（6）住房费用。

住房费用是指为改善职工住房条件而支付的费用，主要用于缴纳住房公积金、提供住房补贴、职工宿舍维护费用等。

（7）工会经费。

工会经费是为工会活动而支付的费用。

进行薪酬成本管理要正确判断企业目前的薪酬水平是否合理，薪酬成本是否在企业所能承受的范围内，以及薪酬成本未来发展变化趋势等，必须要有量化的指标准确地反映企业的薪酬支出状况，这是薪酬成本分析和成本控制的依据。

人工成本指标主要有水平指标、结构指标、投入产出指标和成本指数指标四种。

1. 水平指标

水平指标包括人均成本和单位产品成本两个方面，反映的是企业人工成本总量水平。

（1）人均成本。

人均成本指一定时期内企业平均花费在每个员工身上的人工成本。

人均成本 = 报告期人工成本总额 ÷ 员工人数

人均成本反映出一定时期员工收入水平的高低以及企业薪酬政策在劳动力市场上的竞争力。人均成本水平是薪酬政策制定的重要依据。

（2）单位产品成本。

单位产品成本指一定时期内生产制造单位产品中人工成本的多少。

单位产品成本 = 报告期人工成本总额 ÷ 产品数量

单位产品成本反映的是企业产品人工成本水平状况，反映着产品在人工成本方面竞争力的强弱。单位产品成本是企业制定产品价格政策的重要依据。

2. 结构指标

人工成本结构指标有两个：一是人工成本占产品总成本费用的比例；二是人工成本中各项构成比例关系，主要指工资成本占人工成本的比例。

（1）人工成本占总成本费用的比例。

人工成本占总成本费用的比例是企业、行业以及国家间商业竞争的重要指标，因为价格是商品竞争中最重要的因素，而商品价格一方面受供需影响，另一方面受产品成本影响。在同等产品质量情况下，人工成本在总成本费用中所占比例的高低决定着公司产品的竞争力。

人工成本占总成本费用的比例 =（报告期人工成本总额 ÷ 报告期内产品成本费用总额）× 100%

产品成本费用总额是指企业为生产、经营商品或提供劳务过程中所发生的各项支出，包括产品成本、销售费用、管理费用、财务费用以及其他业务支出。

（2）人工成本各项构成间的比例关系。

人工成本由工资总额、社会保险费用以及其他间接费用构成。一般情况下，社会保险费用是工资总额的 30% 左右；而与招聘、培训有关的间接费用所占的比例，不同的公司差别很大。在某些高科技企业，这方面的费用支出很大，而有些企业在这方面的支出比较有限。

工资总额占人工成本的比例是非常重要的指标，可由下面的公式计算得出：

工资总额占人工成本比例 =（报告期工资总额 ÷ 报告期内人工成本总额）× 100%

3. 投入产出指标

人工成本投入产出指标采用人工成本利润率、劳动分配率、收入人工成本率来表示。

（1）人工成本利润率。

人工成本利润率 =（报告期企业利润总额 ÷ 报告期内人工成本总额）× 100%

人工成本利润率的变动趋势反映着企业经营环境的变动趋势，如果人工成本利润率下降，说明可能存在两个方面的问题：一方面是产品赢利能力下降，另一方面是人工成本上升较快。人工成本利润率的持续下降意味着产品竞争力的下降，也意味着企业赢利能力的下降。企业应该采取针对性措施解决这个问题。

（2）劳动分配率。

劳动分配率是企业人工成本占企业增加值的比重。企业增加值指企业创造的价值，主要由折旧、税收净额、企业利润、劳动者收入等四部分组成，它是反映企业人工成本投入产出水平的指标，也是衡量企业人工成本相对水平高低的重要指标。

劳动分配率 =（报告期内人工成本总额 ÷ 报告期内企业增加值）× 100%

企业增加值计算有两种方法：相加法和扣减法。

相加法计算公式：

企业增加值 = 利润 + 人工成本 + 其他形成附加价值的各项费用
　　　　　= 利润 + 人工成本 + 折旧摊销 + 税收 + 财务费用 + 租金

扣减法计算公式：

企业增加值 = 销售收入净值 − 外购成本
　　　　　= 销售收入净值 −（直接原材料 + 购入零配件 + 外包加工费 + 间接费用）

劳动分配率表示企业在一定时期内新创造的价值中有多少比例用于支付人工成本，它反映分配关系和人工成本要素的投入产出关系。通过对同一企业不同年度劳动分配率的比较，同一行业不同企业之间劳动分配率的比较，分析人工成本相对水平的高低及变化趋势，对企业薪酬决策具有重要意义。

劳动分配率过高则表示两种情形：

一是相对企业增加值而言，人工成本过高（不是因为人均成本过高，就是因为人员太多、浪费严重）；二是人工成本若仅达到一般水平，则表明企业增加值也就是企业创造的价值过少。

理想的状况是，企业各年度劳动分配率大致保持不变，而分子上的人工成本与分母上的企业增加值同步提高。

（3）收入人工成本率。

收入人工成本率是人工成本占销售收入的比率。

收入人工成本率 =（报告期内人工成本总额 ÷ 同期销售收入总额）× 100%

收入人工成本率反映企业人工成本耗费和经营收入的比例关系，它是衡量企业赢利水平和成本水平的一个综合指标。收入人工成本率越低，表明企业控制人工成本支出的能力越强，经营效率越高。

4. 成本指数指标

成本指数指标包括工资总额增长率、人工成本总额增长率和人均成本增长率。

（1）工资总额增长率。

工资总额增长率＝（报告期内工资总额－上一期间工资总额）÷上一期间工资总额×100%

（2）人工成本总额增长率。

人工成本总额增长率＝（报告期内人工成本总额－上一期间人工成本总额）÷上一期间人工成本总额×100%

（3）人均成本增长率。

人均成本增长率＝（报告期内人均成本－上一期间人均成本）÷上一期间人均成本×100%

（二）薪酬预算及薪酬总额

企业在每一个财务年度开始前会制定下一年度的财务预算，而薪酬预算是财务预算的一个重要组成部分。薪酬预算是指组织在薪酬管理过程中进行的一系列人工成本开支方面的权衡和取舍。

1. 薪酬预算目标

薪酬预算工作应该达到以下目标。

（1）使人工成本的增长与企业效益增长相匹配。

通过人工成本的适当增长，可以激发员工的积极性，促使员工为企业创造更多价值。

在企业人工成本变动过程中，一般会出现企业投入的边际人工成本等于企业获得的边际收益的状态。薪酬预算就是要找到这个均衡点，在劳动者薪酬得到增长的同时，使企业获得的收益最大化。

（2）将员工流动率控制在合理范围。

薪酬待遇是影响员工流动的主要因素之一，健康的企业员工流动率应该保持在一个合理范围之内。

员工流动率过高，员工缺乏忠诚度，员工没有安全感。员工流动率过低，员工工作缺少压力，工作缺乏积极性，企业缺乏创新精神，因此过低的流动率对企业也是有害的。薪酬预算要考虑使员工流动率保持在合理范围内。

（3）引导员工的行为符合组织的期望。

通过薪酬政策，鼓励组织期望的行为以及结果；通过薪酬结构以及薪酬构成的调整，体现公司对某序列、层级岗位人员的重视，从而体现组织发展战略变化；通过对组织期望行为的激励，鼓励大家向着组织期望的目标努力。

如果企业在变动薪酬或绩效薪酬方面增加预算，而在基本薪酬方面控制预算的增长幅度，根据员工的绩效表现进行激励，那么员工就会重视自身职责的履行以及高绩效水平的达成，这样就达到了组织期望的目标。

2. 薪酬预算需要考虑的因素

（1）企业外部环境变化。

在制定薪酬预算时，企业应详细分析外部劳动力市场价格变化情况、消费者物价指数变化、国家社会保障政策变化以及外部环境对企业经营业绩影响等多方面因素。劳动力市场价格变化会反映到固定薪酬预算方面；国家社会保障政策变化会反映到社会保险费用预算方面；消费者物价指数变化以及企业外部经营环境的变化会对工资总额预算有比较大的影响。

在薪酬总额预算受到限制的情况下，企业管理者必须权衡人工成本在工资、社会保险费用以及招聘、培训等其他方面费用的分配，不同的分配倾向体现公司人力资源管理工作重心的变化。

（2）企业内部因素。

薪酬预算还应着重考虑企业内部因素的影响，包括历史薪酬增长率及企业目前的支付能力。

企业应该保持历史薪酬增长率的稳定，尤其是保持人均平均薪酬增长率稳定，不能突然大幅度增长，最好是各年度稳定增长，这样才能充分调动员工的积极性。

企业制定薪酬预算应关注劳动分配率的变化，应使劳动分配率基本保持稳定。企业创造的增加值增加，意味着薪酬支付能力提高；企业创造的增加值减少，意味着薪酬支付能力降低。

3. 薪酬预算编制过程

企业在编制薪酬预算时，首先应该对公司面临的外部环境和内部条件有充分的掌握与分析，这样可以清楚地知道企业目前的状况、竞争对手的动向以及面临的挑战和机遇；只有这样，才能比较准确地预算需要支付的人工成本。企业常用的薪酬预算方法有自上而下法和自下而上法以及这两种方法的综合应用。

（1）自上而下法。

自上而下法是通过对企业经营数据（销售收入、企业增加值等）作出预测，结合企业人工成本历史数据，分析企业面临的环境和条件，对年度人工成本作出预测，并将人员配置及人工成本分解到各部门。

在企业经营比较稳定的情况下，通过收入人工成本率以及劳动分配率来预测人工成本比较简单、易行。

如果企业经营业绩不佳，可以参考行业数据来进行薪酬预算。在这种情况下，企业收入人工成本率以及劳动分配率都会高于行业水平，因此用行业数据来进行预算得出的数值将小于用企业数据得出的数值。这样会给各级管理者带来一定压力，因此一定要制定有效的激励措施，提高员工的积极性，从而促使企业取得较好的效益；否则可能会造成员工不满，不仅不能改善企业管理，还可能会使企业业绩进一步下滑。

（2）自下而上法。

自下而上法是各部门根据企业制定的经营目标，提出本部门人员配置数量及薪酬水平；人力资源部门根据劳动力市场状况、企业内部条件、物价上涨水平等各方面因素对薪酬水平的影响，综合确定公司人均薪酬增长率，依据相关经营数据及各部门提交的建议，确定各部门的人员配置和薪酬水平，通过汇总各部门数据，得出公司整体的薪酬预算。

事实上，企业薪酬预算编制过程都是自上而下和自下而上的结合。只有坚持企业发展战略导向，将企业目标层层分解，同时充分尊重各级管理者和员工的意见与建议，企业才能对外部环境以及内部条件有更清楚的认识，这样的预算才更切合实际，才能被广大员工理解和接受，才能得到切实、有效的执行。

4. 薪酬总额确定

企业人工成本总额可以根据销售收入净额、企业增加值、盈亏平衡以及综合效益等来确定,分别称为销售净额法、劳动分配率法、盈亏平衡法和工效挂钩法。本书介绍销售净额法、劳动分配率法和工效挂钩法,由于盈亏平衡法计算较为复杂,本书不做介绍,感兴趣的读者请参考相关书籍。

(1)销售净额法。

销售净额法是根据对市场销售收入的预测,分析企业收入人工成本率变化趋势,并参考同行业相关数据,确定企业人工成本总额的一种方法。

人工成本总额 = 预期销售收入净额 × 收入人工成本率

一般情况下,企业做薪酬预算时,收入人工成本率应稳定在合理的水平。人工成本总额的增加反映在员工人数增加和人均人工成本增加两个方面,首先应确定新年度所需员工人数,那么上述公式可以表达为:

人均人工成本 = 人均销售收入净额 × 收入人工成本率

人均人工成本的增长率应该和人均销售收入的增长率保持一致。

(2)劳动分配率法。

劳动分配率法是根据对企业增加值的预测,分析企业劳动分配率变化趋势,并参考同行业相关数据,确定企业人工成本的一种方法。

人工成本总额 = 预期企业增加值 × 劳动分配率

一般情况下,企业做薪酬预算时,劳动分配率应稳定在合理的水平。人工成本总额的增加反映在员工人数增加和人均人工成本增加两个方面,首先应确定新年度所需员工人数,那么上述公式可以表达为:

人均人工成本 = 人均企业增加值 × 劳动分配率

人均人工成本的增长率应该和人均企业增加值的增长率保持一致。

(3)工效挂钩法。

工效挂钩法是对国有企业薪酬管理进行监督、控制的主要方式。

工效挂钩是指企业工资总额同经济效益挂钩。具体做法是:企业根据上级主管部门核定的工资总额基数、经济效益基数和挂钩浮动比例,按照企业经济效益增长的实际情况,提取工资总额,并在国家指导下按以丰补歉、留有结余的原则,合理发放工资。

企业应根据国家对于工效挂钩实施办法的有关文件规定，结合本企业实际情况，选择能够反映企业经济效益和社会效益的指标，作为与工资总额挂钩的指标，认真编制工资总额同经济效益挂钩方案，报上级主管部门审核，并经人力资源和社会保障部门、财政部门核定。实施工效挂钩的企业要在批准下达的工资总额基数、经济效益指标基数和浮动比例的范围内，制定具体实施方案，按照分级管理的原则，核定所属企业各项指标基数和挂钩方案。

企业实行工效挂钩办法，应该坚持工资总额增长幅度低于本企业经济效益（依据实现利税计算）增长幅度、职工实际平均工资增长幅度低于本企业劳动生产率（依据净产值计算）增长幅度的原则。上述各指标的计算公式如下。

工资总额增长幅度 =（本年度提取并实际列支的工资总额 ÷ 上年度提取并实际列支的工资总额 −1）× 100%

实现利税增长幅度 =（本年度实际实现利税 ÷ 上年度实际实现利税 −1）× 100%

职工平均工资增长幅度 =（本年度提取并实际列支的平均工资 ÷ 上年度提取并实际列支的平均工资 −1）× 100%

职工平均工资 = 实际提取并列支的工资总额 ÷ 平均职工人数

劳动生产率增长幅度 =（本年度劳动生产率 ÷ 上年度劳动生产率 −1）× 100%

（三）薪酬调整及薪酬保密

企业薪酬体系运行一段时间后，随着企业发展战略以及人力资源战略的变化，现行的薪酬体系可能不适应企业发展的需要，这时应对企业薪酬管理进行系统的诊断，确定新的薪酬策略，同时对薪酬体系做出调整。

薪酬调整是保持薪酬动态平衡、实现组织薪酬目标的重要手段，也是薪酬管理的日常工作。薪酬调整包括薪酬水平调整、薪酬结构调整和薪酬构成调整三个方面。

1. 薪酬水平调整

薪酬水平调整是指在薪酬结构、薪酬构成等不变的情况下，将薪酬水平进行调整的过程。薪酬水平调整包括薪酬整体调整、薪酬部分调整以及薪酬个人调整三个方面。

（1）薪酬整体调整。

薪酬整体调整是指企业根据国家政策和物价水平等宏观因素的变化、行业及地区竞争状况、企业发展战略变化、公司整体效益情况以及员工工龄和司龄变化，而对企业所有岗位人员的薪酬进行的调整。

薪酬整体调整需要整体调高或调低所有岗位和任职者薪酬水平，调整方式一般有以下几种。

① 等比例调整。等比例调整是所有员工都在原工资基础上增长或降低同一百分比。等比例调整使工资高的员工调整幅度大于工资低的员工，从激励效果来看，这种调整方法能对所有人产生相同的激励效用。

② 等额调整。等额调整是不管员工原有工资高低，一律给予等幅调整。

③ 综合调整。综合调整考虑了等比例调整和等额调整的优点，同一职等岗位调整幅度相同，不同职等岗位调整幅度不同。一般情况下，高职等岗位调整幅度大，低职等岗位调整幅度小。

在薪酬管理实践中，薪酬的整体调整是通过调整工资或津贴补贴项目来实现的。

如果是因为物价上涨等因素增加薪酬，应该采用等额式调整，一般采取增加津贴补贴项目数额的方法。如果是因为外部竞争性以及企业效益进行调整，应该采用等比例调整法或综合调整法，一般都是通过调整岗位工资来实现，可以对每个员工岗位工资调整固定的等级，也可以直接调整工资等级档序表。如果是因为工龄（司龄）因素进行调整，一般采取等额式调整，对工龄（司龄）工资或津贴进行调整。

（2）薪酬部分调整。

薪酬部分调整是指定期或不定期根据企业发展战略、企业效益、部门及个人业绩、人力资源市场价格变化、年终绩效考核情况，而对某一类岗位任职员工进行的调整；可以是某一部门员工，也可以是某一岗位序列员工，抑或是符合一定条件的员工。

年末，人力资源部门根据企业效益、物价指数以及部门、个人绩效考核情况，提出岗位工资调整方案，经公司讨论后实施。一般情况下，个人绩效考核结果是员工岗位工资调整的主要影响因素。对年终绩效考核结果优秀的员工，进行岗位工资晋级激励；对年终绩效考核结果不合格的员工，可以进行岗位工资降级处理。

根据人力资源市场价格变化，可以调整某岗位序列员工薪酬水平。薪酬调整可以通过调整岗位工资，也可以通过增加奖金、津贴补贴项目等形式来实现。

根据企业发展战略以及企业效益情况，可以调整某部门员工薪酬水平。薪酬调整一般不通过调整岗位工资实现，因为那样容易引起其他部门内部的不公平感，一般情况下是通过增加奖金、津贴补贴项目等形式来实现。

（3）薪酬个人调整。

薪酬个人调整是由于个人岗位变动、绩效考核优异或者为企业做出突出贡献，而给予岗位工资等级的调整。

员工岗位变动或者试用期满正式任用后，要根据新岗位进行工资等级确定；根据绩效管理制度，绩效考核优秀者可以晋升工资等级，绩效考核不合格者可以降低工资等级；对公司做出突出贡献者，可以给予晋级奖励。

2. 薪酬结构调整

在薪酬体系运行过程中，随着企业发展战略的变化，组织结构应随着战略变化而调整，尤其是在组织结构扁平化趋势下，企业的职务等级数量会大大减少；此外，由于受到劳动力市场供求变化的影响，企业不同层级、不同岗位薪酬差距可能发生变化，这些都会对薪酬结构的调整提出要求。

一般情况下，通过调整各岗位工资基准等级，就能实现不同岗位、不同层级薪酬差距调整要求；但当变化较大，现有薪酬结构不能适应变化后的发展要求时，就需要对公司的薪酬结构进行重新调整设计。薪酬结构的调整设计包括薪酬职等数量设计、职等薪酬增长率设计、档序数量设计以及档序档差设计等各方面。

需要指出的是，在进行薪酬体系设计时，要充分考虑薪酬结构变化的趋势和要求，使通过调整各岗位工资基准等级档序，就能实现薪酬的结构调整，这样操作简单、方便。不到万不得已，不要轻易进行薪酬结构的重新设计。

3. 薪酬构成调整

薪酬构成调整就是调整固定工资、绩效工资、奖金以及津贴补贴的比例关系。

一般情况下，固定工资和绩效工资是通过占有岗位工资比例来调整的。在企业刚开始进行绩效考核时，往往绩效工资占有较小的比例；随着绩效考核工作落到实处，绩效工资可以逐步加大比例。

津贴补贴项目也应根据企业的实际情况进行调整，在原有津贴补贴理由已经不存在的情况下，应该取消相应的津贴补贴项目。

奖金根据企业效益情况以及人力资源市场价格，进行增加或降低的调整。

4. 薪酬保密策略

企业为员工支付薪酬的方式有两种：保密式和公开式。

很多企业支付薪酬采取保密形式，其目的是通过将薪酬数据信息保密，来减少员工在薪酬分配方面的矛盾，避免使员工感到不公平。但是这种方法往往会起到相反的效果，越是保密，员工越是猜疑，从而引起员工的不公平感。

采取薪酬公开政策的企业往往强调公平、公正、公开原则，注重内部公平和外部公平，公开式薪酬可以将有关信息传达给员工，实现薪酬的激励作用。

既然目前很多企业采取薪酬保密制度，说明薪酬保密有其合理性，是适合其现状的。薪酬保密制度在以下几个方面给人力资源管理者带来了好处。

- 能给管理者以更大的自由度，使其不必为所有的工资差异做出解释。
- 实行薪酬保密制度，可以拉开较大的薪酬差距而不至引起不满意，有利于人员的稳定和公司的发展。
- 对收入低和绩效差的员工，避免薪酬公开使他们感到难堪。

企业到底应该实行薪酬保密制度还是薪酬公开制度，应该根据企业的实际情况来确定。从理论上讲，薪酬公开是追求过程公平，但过程公平发挥作用的前提是能实现结果公平，如果结果不公平，过程公平将失去意义。

如果企业薪酬管理、绩效管理水平都较高，能做到薪酬的内部公平和外部竞争性，实行薪酬公开制度无疑是正确的；但如果企业基础管理水平较差，没有系统的绩效考核做支撑，同时员工内部收入差距还比较大，这种情况就应该实行薪酬保密制度。

  需要注意的是，对薪酬公开应该有正确认识，薪酬公开并不是薪酬制度、各岗位薪酬数据都公开，因为薪酬是公司最核心的机密，薪酬公开只是相对的。一般情况下，员工可以知道相关岗位员工薪酬大致范围、本岗位薪酬数据及晋级空间，至于其他无关岗位员工薪酬是没必要知晓的。薪酬公开更应体现在薪酬计算和发放环节，此外本部门所有员工绩效考核等级以及绩效工资数额、奖金数额等，应使大家互相知晓，以激励业绩优异者，鞭策业绩低下者。

第 5 章

薪酬体系及工资晋级

第 1 章　企业发展需要解决的管理问题

第 2 章　如何做好绩效管理，保障业绩提升

第 3 章　如何建立绩效体系，推进绩效考核

第 4 章　如何做好薪酬管理，实现薪酬激励

第 5 章

第 6 章　如何设计岗位体系，引导职业发展

> 本章着重介绍了如何建立支持战略落地、能实现内外部公平、具有激励机制的薪酬体系，以彻底解决骨干员工激励问题。
>
> 提醒管理者：薪酬在促进公司战略落地实施过程中发挥着重要的作用，是公司发展战略目标能够实现的有力保障。科学系统的薪酬体系能支撑公司发展战略的实现；薪酬体系如果存在严重问题，将阻碍公司发展战略目标的实现。

本章要点

如何设计薪酬体系

- 薪酬体系设计要解决好过去、现在及未来的关系问题,设计薪酬应尊重历史、看清现状、着眼未来。
- 传统薪酬设计理论认为弹性薪酬模式更能激发员工积极性,应该得到更广泛的应用,但从实际效果来看,职位晋升和工资晋级是更重要的激励。
- 水木知行3PM薪酬体系是以岗位因素、个人因素、业绩因素以及人力资源市场价格为依据进行分配的薪酬体系,综合考虑了能力定酬与岗位定酬因素,将员工报酬与组织及个人业绩紧密联系,使员工薪酬水平与市场薪酬保持一致。

3PM薪酬体系设计案例

- 薪酬调查及薪酬水平设计案例。
- 岗位评价及薪酬结构设计案例。
- 薪酬构成设计案例。
- 其他工资制度案例。

明确的工资报酬预期对骨干员工来讲是最重要的激励，因此完善公司的薪酬体系及工资晋级机制是非常必要的。作为公司中高层管理者以及人力资源管理者，掌握薪酬体系不断优化、完善的有关工具、方法、技巧非常重要。

完善的薪酬体系能适应企业发展战略，具有激励效应，实现内部公平性，具有一定外部竞争性，同时有利于人工成本控制，有以下三个特点。

第一，是真正的岗位工资制，表现在员工岗位变动工资会有变化。实行岗位工资制，承认岗位的价值贡献，对于建立有效的激励机制以及解决薪酬内部公平、外部公平问题非常重要。职务等级工资注重职务级别，忽略同一职务等级不同岗位价值差别因素，因此不是真正意义上的岗位工资制；有些企业实行的岗位工资制度，岗位变动后薪酬并不能降低下来，这也不是真正的岗位工资制。

第二，薪酬晋级机制完善。首先，不是普调机制，能实现整体调整和个别调整。工资晋级激励是最重要的激励，因此工资晋级机制非常重要，很多企业没有建立系统的薪酬晋级机制，大部分以薪点法为基础的薪酬制度薪酬晋级机制都有缺陷；有些企业薪酬虽然有晋级空间，但只能实现普调，这是老板们最不情愿的加薪方式。其次，薪酬晋升有封顶保底机制。实行晋级机制，大部分企业会采取一岗多薪制，保底（最低档）是为了解决公平问题，往往是岗位的基准价值，封顶是为了控制人工成本，同时有利于公司人力资源优化配置。

第三，与团队、个人业绩紧密联系，任何人不会因为公司、团队业绩下降而窃喜。

水木知行3PM薪酬体系以岗位价值为基础，充分考虑个人能力因素，强调收入与团队及个人业绩紧密联系，同时能根据人力资源市场价格水平及时动态调整，因此得到了广泛应用，不仅适用于知识密集型、资本密集型企业，对劳动密集型企业也完全适用。

一、如何设计薪酬体系

（一）水木知行3PM薪酬体系

水木知行3PM薪酬体系是以岗位因素（position）、个人因素（person）、业绩因素（performance）以及人力资源市场价格（market）为依据进行分配的薪酬体系，综合考虑了能力定酬与岗位定酬因素，将员工报酬与组织及个人业绩紧密联系，使员工薪酬水平与市场薪酬保持一致；解决了员工职位晋升与岗位工资晋级的激励机制问题，同时也解决了不同层级薪酬差距、不同岗位薪酬差距、同一岗位不同任职者薪酬差距问题。水木知行3PM薪酬模型如图5-1所示。

3PM薪酬体系体现着以岗位付酬的理念，以岗位付酬更能体现内部公平，同时具有便于考核、控制人工成本等优点。

3PM薪酬体系付酬考虑任职者的个人能力因素，其中技能因素、资历因素以及其他特殊差别因素将对薪酬产生较大的影响。

3PM薪酬体系强调员工收入与组织绩效、部门绩效、个人绩效紧密联系，最大限度发挥薪酬的激励作用，同时使员工与组织休戚与共。

3PM薪酬体系强调员工收入要随人力资源市场行情因素及时调整，使企业薪酬尤其是关键岗位薪酬具有一定的竞争力。

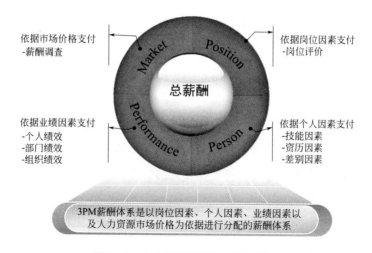

图 5-1 水木知行 3PM 薪酬模型

1. 薪酬设计的三个核心问题

（1）薪酬结构和内部一致性。

薪酬结构是指在组织内部员工的薪酬差异性，包括不同层级员工薪酬差别、同一层级不同岗位员工薪酬差别、同一岗位不同任职者薪酬差别三个层面。

内部一致性指的是同一组织内部不同岗位之间或不同技能水平员工之间薪酬的比较，这种对比是以各自对组织目标所作贡献大小为依据的。

内部一致性是影响不同岗位薪酬水平的重要因素，如何科学、合理地设计不同岗位薪酬之间的差距，是管理者面临的巨大挑战。

内部一致性决定着员工的内部公平感。岗位评价是解决内部一致性问题的一种方法；要科学合理设计不同任职者、不同岗位、不同层级薪酬差距，还需要多种方法和技术手段。

（2）薪酬水平和外部竞争性。

外部竞争性是指企业如何参照竞争对手的薪酬水平给自己企业的薪酬水平定位。

外部竞争性决定着薪酬目标的两个方面——公平和效率，因此外部竞争性是薪酬策略最核心的内容。一方面，企业确定薪酬水平时，应使员工感觉到外部公平，否则就不能吸引和保留优秀员工；另一方面，应使薪酬水平的增加能给企业带来更大的价值，实现薪酬的效率目标。

薪酬水平问题是外部竞争性问题，企业通常通过薪酬调查来解决薪酬外部竞争性问题。企业应考虑当地市场薪酬水平以及竞争对手薪酬水平，来决定企业的薪酬水平。

在薪酬设计过程中，外部竞争性问题主要是核心业务岗位薪酬水平问题。企业应密切关注核心业务岗位的市场薪酬水平；如果核心业务岗位薪酬水平过低，企业薪酬策略又不得当，将面临较大的业务人员流失风险。

（3）薪酬构成和员工贡献度。

薪酬构成是指薪酬由哪些项目构成以及各项目间的比例关系。工资收入可分为固定部分薪酬和浮动部分薪酬；是固定部分薪酬占主体，还是浮动部分薪酬占主体，是薪酬设计中很关键的问题。

员工贡献度是指在付酬原则上企业对员工业绩的倾向程度。对高绩效员工的重视和激励程度，直接影响着员工的工作态度和工作行为。

平均主义导向和个人业绩导向是两种极端的模式。在某些组织中，员工的收入与其对组织的贡献是没有关系的，员工一般不会有业绩压力；而在某些组织中，员工会感受到比较大的业绩压力，如果不能给组织带来价值，将被组织淘汰。

2.3PM 薪酬体系设计原则

3PM 薪酬设计坚持以下基本原则。

（1）战略导向原则。

在薪酬设计中，应驱动和鞭策那些有利于企业发展战略实现的因素得到成长和提高，使不利于企业发展战略实现的因素得到有效的遏制、消退和淘汰。

薪酬管理的上述作用是通过制定恰当的薪酬策略来实现的。薪酬策略包括薪酬水平策略、薪酬结构策略、薪酬构成策略、薪酬支付策略以及薪酬调整策略等几个方面。

（2）相对公平原则。

公平包括三个层次：结果公平、过程公平（程序公平）和机会公平。机会公平是最高层次的公平，其能否实现受到企业管理水平以及整个社会发展水平的影响。员工能够获得同样的机会是一种理想状态，因此在薪酬决策过程中要适度考虑机会公平：组织在决策前应该与员工互相沟通，涉及员工切身利益问题的决策应该考虑员工的意见，主管应该考虑员工的立场，应该建立员工申诉机制等。

薪酬制度建设的目的就是为了实现过程公平。应该保证制度得到切实、有效的执行，保证制度的权威性和严肃性；因此在薪酬设计过程中，要尽量做到方案合理可行，薪酬分配过程中要严格按制度执行，这样才能实现程序公平。

结果公平包括三个方面：自我公平、内部公平和外部公平。自我公平是员工对自己付出与获得报酬比较后的满意感觉。人的本性决定人往往是不知足的，因此对于自我公平来说，企业应该追求的是相对公平；内部公平和外部公平是薪酬设计应该注意的问题，因为只有实现内部公平和外部公平，才不会导致员工不满意。

结果公平是所有企业最应关注的问题，同时企业不能忽视过程公平问题，因为过程不公平会对结果公平带来影响，如果只关注过程公平而忽视结果公平，那过程公平是没有意义的。事实上，很多企业实行的薪酬保密制度是与过程公平原则相违背的，但这也有其存在的道理，因为只有在保证结果公平的前提下，过程公平才有意义；如果结果不公平，追求过程公平是没有意义的。

水木知行多年企业人力资源管理咨询实践研究发现，公平并不是给员工带来满意感、具有激励效应的因素，只不过没有带来不满意而已，想通过追求绝对的公平以提高员工积极性的做法是不现实的。企业管理中应避免不公平的发生，否则就会给员工带来不满意感觉，影响员工的积极性，进而对个人和组织的绩效带来损害。薪酬设计以及薪酬变革过程中应该追求的是相对公平原则。

公平是种感觉和认知，不同的人对其他人和自己有不同的认知。从某种角度来看，员工认为不公平是正常现象，如果大家都认为公平，往往有问题，因此企业追求的应该是相对公平。

（3）激励有效原则。

激励因素是最具主动性、积极性的因素，只有实现激励效应，个人绩效和组织绩效才能得以提升。激励有效原则主要体现在激励内容和激励方式要符合个体实际情况，以下几个方面应该得到企业管理者的重视。

① 在我国目前发展阶段下，绩效工资、奖金等经济性报酬仍然具有比较强的激励作用。因此在激励内容上，应该详细研究固定收入与浮动收入的比例关系，在固定收入满足员工基本生活需要的前提下，加大绩效工资、奖金等激励薪酬的比重；另外，在重视物质激励作用的同时，不能忽视精神激励的重要作用。

② 在激励方式上，首先应该加强激励的及时性。很多企业奖金全部采用年终发放形式，延迟发放时间往往使绩效考核数据信息存在偏差，如果奖金分配过程缺乏透明度，将致使员工不会将工作业绩与奖金多少建立直接联系，这将大大降低奖金的激励作用。其次，要平衡使用正激励和负激励。在我国目前发展阶段，员工还没有非常高的成熟度，有些员工自我管理、自我控制能力不足，只有正激励没有负激励的模式不能保证任务目标的完成，而只有负激励没有正激励会引起员工严重不满。因此，应平衡使用正激励和负激励，做得好的员工应该得到及时奖励，对存在不足的员工应及时指出并给予适度鞭策。

③ 企业在进行薪酬设计时要充分考虑薪酬激励作用的投入产出关系。因为薪酬激励是有成本的，成本就是对人力资源额外的投入，产出就是企业效益的增加。应该对给企业创造更多价值的环节给予更多激励，不能给企业创造更多价值的环节则给予较少激励。

④ 激励效应要发生作用首先须解决内部公平问题，而真正解决内部公平问题要根据员工的能力和贡献大小将薪酬适当拉开差距，让贡献大的人获得较多报酬，以充分调动他们的积极性。因此，进行薪酬设计时要将员工收入根据岗位因素、个人因素、业绩因素等方面适当拉开差距。

⑤ 企业在进行薪酬设计时，一方面，要将不同层级员工间的收入适当拉开差距，调动员工的积极性和工作热情，让员工看到奋斗的目标和方向；另一方面，这个差距也不能过于悬殊，过于悬殊的薪酬政策容易导致员工感到内部不公平，影响员工的积极性，影响上下级之间的工作关系，拉开上下级之间的距离，不利于团队氛围的形成。

（4）外部竞争原则。

高薪收入对优秀人才具有不可替代的吸引力，因此若要吸引和保留优秀人才，企业薪酬水平应该具有一定的竞争力。在薪酬设计时应考虑以下两个方面。

一是劳动力市场供求状况是进行薪酬设计必须考虑的因素。

对人力资源市场供应比较充足、工作经验要求不高的岗位，不宜一开始就提供太高的薪酬，应该提供具有适度竞争力的薪酬，或者不低于市场平均水平的薪酬，根据业绩表现淘汰不合格者，同时给业绩优秀者留出足够的晋级空间。对于中高层管理岗位、中高级专业技术人员，应根据人力资源市场价格，提供具有竞争力的薪酬。对于企业发展所需的战略性、关键性人才，薪酬水平应在市场上具有一定的竞争力，以便保留和吸引这些人才。

二是公司行业地位、人力资源储备以及公司财务状况都是企业进行薪酬设计时考虑的必要因素。

如果公司在行业内具有重要地位，员工以在该公司工作为荣，那么一般情况下不必采取市场领先薪酬策略，因为员工在这里工作除了获得经济性薪酬外，还获得了其他非经济性薪酬，比如社会地位、培训发展机会等；如果公司在行业内不是处于领先地位，那么薪酬就不能低于行业平均水平，否则就存在着难以招聘到优秀人才以及优秀人才流失的风险。

公司人力资源储备比较充足，在进行薪酬设计时，薪酬水平不应进行大幅度提高；如果公司处于快速发展阶段，人力资源储备严重不足，应及时调整薪酬策略，使员工薪酬水平保持一定的竞争力。

如果公司赢利情况较好，为股东创造了更多价值，可以适度提高员工的收入水平，以实现股东、管理者和员工的多赢；如果公司赢利情况比较差甚至亏损，员工尤其是中高层管理者薪酬水平应该受到一定的影响，但可以实行弹性比较大的薪酬策略，这样业绩好的情况下，薪酬水平也不会低。

企业在进行薪酬设计时，必须考虑区域薪酬水平、同行业薪酬水平以及竞争对手的薪酬水平，同时结合企业的市场地位、人力资源储备以及赢利情况，综合确定企业薪酬水平；对于核心业务岗位人员，薪酬水平设计更要关注市场薪酬水平。

（5）经济原则。

薪酬设计必须充分考虑企业自身发展特点以及支付能力，平衡股东和员工利益的关系，平衡企业的短期和长期发展。薪酬设计要进行人工成本测算，将人工成本控制在一个合理范围内，以下几个方面应该得到管理者的重视。

① 吸引人才不能完全依靠高薪政策。吸引人才的方式方法有多种，除了优厚的薪酬外，良好的工作条件、和谐的人际关系、施展本领的舞台和职业发展空间等都是非常重要的因素。如果一味提高薪酬标准而在其他方面仍存在较大缺陷，那么高薪不仅不会带来预期效果，可能还会带来严重的负面影响。首先大大增加了企业的人工成本，其次可能会引起薪酬内部不公平，对其他员工的积极性带来严重影响。

② 进行薪酬设计时要进行人工成本测算，详细分析人力资源投入产出关系。如果高薪吸引了优秀人才，却发挥不了作用，创造不出预期业绩，这样的高薪也就失去了意义，一般情况下不会达到预期目标。

③ 进行薪酬设计时，要根据行业特点及公司产品竞争策略制定合适的薪酬策略。

- 对于资本密集型企业，人工成本在总成本中的比重较小，应该将注意力集中在提高员工的士气和绩效上，不必过分计较支付水平的高低。
- 对于劳动密集型企业，人工成本在总成本中的比重较大，因此需要详细进行外部市场薪酬调查分析，给员工支付合适的薪酬水平，薪酬水平与行业薪酬水平要基本一致。
- 对于知识密集型企业，一般情况下人工成本占总成本比重较大，而对这类企业而言，高素质的人才是企业发展不可缺少的，因此薪酬水平应该在行业内具有一定的竞争力，同时应仔细研究企业生产产品或提供服务价值创造过程，分析各环节所创造的价值，给予员工合适的薪酬水平，平衡股东、管理者和员工的利益。

（6）合法原则。

薪酬设计要遵守国家法律、法规和政策规定，这是薪酬设计最基本的要求。特别是有关国家强制性规定，企业在薪酬设计中是不能违反的，比如最低工资制度、加班工资规定、员工社会养老保险规定、带薪年休假制度等，企业必须要遵守。

劳动法的贯彻执行、税制的改革，给企业员工关系以及企业发展环境带来了较大的影响；很多企业面临人工成本上涨过快、员工招聘难的状况。这对企业人力资源管理者提出了新的挑战。

3PM薪酬体系设计坚持战略导向原则、相对公平原则、激励有效原则、外部竞争原则、经济原则、合法原则。其中，激励有效原则尤为重要。薪酬体系设计要解决好过去、现在及未来的关系问题，薪酬设计的战略导向原则、公平原则和激励原则就是分别站在未来、过去和现在的角度来看问题，而现在何去何从是联系过去和未来的桥梁，设计薪酬应尊重历史、看清现状、着眼未来。

（二）水木知行3PM薪酬体系构成

水木知行3PM薪酬体系由保健因素薪酬、短期激励薪酬和长期激励薪酬构成。保健因素薪酬包括固定工资、津贴补贴和福利；短期激励薪酬包括绩效工资和奖金；长期激励薪酬是股权期权激励。而基本工资和绩效工资共同组成了岗位工资。

水木知行3PM岗位绩效工资制由固定工资、绩效工资、奖金、补贴等构成，固定工资和补贴是固定收入，绩效工资、奖金等是浮动收入；绩效工资还可以分为月度绩效工资、季度绩效工资、年度绩效工资、项目绩效工资等。

水木知行3PM薪酬体系构成如图5-2所示。

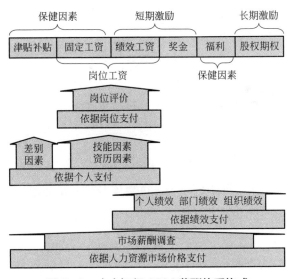

图5-2 水木知行3PM薪酬体系构成

1. 岗位工资

岗位工资是任职者的工资标准，是任职者正常完成该岗位工作时预期应得的工资报酬总和。

一个任职者的岗位工资与以下因素有关。

（1）岗位基准工资。

岗位基准工资是该岗位的工资基准（一岗多薪制的最低档）。一般情况下，试用期满合格者就定在这个等级档序。

（2）任职者个人因素。

任职者个人因素有三个方面：任职者技能因素、任职者资历因素、任职者差别因素。根据任职者技能因素，可以在岗位工资基准等级档序基础上浮动一定档序；根据任职者资历因素，可以在岗位工资基准等级档序基础上浮动一定档序；根据任职者差别因素（学历、职称、执业资格等），可以在岗位工资基准等级档序基础上浮动一定档序。岗位工资之所以考虑任职者个人因素，是为了更好地实现薪酬内部公平。

（3）组织、部门和个人绩效因素。

如果组织、部门获得了较为优异的效益，可以将所有员工岗位工资都进行晋级，实行整体激励；如果组织、部门年度业绩大大低于预期目标，可以将所有员工岗位工资进行降级处理，以体现员工与组织休戚与共的特征。

如果员工绩效考核结果等级连续优秀，可以对员工岗位工资进行晋级激励；如果员工绩效考核结果不合格或连续待改进，那么可以对员工岗位工资进行降级处理。

（4）人力资源市场行情。

为了保持员工收入水平与物价上涨水平同步，当物价上涨幅度较大时或经过若干年，应对公司薪酬等级档序表进行整体调整，薪酬定级定档表保持不变，这样就对各岗位基准工资进行了调整，公司现有员工岗位工资也进行了同等幅度调整。

当某些岗位人力资源供给出现问题，这些岗位的员工招聘及保留变得更加困难时，应该将这些岗位工资基准等级档序进行调整，以保持薪酬水平的外部竞争性。

2. 固定工资和绩效工资

岗位工资由固定工资和绩效工资两部分构成。

固定工资是岗位工资中的固定部分，是满足员工基本生活需要的工资，通常占岗位工资的一定比例。

绩效工资是岗位工资的变动部分，可以由月度绩效工资、季度绩效工资和年度绩效工资（或称风险工资）构成。

固定工资按月发放，实际发放数额只与出勤有关。绩效工资除了与出勤因素有关外，还与组织、部门以及个人的绩效挂钩。绩效工资可以按月度、季度、年度发放。

一般对于核心业务岗位人员、中高级管理人员以及中高级专业技术人员，收入分为三部分，月度固定收入、季度（月度）绩效工资、年度绩效工资、奖金。固定工资是出勤就会享有的，季度（月度）绩效工资依季度（月度）考核结果按月发，年度绩效工资、奖金是根据年度业绩完成情况发放。季度（月度）考核更注重过程，年度考核更注重结果。如果年度考核标准有激励机制，年度绩效工资能实现奖金的超额激励作用；如果年度绩效考核不考虑超目标后的激励，应为超目标后的业绩额外设计奖金激励，这样才能实现有效激励。

对于一般普通员工，收入分为月度固定收入、季度（月度）绩效工资、奖金；固定工资是出勤就会享有的，季度（月度）绩效工资依季度（月度）考核结果按月发，奖金根据团队业绩和个人考核结果发放。在团队业绩达标、个人考核合格前提下享有奖金激励；若团队业绩未达目标，所有人将不会有奖金激励。

很多企业实行年度14薪或16薪机制，将季度绩效工资与个人绩效紧密联系，将个人年度绩效工资与部门业绩紧密联系，将年底奖金与公司业绩紧密联系，保证个人、部门、组织目标一致性，实现多赢局面。

3. 奖金

奖金是比较强的激励因素，通常情况下，是任职者超额劳动或超额完成绩效目标后给予的奖励，奖金的激励效应比绩效工资更强。

奖金和绩效工资的区别主要有以下几点。一般情况下，绩效工资是由基数乘以系数得来的，基数是事先约定或确定的，系数则根据绩效完成情况在一定范围内变动，除非极端情况，绩效工资系数一般为 0.8～1.2；大多数情况下，绩效工资是预期可以得到的，具有一定保健性质的因素，同时具有一定的激励性质因素。而奖金是根据一定规则计算或评定出来的，员工最终能否得到奖金根据业绩完成情况而定，有可能奖金数额比较大，也可能不会得到任何奖金，因此奖金的不确定性远远大于绩效工资，是激励性质的因素。

在制定奖金激励政策时，应充分考虑人力资源市场行情因素，实现足够的激励，以便吸引和保留优秀员工。

员工能否得到奖金激励，要根据部门和个人绩效完成情况来确定。在部门绩效和个人绩效都很优秀的情况下，奖金激励就应在较高水平；部门绩效和个人绩效都较低的情况下，就不适合进行较大程度的奖金激励了。

很多企业尤其是国有企业在年终奖金发放过程中，领导发现奖金对员工几乎没有激励作用。究其原因在于，要么公司奖金发放没有明确标准，要么绩效考核流于形式。这两种情况下，奖金本质上没有跟业绩挂钩，变成了员工预期年底一定会得到的报酬，这种形式的奖金没有激励效果是必然的。

奖金主要有两类：一是超额"量"的奖励，二是超额"质"的奖励。

超额"量"的奖励一般采取在"量"这个基数上提成的办法。提成奖金计算基数一般根据产量、销售额、成本节约、超额利润等确定，奖金数额就是根据前述指标乘以一个提成比例。

而超额"质"的奖励往往采取评比的办法。比如，在安全生产、产品或服务质量、业务拓展、市场开发、合理化建议、管理创新、业务创新等方面做出突出贡献者，都可以得到相应奖励。

研发、质量、技术等职能部门，往往被视为成本中心。对于这些部门，可以根据费用节约情况来进行提成。

费用节约提成奖金激励机制广泛应用于对各种项目组人员的激励。很多项目需要跨部门团队协作，经常占用公休日加班工作。这种机制应用得好一方面能提高员工积极性，另一方面还有利于规避一定的法律风险。

奖金一般分为单项奖、超目标奖励、年终奖等三种情况：单项奖是针对某个事项提前设定的，事项发生后讨论决定；超目标奖励，一般是业绩超目标完成后给予激励，是比较强的激励机制；年终奖是按年度对员工进行激励，结合团队业绩、个人岗位工资及个人年度考核情况发放，可以增加年终奖金的激励效果。

4. 津贴补贴

津贴补贴项目主要应用在以下三个方面。

一是反映岗位任职者个人因素差别而给予的补偿。

二是反映与工作环境、工作条件、工作时间、物价生活等工作生活方面有关的差别因素而给予的补偿。

三是在岗位工资调整比较困难的情况下，对岗位价值差别给予的补偿。

津贴补贴具有以下特点：

① 它是一种补偿性的劳动报酬，多数津贴所体现的不是劳动本身，即劳动数量和质量的差别，而是劳动所处环境和条件的差别，从而调整地区、行业、工种之间在这方面的工资关系。

② 具有单一性，多数津贴是根据某一特定条件、为某一特定目的而制定的，往往"一事一贴"。

③ 具有较大的灵活性，可以随工作环境、劳动条件的变化而变化，可增可减甚至可免。依据个人因素以及岗位因素设置的津贴，除非岗位发生变动，一般情况下不能轻易取消或降低。

在薪酬管理实践中，很多企业津贴补贴项目繁多。事实上津贴补贴项目过多会影响整体薪酬结构，对薪酬的内部公平带来严重影响。因此，在进行薪酬设计时，应尽量将有关岗位差别因素反映在岗位价值中，体现在岗位工资差别上，而不必单独设置津贴补贴项目。

5. 福利

员工的福利包括社会保险、住房公积金等社会福利以及企业集体福利两个方面。

社会保险有养老保险、医疗保险、失业保险、工伤保险和生育保险，其中养老保险、医疗保险和失业保险保费是由企业和个人共同缴纳，工伤保险和生育保险保费完全是由企业承担，个人不需要缴纳。除了法定的"五险"外，很多企业还为员工提供其他保险计划，比如在很多国有企业以及一些民营企业为员工提供了企业年金等补充养老保险。

住房公积金是指国家机关、国有企业、城镇集体企业、外商投资企业、城镇私营企业以及其他城镇企业、事业单位及其在职职工缴存的长期住房储备金，由单位和个人根据员工收入共同缴纳。

企业集体福利是为了吸引人才或激励员工而自行为员工采取的福利措施，主要包括带薪假期、员工培训、工作餐、节日礼物、健康体检等方面。

带薪休假（不含国家规定天数内的带薪年假）是某些企业奖励业绩优异员工的一种激励方式，是一种福利。员工培训也属于福利，可以是脱产培训或在职培训，能提高员工的素质，同时增强企业的竞争力。

6. 股权期权

股权期权激励就是让经营者持有股票或股票期权，将经营者个人利益和公司利益紧密联系在一起，以激励经营者通过提升企业长期价值来增加自己的个人财富，是一种长期激励薪酬。激励对象一般包括企业高管层、技术骨干、业务骨干等。

股权期权激励是长期激励机制，如果股权期权激励机制设计不合理，不但不会有激励效果，往往还会带来严重负面问题。管理层股权激励时机把握非常重要，一旦股权激励实施完毕，中小股东持有的股权往往成为留住人才的手段，这就变成了保健因素，失去了激励作用。

（三）水木知行薪酬设计九步法

水木知行 3PM 薪酬体系设计过程包括以下九个步骤，如图 5-3 所示。

1. 管理现状诊断

薪酬管理现状诊断就是要判断公司目前薪酬策略是否支持公司发展战略

以及人力资源战略,薪酬管理的激励作用和公平目标能否实现,公司薪酬制度是否具有可操作性,公司薪酬管理能否达到经济性要求,能否用比较经济的人工成本创造最大的价值等各方面。对于一些中小民营企业,薪酬诊断还包括发展战略、业务模式、领导风格、管理理念、企业文化、制度流程等方面;因为中小企业管理基础往往比较薄弱,公司发展受多方面因素制约,只有解决了这些制约因素,薪酬才会发挥最大的作用。

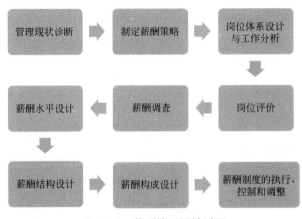

图 5-3　薪酬体系设计过程

2. 制定薪酬策略

经过薪酬管理现状诊断后,接着要明确企业的薪酬策略。制定薪酬策略是薪酬设计的基础,薪酬策略也是企业人力资源战略和实施举措的重要组成部分。薪酬策略包括薪酬水平策略、薪酬结构策略、薪酬构成策略、薪酬支付策略以及薪酬调整策略等几个方面。

3. 岗位体系设计与工作分析

岗位体系设计与工作分析,是实行岗位工资制的前提,直接关系到薪酬结构、薪酬水平设计合理与否。岗位体系设计阶段两个重要成果是岗位序列层级以及职位晋升资格条件。

4. 岗位评价

岗位评价是薪酬设计的重要环节,只有对岗位价值做出判断,才能解决内部公平问题。

5. 薪酬调查

水木知行 3PM 薪酬体系能根据人力资源市场价格进行动态调整，而了解和掌握人力资源市场价格的有效方法就是薪酬调查。参照区域、行业内的薪酬水平，根据公司的薪酬策略确定员工薪酬水平，才能解决薪酬的外部竞争问题。

6. 薪酬水平设计

薪酬水平设计是薪酬设计的关键步骤。薪酬是具有激励性质的因素，对激发员工积极性具有最重要的作用；过低的薪酬水平会抑制员工的积极性，而过高的薪酬水平又会增加公司的运营成本。

选择标杆岗位，设计标杆岗位薪酬水平，根据市场薪酬水平以及现状薪酬水平确定标杆岗位薪酬水平。

7. 薪酬结构设计

组织内部员工的薪酬具有差异性；需要根据公司所处的行业特点和规模情况，针对不同层级、同一层级不同岗位、同一岗位不同任职者设计科学合理的薪酬结构。在这个过程中，除了需要运用岗位评价这个工具外，还需要多种方法和技巧手段。

8. 薪酬构成设计

根据企业实际情况，判断薪酬应由哪些元素构成、各元素间的比例关系如何。固定部分与浮动部分的比例是薪酬设计中很关键的问题；合理设计固定工资、绩效工资、奖金、补贴津贴等的计算及发放形式，是薪酬设计的核心环节。

9. 薪酬制度的执行、控制和调整

薪酬预算、薪酬支付、薪酬调整属于薪酬日常管理工作，预算合理、严格执行、加强控制、适时调整是薪酬管理成功的关键因素，合理设计有关薪酬预算、薪酬支付、薪酬调整的制度规定也是薪酬体系设计的关键环节。

（四）薪酬策略及确定

制定薪酬策略就是根据企业薪酬目标对薪酬策略的各个方面做出规定的

过程。**确定薪酬策略是企业薪酬设计的基础，薪酬策略的本质就是为领导决策提供人力资源理论依据。**

1. 制定薪酬策略须考虑的因素

（1）企业发展战略及发展阶段因素。

在进行薪酬设计时，必须充分考虑企业的发展战略，这与战略导向原则是一致的。如果企业实行的是差异化战略，对于关键岗位实行竞争力薪酬是必要的；如果企业实行的是成本领先战略，过高竞争力的薪酬是没必要的。企业薪酬设计必须结合企业发展战略来进行。事实上应将企业发展战略进行分解，得到人力资源战略及实施举措，在这个过程中，付酬理念及薪酬策略都将得到反映。

设计薪酬还必须结合企业自身的发展阶段。不同的阶段对薪酬策略的要求是不一样的，比如创立初期，企业薪酬策略重点关注的是易操作性；成长期企业更关注激励性；而成熟期企业更关注公平性。

（2）企业文化因素。

企业文化是指组织在长期的生存和发展中所形成的，为组织多数成员所共同遵循的最高目标、基本信念、价值标准和行为规范（清华大学张德教授）。在制定薪酬策略时要考虑企业核心价值观因素，薪酬水平、薪酬结构、薪酬构成等设计都应体现公司的企业文化特征。对于平均主义的企业文化，薪酬构成中固定收入应该占有较大的比例，绩效工资和奖金等浮动薪酬应该占有较少的比例，薪酬公平性应更关注内部公平，尽量减少薪酬差距；而对于业绩导向的企业文化，薪酬构成中固定收入应该占有较少的比例，绩效工资和奖金等浮动薪酬应该占有较大比例，薪酬结构更应关注外部竞争性，内部薪酬应尽量拉开差距，体现多劳多得的思想。

（3）外部环境因素。

外部环境因素包括市场竞争因素和社会法律环境因素。市场竞争因素包括市场薪酬水平、市场人才供给与需求情况、竞争对手的薪酬政策与薪酬水平、企业所在市场的特点与竞争态势等；而社会法律环境因素须考虑当地最低工资标准、有关加班加点工资规定、国家有关的保险福利等政策因素。

（4）内部条件因素。

企业制定薪酬策略时，要受到企业赢利状况及财务状况的制约，应该使股东、管理层和员工形成多赢的局面。如果企业赢利状况很好，财务现金流充足，实行竞争力薪酬，应适当拉开内部员工收入差距；如果企业赢利状况较差，财务现金流紧张，那么就不应该实行过高的薪酬水平，同时内部员工收入差距也不宜过大，以保持员工思想稳定。

2. 薪酬结构策略

（1）岗位和个人薪酬水平空间。

对于岗位和个人薪酬水平空间，不同的企业有不同的理解，一岗一薪、一岗多薪、宽带薪酬就是不同的薪酬策略。对于实行一岗一薪制的公司而言，认为只要岗位相同就应该获得相同的报酬，不考虑个人能力、资历的差别；一岗多薪制在坚持以岗定酬的同时，考虑个人能力、资历的差别因素，因此更注重内部公平性；而宽带薪酬则给员工薪酬足够的晋升空间，因此更关注激励作用。

选择什么样的薪酬策略，取决于企业的企业文化、行业特性、岗位特征等多种因素。一般情况下，应该给员工一定的薪酬晋升空间，薪酬空间的大小与岗位工作性质有关系。对于专业技术岗位以及基层管理岗位员工，薪酬晋级空间应该较大，薪酬带宽可以超过50%，甚至到100%；但对于中高层管理岗位，晋升空间一般不宜太大，应该更多地以绩效工资性质体现；对于普通操作岗位员工，晋升空间应该较小，一方面有利于公司节约成本，另一方面也有利于员工进行职业转换，获得更好的职业发展。

① 一岗一薪制。

一岗一薪制是指组织中每个岗位只对应一个具体的薪酬标准，也就是对应确定的工资等级，同岗完全同酬，同一岗位任职者不存在薪酬差别。

一岗一薪制不能反映员工能力、员工资历因素，对绩效考核优秀者也不能及时给予加薪激励，因此在公平和效率两个方面都不能很好地达到薪酬目标；一岗一薪制的另一个缺点薪酬个体调整困难，除非整体上对岗位员工进行普调，针对个别岗位、个别员工的薪酬调整没有说服力。

一岗一薪制要求人岗匹配，适用于标准化程度高、技术较为单一、工作产出结果统一、岗位比较稳定的岗位或企业，比如生产线上的工人等。某些规模较小、员工人数不多的企业也可以实行一岗一薪制；毕竟操作简单，遇到较大问题时做薪酬整体调整就可以了。

② 一岗多薪制。

一岗多薪制克服了一岗一薪制的缺点，将岗位薪酬标准设定为一个范围，通常是岗位工资分别对应几个档序。需要注意的是，员工岗位晋升意味着职位等级（职等）的晋升，而员工工资等级的晋升不以岗位晋升为前提。

一岗多薪制可以考虑员工能力、员工资历、员工业绩等多种因素，在薪酬激励作用和公平目标方面都强于一岗一薪制。一岗多薪制的操作比一岗一薪制复杂，这对企业管理水平提出了较高要求。一岗多薪制的特点如下。

第一，一岗多薪制能使同一岗位不同任职者的工资有所差别，可以实现同岗不同薪（这并不违反劳动法同岗同酬规定）；对能力高、资历深的员工给予更高工资档序，给予能力稍差员工较低工资档序，在某种程度上更能体现内部公平；员工工资档序有晋升空间，这在某种程度上会带来激励效应。

第二，一岗多薪制岗位工资等级档序可以根据能力确定，这样可以鼓励大家提高能力；也可以根据资历确定，增强员工忠诚度，同时也更加公平；还可以根据业绩确定，激励大家提高业绩，促进组织目标的实现。

在企业进行薪酬变革或设计薪酬体系之初，如何给一岗多薪制员工定档是比较复杂的事情。企业薪酬管理实践中有四种主要方法：

第一种方法是根据员工能力分别定在不同的档位。实际上这是比较棘手的工作，和企业性质及领导管理风格有关；对于执行力强的民营企业，往往由上级领导商定。如果借助能力素质模型等工具操作就复杂了，往往也解决不了问题，因为从理论上来讲，既然是一岗就该对应一个能力，所以无论多么复杂的工具，在不同档位上的能力很难做到有效区分。

第二种方法是根据员工资历分别定在不同的档位，在企业操作中往往以职称、工龄、任职时间等资历因素替代。因为资历也是能力的一个表现形式，因此这种操作方法得到广泛应用。

第三种方法是套改，即考虑任职者原来薪酬水平以及任职者资历等有关因素，转换到新工资体系中来。

第四种方法是根据学历、资历等因素计算分数，根据分数定档。这种方法应用也比较广泛，尤其是在一些管理理念、思路都较为传统的地方国有企业。这种方法薪酬晋级操作复杂，成本高，晋级与否由人力资源部按照规则来操作，各级领导很少参与，其本质是人力资源部避免了矛盾，同时也失去了领导管理员工、激励员工的一个手段。

在日常的薪酬管理中，一岗多薪制可以进行薪酬整体调整和个体调整。个体薪酬调整可以根据员工的资历进行，如任职年限、工龄、职称等因素；也可以根据绩效考核结果进行，考核结果优秀者可以晋级，考核不合格者降级。

一岗多薪制比一岗一薪制更能体现任职者能力、资历、业绩等因素，更适合大多数能力素质要求高、工作内容比较丰富的岗位，因此得到了广泛的应用。

③ 宽带薪酬。

一岗一薪制和一岗多薪制从本质上都是把各序列员工根据岗位层级以及岗位价值划分为不同职等，再根据岗位任职能力、资历、业绩等因素划分为不同的工资等级，因此对应某个任职者而言，岗位工资就是几等几级。这是严格的等级设计思想，也是垂直型的薪酬形式。

宽带薪酬是指对多个薪酬等级以及薪酬变动范围进行重新组合，从而变成相对较少的职等以及相应较宽的薪酬变动范围。宽带薪酬压缩了薪酬职等，将原来十几甚至几十个薪酬职等压缩成几个职等，每位员工对应的不再是具体的薪酬数值，而是一定的范围。

宽带薪酬在外资企业得到了广泛应用；在国内企业操作实践中，很多企业只是借鉴了宽带薪酬的指导思想，完全按照外企模式操作实施的，往往存在诸多问题。究其原因，成功实施宽带薪酬模式有两个前提：其一，各级管理者都是负责的，需要对上一级承诺业绩达成，也需要严格指导、监督、评价下属业绩完成；其二，各级管理者都是有能力的、称职的，能合理地给下属制定目标，准确地评价其业绩，自然能决定下属合理的薪酬水平。因此，虽然薪酬带宽很宽，但操作实施中随意性不会很大，管理者也不会感到困难。

西方企业组织结构是严格的等级制，很少有越级汇报及跨级指挥现象。为了解决决策效率低下问题，组织结构扁平化成为发展趋势，宽带薪酬适应了组织结构扁平化的这种需要，因此得到了广泛的应用。

中国企业越级汇报和跨级指挥现象普遍存在，在这方面不存在决策效率低下问题，尝试组织结构扁平化大都不会取得理想的效果；其次组织结构扁平化降低了岗位晋级机制的激励效应，影响了基层员工培训发展的积极性，因此企业组织结构扁平化一定要慎重。

（2）薪酬内部差距问题。

薪酬内部差距的本质是内部一致性问题，传统上薪酬设计主要依靠岗位评价来解决。岗位评价的方法很多，国外知名人力资源咨询公司往往都有自己的岗位评价工具，也是其在薪酬设计领域具有竞争力的原因之一；水木知行也开发了简单适用的岗位评价工具。在薪酬设计实践中，单靠岗位评价设计出好的薪酬体系是非常困难的。岗位评价到底能解决哪些问题，有没有更好的方法来解决这些问题是我们应该深入思考的问题。

岗位评价的作用受到制约最主要的原因首先在于人岗匹配问题。如果岗位任职者能力素质严重低于岗位要求，而企业的行业地位和发展阶段又决定了企业会长期处于人力资源严重不足状态，这种情况下岗位评价结果如何应用非常棘手。其次，岗位评价有效性依赖于以岗定酬的假设。在知识密集产业以及目前的互联网行业，人有多大能力，就有多大的空间和舞台；严格实行岗位定酬思想，会抑制优秀员工的积极主动性，不利于员工潜能的挖掘。

薪酬内部差距应该考虑企业规模、企业文化、企业效益以及行业市场薪酬水平等多种因素。一般来讲，企业规模越大，最高薪酬和平均薪酬相比倍数就越大；企业规模小，企业最高薪酬和平均薪酬相比倍数就小一些。平均主义企业文化，薪酬差距小；业绩导向的企业文化，薪酬差距大。公司效益好，薪酬差距大一些；公司效益不好，薪酬差距应该小一些。

企业内部薪酬差距还应考虑行业市场薪酬水平因素。某些行业员工薪酬收入差距大，比如金融、地产等行业；某些行业员工收入差距小，比如商业企业、餐饮企业等。这是因为一方面，不同行业之间低职位员工收入差距不应过大，这些岗位具有普遍性、替代性的特点，如司机、会计等岗位；另一方面，不同行业高职位员工收入差别很大，这是由于人才供给不足以及对技能要求不同决定的，如软件工程师的收入一般高于机械工程师的收入，计算机行业薪酬差距一般比机械行业、普通服务行业的大。

解决薪酬内部差距问题尤其是不同层级薪酬差距问题，除了依赖岗位评价这个基本工具外，应综合考虑企业规模、企业文化、企业效益以及行业市场薪酬水平等多种因素；这需要多种方法和技巧，也需要很多经验。

薪酬内部差距包括不同层级薪酬差距、同一层级不同岗位、同一岗位不同任职者三个层面。不同层级薪酬差距不必用岗位评价来解决，每个层级选择若干标杆岗位，标杆岗位薪酬确定后，不同层级薪酬差距就确定下来了；同一层级不同岗位薪酬差距主要通过岗位评价来解决；同一岗位不同任职者薪酬差距是薪酬带宽问题，通过制定不同的薪酬策略来解决。因此岗位评价方法不必太复杂，简单、适用，满足要求即可。

3. 薪酬水平策略

薪酬水平是外部竞争性问题，企业通常通过外部薪酬调查来解决薪酬外部竞争性问题，考虑到当地市场薪酬水平以及竞争对手薪酬水平，决定公司的薪酬水平。企业也可以参考市场薪酬数据库，很多知名咨询公司都有自己的薪酬数据。如何获取、整理、使用这些数据非常关键。大多公司薪酬数据库都是以岗位为基础的，水木知行薪酬数据库是以能力为基础的。人力资源管理正在由以岗位为基础向以能力为基础进行转变，构建以能力为基础的薪酬数据库，对于指导薪酬设计具有非常重要的意义。

企业可采取的薪酬水平策略主要有：市场领先策略、市场跟随策略、成本导向策略和混合薪酬策略。

① 市场领先策略是指薪酬水平与同行业竞争对手相比是处于领先地位的。这种策略往往适用于以下情况：市场处于扩张期，有很多市场机会和成长空间，对高素质人才需求迫切；企业自身处于高速成长期，企业薪酬支付能力比较强；企业在同行业市场中处于领导地位等。

② 市场跟随策略指薪酬水平在同行业竞争对手中处于前列，但不是最有竞争力的。这种策略往往适用于以下情况：一是企业建立或找准了自己

的标杆企业，企业的经营与管理模式都向标杆企业看齐，同样薪酬水平跟标杆企业也差不多；二是企业在行业内处于绝对领导地位，企业可以给员工更多的发展机会和能力成长空间，因此实行市场跟随策略就能吸引和留住优秀人才。

③ 成本导向策略指企业在制定薪酬水平时不考虑市场和竞争对手的薪酬水平，只考虑尽可能节约企业生产、经营和管理的成本，这种企业的薪酬水平一般比较低。采用这种薪酬水平策略的企业，在发展战略上一般实行的是成本领先战略。

④ 混合薪酬策略是指针对不同部门、不同岗位序列、不同岗位层级，采用不同的薪酬策略。通常情况下，对于企业核心与关键性人才和岗位采用市场领先薪酬策略，而对一般人才、普通岗位则采用其他薪酬策略。

只有核心业务岗位才有薪酬水平策略问题，关注核心业务岗位的市场薪酬水平非常重要。对于其他非核心业务岗位，解决问题的关键是内部一致性，也就是内部公平问题，参照核心业务岗位人员薪酬水平确定其他岗位人员薪酬水平。

4. 薪酬构成策略

固定工资、绩效工资、奖金和津贴补贴可以划分为两类，即固定部分薪酬（固定工资和津贴补贴）和浮动部分薪酬（绩效工资和奖金）。在一个企业中，固定部分薪酬占主体还是浮动部分薪酬占主体，是薪酬设计中很关键的问题。企业经常采用的薪酬构成策略有：弹性薪酬模式、稳定薪酬模式和折中薪酬模式。

（1）弹性薪酬模式。

薪酬主要根据员工绩效决定，薪酬固定部分如基本工资、津贴补贴、保险、福利等所占比例较小，浮动部分薪酬如绩效工资、奖金等所占比例较大。弹性薪酬通常采取计件或提成工资制，是激励效应比较强的薪酬方式，但这种方式会使员工缺乏职业安全感，员工流动性比较大；此外，尽管员工的主动性、积极性比较高，但员工忠诚度一般较低；采取弹性薪酬模式，员工往往具有较大的压力。

（2）稳定薪酬模式。

薪酬主要取决于岗位与个人的能力、资历情况，与个人的绩效关联不大，员工收入相对稳定。薪酬固定部分如基本工资、津贴补贴、保险、福利等所占比例很大，浮动部分薪酬如绩效工资、奖金等所占比例很小。稳定薪酬模式会使员工有较强的安全感，但激励性差，企业的人工成本一般较高，适合于稳定经营的企业；员工的忠诚度一般较高，但员工的主动性、积极性一般不是很高；员工一般不会感觉到工作压力。

（3）折中薪酬模式。

弹性薪酬模式和稳定薪酬模式是比较极端的情况，一般情况下企业会采取折中薪酬模式，即薪酬主要取决于任职者岗位以及绩效状况，与团队、个人的绩效有一定关联，员工大部分收入相对稳定。薪酬固定部分与浮动部分比例比较适中。折中薪酬模式兼顾了弹性薪酬与稳定薪酬的优点，员工具有一定的压力，工作主动性、积极性能得到促进，员工的忠诚度也比较高。

传统薪酬设计理论认为弹性薪酬模式更能激发员工积极性，应该得到更广泛的应用，但从实际效果来看，职位晋升和工资晋级是更重要的激励；实行弹性薪酬员工面临更大的压力，如果外部环境不确定性大，往往面临骨干员工流失风险，把本该由公司承担的风险转嫁给员工期望控制人工成本的做法是不明智的。

二、3PM 薪酬体系设计案例

水木知行 3PM 薪酬设计核心步骤包括岗位体系设计、标杆岗位选取及标杆岗位市场薪酬数据获取、薪酬等级表设计、标杆岗位薪酬确定、其他岗位薪酬设计、工资套档设计几个方面。3PM 薪酬设计关注的是基准工资等级（最低档），带宽（档数多少）根据薪酬政策由制度规定，比传统薪酬设计方法关注薪酬水平的中位值更有效，实操更方便。

薪酬水平设计和薪酬结构设计是薪酬设计过程中的关键步骤；市场薪酬线将市场薪酬数据与代表岗位价值的岗位评价分数联系起来，既能解决外部竞争性问题，又能解决内部公平性问题。

（一）薪酬调查及薪酬水平设计

薪酬调查是为了解决外部公平问题，使员工薪酬与外部市场接轨，激发员工的积极性，避免优秀人员流失。公司的发展离不开核心业务岗位员工，关注公司核心业务等关键岗位员工的市场薪酬水平是非常必要的，因为这些员工的流动不受区域甚至不受行业的限制。对于其他非关键岗位员工，一方面由于跨区域、跨行业流动受到一定限制，另一方面即使流失对公司的影响也有限，因此对于这些岗位更应该关注内部公平性问题。

1. 薪酬调查

薪酬调查是指企业运用各种手段，搜集薪酬管理、薪酬设计所需的宏观经济、区域、行业（包括竞争对手）以及企业内部有关信息，为企业制定薪酬策略、进行薪酬设计、实行薪酬调整提供依据的过程。

薪酬水平问题是解决外部竞争性问题。需要指出的是，在很多情况下，外部薪酬水平并不是最关键的问题，因为企业实行薪酬政策受到多方面的制约，最大的制约因素就是历史薪酬水平及现状。过于追求岗位的实际市场薪酬水平的成本是非常高的，有时也是没必要的。

以下几点需要注意：

第一，只有经过几次因为薪酬水平原因没能招募到企业相中的优秀人才，才能确定企业这个岗位薪酬确实定低了。

第二，即使某些岗位员工因为加薪得不到满足而离职，也不能轻易得出公司薪酬定低了的结论，因为该员工不一定在下一个工作会获得更高的薪酬，即使获得了更高的薪酬，也与某些岗位存在流动性溢价有关。

表 5-1 是某生产服务企业标杆岗位市场薪酬数据。

表 5-1 ××公司标杆岗位市场薪酬数据

标杆岗位	样本数	薪酬数据				
		10% 分位	25% 分位	50% 分位	75% 分位	90% 分位
财务部部长	173	12 500	175 00	25 000	35 000	46 000
人力资源主管	164	8 000	9 000	12 500	14 600	17 500
技术负责人	135	20 800	23 750	33 000	43 500	46 000

续表

标杆岗位	样本数	薪酬数据				
		10% 分位	25% 分位	50% 分位	75% 分位	90% 分位
专业技术负责人	187	12 800	16 700	25 000	33 000	42 000
高级检测员	188	12 850	14 600	17 000	20 800	25 000
中级检测员	179	7 400	8 300	9 000	10 250	12 500
质量监督员	172	13 100	14 900	17 500	20 800	22 500
初级检测员	101	5 000	5 250	5 800	7 000	7 500
内审员	172	13 100	14 900	17 500	20 800	22 500
出纳	172	5 000	5 250	6 350	7 500	9 000
资料员	185	5 000	5 300	7 000	8 300	9 000

2. 标杆岗位薪酬设计

标杆岗位薪酬往往根据市场薪酬与现状薪酬权衡确定。是更向市场薪酬靠近还是维持现状，这其中的权衡其实体现着公司的薪酬策略。

标杆岗位首先选择核心业务岗位，不同层级的核心业务岗位选择若干个；其次选择不同层级的职能岗位，做到不同层级、不同工作性质均衡分布最好。

表5-2是某生产服务企业标杆岗位薪酬设计过程。

表5-2　××公司标杆岗位薪酬设计过程

岗位名称	原薪酬		市场薪酬25%分位	等级	档序	薪资范围	岗位工资	月度增减比例	年度增减比例
	月度发放	年度发放							
副总经理	9 000	108 000	/	七	1	9 800～11 900	9 800	-34.67%	8.89%
财务部部长	7 600	91 200	12 500	六	2	8 210～9 990	8 210	-24.38%	8.03%
人力资源主管	5 500	66 000	8 000	四	5	5 500～7 240	5 500	0.00%	0.00%
人力资源专员	4 700	56 400	/	三	6	4 740～6 240	4 740	0.85%	0.85%
技术负责人	9 000	108 000	20 800	七	1	9 800～11 900	9 800	-34.67%	8.89%

续表

岗位名称	原薪酬		市场薪酬25%分位	等级	档序	薪资范围	岗位工资	月度增减比例	年度增减比例
	月度发放	年度发放							
专业技术审批人	7 600	91 200	12 800	六	4	8 880～10 800	8 880	−18.21%	16.84%
专业技术审核人	6 800	81 600	12 800	五	6	7 900～10 400	7 900	−18.68%	16.18%
高级检测员（高值）	6 500	78 000	12 850	四	9	6 430～8 470	6 430	−1.08%	−1.08%
高级检测员（低值）	6 000	72 000	12 850	四	9	6 430～8 470	6 430	7.17%	7.17%
中级检测员（高值）	5 500	66 000	7 400	三	8	5 130～6 750	5 130	−6.73%	−6.73%
中级检测员（低值）	5 400	64 800	7 400	三	8	5 130～6 750	5 130	−5.00%	−5.00%
初级检测员（高值）	4 900	58 800	5 000	二	11	4 140～5 450	4 140	−15.51%	−15.51%
初级检测员（低值）	4 700	56 400	5 000	二	11	4 140～5 450	4 140	−11.91%	−11.91%
出纳	5 500	66 000	5 000	三	8	5 130～7 300	5 130	−6.73%	−6.73%
技术资料专员	5 500	66 000	5 000	三	8	5 130～7 300	5 130	−6.73%	−6.73%

3. 岗位工资等级档序表设计

根据公司岗位设置以及各岗位市场薪酬数据，设计岗位工资等级档序表如表5-3所示。

表5-3 ××公司岗位工资等级档序表

等级档序	一等级	二等级	三等级	四等级	五等级	六等级	七等级	八等级
1	2 140	2 800	3 900	4 700	6 500	7 890	9 800	15 300
2	2 220	2 910	4 060	4 890	6 760	8 210	10 200	16 000
3	2 310	3 030	4 220	5 090	7 030	8 540	10 600	16 600
4	2 400	3 150	4 390	5 290	7 310	8 880	11 000	17 300
5	2 500	3 280	4 560	5 500	7 600	9 230	11 400	18 000

续表

等级 档序	一等级	二等级	三等级	四等级	五等级	六等级	七等级	八等级
6	2 600	3 410	4 740	5 720	7 900	9 600	11 900	18 700
7	2 700	3 540	4 930	5 950	8 220	9 990	12 300	19 400
8	2 810	3 680	5 130	6 190	8 550	10 400	12 800	20 200
9	2 920	3 830	5 340	6 430	8 890	10 800	13 300	21 000
10	3 040	3 990	5 550	6 690	9 250	11 200	13 900	21 800
11	3 160	4 140	5 770	6 960	9 620	11 700	14 400	22 700
12	3 290	4 310	6 000	7 240	10 000	12 100	15 000	23 600
13	3 420	4 480	6 240	7 530	10 400	12 600	15 600	24 600
14	3 560	4 660	6 490	7 830	10 800	13 100	16 200	25 500
15	3 700	4 850	6 750	8 140	11 200	13 700	16 900	26 600
16	3 850	5 040	7 020	8 470	11 700	14 200	17 500	27 600
17	4 000	5 240	7 300	8 810	12 200	14 800	18 200	28 700
18	4 160	5 450	7 600	9 160	12 700	15 400	19 000	29 900
19	4 330	5 670	7 900	9 520	13 200	16 000	19 700	31 100
20	4 500	5 900	8 220	9 910	13 700	16 600	20 500	32 300

（二）岗位评价及薪酬结构设计

如何科学、合理地设计不同层级、不同岗位、同一岗位不同任职者的薪酬差距，是管理者面临的巨大挑战。内部一致性决定着员工的内部公平感。岗位评价是解决内部一致性问题尤其不同岗位之间薪酬差距的一种方法，要科学合理设计各个层级、不同岗位薪酬差距需要多种方法和技术手段。

通过绘制市场薪酬线、制定薪酬政策线来进行薪酬结构设计的方法比较复杂，是较为传统的薪酬设计方法，设计出来的薪酬也经常存在问题。水木知行3PM薪酬体系设计方法另辟蹊径，简单适用不必绘制市场薪酬线及制定薪酬政策线；每个岗位层级选择2～3个标杆岗位，根据市场薪酬和现状薪酬确定标杆岗位薪酬水平；其他岗位薪酬水平根据岗位评价与标杆岗位比较确定。在确定标杆岗位薪酬时，更接近市场还是更接近现状，实质是薪酬政策的体现；在用岗位评价结果和标杆岗位薪酬确定其他岗位薪酬，实质是体现了市场薪酬线指导岗位薪酬水平确定的作用。

1. 岗位评价方法介绍

岗位评价是依照一定的程序和标准，对组织中各岗位的价值贡献进行量化或排序的过程。

岗位评价是薪酬设计的基础，只有对岗位价值做出准确判断，才能解决内部公平问题。

岗位评价主要有以下两个目的。一是比较企业内部各岗位的相对重要性，对岗位进行科学测评，判定岗位价值大小，以便得出岗位薪酬等级序列，解决内部公平问题。二是通过岗位薪酬调查，将公司岗位评价分数与外部薪酬建立联系，进而为薪酬设计提供依据，为建立公平、合理的工资和奖励制度打好基础。

岗位评价方法主要有排序法、分类法、因素比较法和要素计点法四大类。

排序法只对岗位价值大小进行排序，不能精确量化岗位价值，得到的是定序结果。

分类法对岗位进行分类的同时，将岗位价值进行排序，得到的是分类定序结果。

因素比较法和要素计点法都是定量的方法，因素比较法得出岗位的薪酬绝对价值，而要素计点法得到岗位的相对价值。

要素计点法是把反映岗位价值的构成因素进行分解，然后按照事先设计出来的因素分级表对每个岗位的报酬因素进行估值。要素计点法有翰威特法、美世法、海氏法、28因素法、水木知行3因素法、水木知行4因素法等。想要了解各个方法具体操作，请阅有关专业书籍。

在岗位因素、个人能力资历因素、业绩因素、人力资源市场价格等影响薪酬水平的四个因素中，对于不同性质的员工各有侧重。对于中高层管理岗位人员，业绩因素是重点，加强目标管理以及绩效考核非常重要，岗位因素一般用对比法岗位评价就能满足要求了。对于核心业务岗位人员，人力资源市场价格因素很重要，必须做好薪酬调查工作。对于普通管理岗位、业务岗位、技术工

人、操作工人等岗位人员，岗位价值因素对于解决内部公平性问题很重要。要做好岗位评价工作，对于普通管理岗位和业务岗位，可用水木知行 3 因素法；对于技术工人和操作工人岗位，可用水木知行 4 因素法。

2. 对比法岗位评价示例

表 5-4、表 5-5 分别是某生产企业中高层岗位对比法岗位评价打分表及岗位评价结果表。

表 5-4 对比法岗位评价打分表

评价岗位	财务部部长	综合服务部部长	检测部部长	人力资源部部长	业务部部长	质量技术部部长	专业技术负责人	专业授权审批人	专业授权审核人	高级检测员	中级检测员	初级检测员	质量技术主管	检测系统主管	质量技术专员	技术资料员	大厅主管	市场主管	市场分析专员	业务咨询专员	业务受理专员	样品接收专员	报告发放员	数据录入员	档案专员	人力资源主管	人力资源专员	现金会计	出纳	统计核算员	行政后勤主管	行政专员	后勤专员
财务部部长																																	
综合服务部部长	0																																
检测部部长	1	1																															
人力资源部部长	0	1	0																														
业务部部长	0	1	0	1																													
质量技术部部长	1	1	1	1	1																												
专业技术负责人	1	1	0	1	1	1																											
专业授权审批人	1	1	1	1	1	1	1																										
专业授权审核人	1	1	0	1	1	1	1	0																									
高级检测员	1	1	0	0	1	1	0	0	0																								
中级检测员	0	1	0	0	0	0	0	0	0	0																							
初级检测员	0	0	0	0	0	0	0	0	0	0	0																						
质量技术主管	1	1	0	1	1	0	1	0	1	1	1	1																					
检测系统主管	0	0	1	0	0	0	0	0	0	1	1	1	0																				
质量技术专员	0	0	0	0	0	0	0	0	0	1	0	1	0	0																			
技术资料员	0	0	0	0	0	0	0	0	0	0	1	0	0	0	0																		
大厅主管	0	0	0	0	0	1	1	1	1	1	1	1	1	1	1	1																	
市场主管	1	0	0	1	1	0	1	1	1	1	1	1	1	1	1	1	1																
市场分析专员	0	0	0	0	0	0	0	0	0	1	1	1	0	0	0	1	0	0															
业务咨询专员	0	0	0	0	0	0	0	0	0	0	1	1	0	0	0	1	0	0	0														
业务受理专员	0	0	0	0	0	0	0	0	0	0	1	1	0	0	0	1	0	0	0	0													
样品接收专员	0	0	0	0	0	0	0	0	0	0	1	1	0	0	0	1	0	0	1	1	1												
报告发放员	0	0	0	0	0	0	0	0	0	0	0	1	0	0	0	1	0	0	0	0	0	0											
数据录入员	0	0	0	0	0	0	0	0	0	0	0	1	0	0	0	0	0	0	0	0	0	0	1										
档案专员	0	0	0	0	0	0	0	0	0	0	0	0	0	0	0	0	0	0	0	0	0	0	1	0									
人力资源主管	1	1	0	0	1	0	0	0	0	1	1	1	0	1	1	1	1	1	1	1	1	1	1	1	1								
人力资源专员	0	0	0	0	0	0	0	0	0	0	1	1	0	0	0	1	0	0	1	1	1	1	1	1	1	0							
现金会计	0	0	0	0	0	0	0	0	0	0	1	1	0	0	0	1	0	0	1	1	1	1	1	1	1	0	1						
出纳	0	0	0	0	0	0	0	0	0	0	1	1	0	0	0	1	0	0	1	1	1	1	1	1	1	0	1	0					
统计核算员	0	0	0	0	0	0	0	0	0	0	1	1	0	0	0	1	0	0	1	1	1	1	1	1	1	0	1	1	1				
行政后勤主管	1	1	0	0	1	0	0	0	0	1	1	1	0	1	1	1	1	1	1	1	1	1	1	1	1	1	1	1	1	1			
行政专员	0	0	0	0	0	0	0	0	0	0	1	1	0	0	0	1	0	0	1	1	1	1	1	1	1	0	1	0	0	0	0		
后勤专员	0	1	0	0	0	0	0	0	0	0	1	1	0	0	0	1	0	0	1	1	1	1	1	1	1	0	1	0	0	0	0	1	

表 5-5 对比法岗位评价结果表

评价岗位	总计	标准分
检测部部长	223	0.871 093 75
财务部部长	222.5	0.869 140 625
专业技术负责人	208.5	0.814 453 125
人力资源部部长	204.5	0.798 828 125
专业授权审批人	202.5	0.791 015 625
质量技术部部长	201.5	0.787 109 375
综合服务部部长	201	0.785 156 25
业务部部长	194	0.757 812 5
专业授权审核人	186	0.726 562 5
质量技术主管	167	0.652 343 75
人力资源主管	155.5	0.607 421 875
高级检测员	154.5	0.603 515 625
市场主管	141	0.550 781 25
检测系统主管	140.5	0.548 828 125
大厅主管	139.5	0.544 921 875
行政后勤主管	132	0.515 625
质量技术专员	118	0.460 937 5
现金会计	115.5	0.451 171 875
中级检测员	105	0.410 156 25
出纳	105	0.410 156 25
后勤专员	104	0.406 25
人力资源专员	93.5	0.365 234 375
行政专员	82	0.320 312 5
市场分析专员	78	0.304 687 5
统计核算员	77	0.300 781 25
技术资料员	73	0.285 156 25
样品接收专员	72	0.281 25
初级检测员	71	0.277 343 75
业务咨询专员	68.5	0.267 578 125
业务受理专员	60.5	0.236 328 125
档案专员	43.5	0.169 921 875
数据录入员	35.5	0.138 671 875
报告发放员	32.5	0.126 953 125

3. 岗位工资等级档序设计

根据标杆岗位薪酬设计结果，参照岗位评价结果，同时考虑企业实际情况，确定各岗位基准工资等级表。某生产企业实例如表5-6所示。

表5-6 ××公司岗位基准工资等级档序表

序号	层级	岗位名称	基准工资 等级	基准工资 档序	工资范围（元）
1	高管	总经理	八	1	12 500 ~ 16 600
2		副总经理、技术负责人、质量负责人	七	1	9 800 ~ 12 800
3	部门中层	专业技术审批人、专业技术负责人、质量技术部部长、检测部部长	六	4	8 880 ~ 11 700
4		业务部部长、人力资源部部长、财务部部长	六	3	8 540 ~ 11 200
5		综合服务部部长	六	1	7 890 ~ 10 400
6		专业技术审核人	五	6	7 900 ~ 11 200
7		部门副部长	五	4	7 310 ~ 9 620
8	主管级	技术主管	四	10	6 690 ~ 9 520
9		高级检测员、市场主管	四	9	6 430 ~ 9 160
10		人力资源主管、大厅主管、检测系统主管	四	5	5 500 ~ 7 830
11		现金会计	四	4	5 290 ~ 7 530
12	专员级	质量专员、技术专员	三	8	5 130 ~ 7 300
13		中级检测员、人力资源专员、市场分析专员	三	6	4 750 ~ 6 750
14		行政专员、后勤专员、样品接收专员、业务咨询专员、业务受理专员、收费专员	三	5	4 560 ~ 6 490
15		档案专员	三	4	4 390 ~ 6 240
16	员工级	初级检测员	二	11	4 150 ~ 5 900
17		统计核算员、数据录入员	二	9	3 830 ~ 5 450
18		报告发放员	二	8	3 680 ~ 5 240

（三）薪酬构成设计

1. 公司中高层岗位工资构成

中高层岗位工资由固定工资、季度绩效工资、年度绩效工资构成。

固定工资：岗位工资中的固定部分。根据出勤情况计算确定，月度发放。

季度绩效工资：岗位工资中的浮动部分。月度按标准预发，季度考核后根据考核结果进行结算。

年度绩效工资：岗位工资中的浮动部分。公司职能部门高层岗位年度绩效工资根据公司整体年度业绩情况和分管部门年度绩效考核结果确定，职能部门中层岗位年度绩效工资根据公司整体年度业绩情况以及个人年度绩效考核结果确定；业务部门高层岗位年度绩效工资根据分管部门年度激励系数平均值确定，业务部门中层岗位年度绩效工资根据部门年度业绩完成情况以及个人年度绩效考核结果确定；年度绩效工资年度考核后发放。

公司高层管理岗位固定工资、季度绩效工资、年度绩效工资构成实例如表 5-7 所示。

表 5-7　××公司高层岗位工资构成

岗位	固定工资	季度绩效工资	年度绩效工资	备注
公司总经理	岗位工资×40%	岗位工资×40%×公司季度效益调节系数	岗位工资×20%×12×公司年度激励系数	公司季度效益调节系数：0.8/0.9/1/1.1/1.2 公司年度激励系数：0.6/0.7/0.8/0.9/1/1.5/2
其他高层（业务）	岗位工资×40%	岗位工资×40%×分管部门季度绩效考核系数平均值×个人履职系数	岗位工资×20%×12×分管部门年度激励系数平均值	业务部门季度绩效考核系数：0.6/0.7/0.8/0.9/1/1.1/1.2/1.3/1.4/1.5 业务部门年度激励系数：0.6/0.7/0.8/0.9/1/1.5/2/2.5/3 个人履职系数：0/0.6/0.8/1
其他高层（职能）	岗位工资×40%	岗位工资×40%×公司季度效益调节系数×分管部门季度绩效考核系数平均值×个人履职系数	岗位工资×20%×12×公司年度激励系数×分管部门年度绩效考核系数平均值	职能部门季度绩效考核系数：0.8/1/1.2 公司年度激励系数：0.6/0.7/0.8/0.9/1/1.5/2 职能部门年度绩效考核系数：1.2/1.0/0.8 个人履职系数：0/0.6/0.8/1

公司中层岗位固定工资、季度绩效工资、年度绩效工资构成实例如表 5-8 所示。

表5-8　××公司中层岗位工资构成

岗位	固定工资	季度绩效工资	年度绩效工资	年终奖金	备注
业务部门部长 副部长 专业技术负责人 专业技术授权审批人 专业技术授权审核人	岗位工资×40%	岗位工资×40%×部门季度绩效考核系数×个人季度绩效考核系数×个人履职系数	岗位工资×20%×12×部门年度激励系数×个人年度绩效考核系数	岗位工资×个人年度绩效考核系数，在部门年度激励系数大于等于1的情况下	业务部门季度绩效考核系数：0.6/0.7/0.8/0.9/1/1.1/1.2/1.3/1.4/1.5 个人季度绩效考核系数：0/0.8/1/1.2 业务部门年度激励系数：0.6/0.7/0.8/0.9/1/1.5/2/2.5/3 个人年度绩效考核系数：1.2/1.0/0.8/0 个人履职系数：0/0.6/0.8/1
职能部门部长 副部长	岗位工资×40%	岗位工资×40%×公司季度效益调节系数×个人季度绩效考核系数×个人履职系数	岗位工资×20%×12×公司年度激励系数×个人年度绩效考核系数	岗位工资×个人年度绩效考核系数，在公司年度激励系数大于等于1的情况下	公司季度效益调节系数：0.8/0.9/1/1.1/1.2 个人季度绩效考核系数：0/0.8/1/1.2 公司年度激励系数：0.6/0.7/0.8/0.9/1/1.5/2 个人年度绩效考核系数：1.2/1.0/0.8/0 个人履职系数：0/0.6/0.8/1

2.公司普通员工工资构成

普通员工工资由固定工资、季度绩效工资、年度奖金构成。业务部门员工在部门年度业绩超预期的情况下，享有奖金激励；职能部门员工在公司年度整体业绩超预期的情况下，享有奖金激励。

固定工资：岗位工资中的固定部分，根据出勤情况计算确定，月度发放。

绩效工资：岗位工资中的变动部分，根据个人绩效考核结果确定；季度绩效工资季度考核月度发放。

奖金：年底超额激励，业务部门员工奖金与部门年度业绩完成情况及个人业绩挂钩，管理部门员工奖金与公司整体业绩完成情况及个人业绩挂钩，年度发放。

部门员工固定工资、季度绩效工资、年终奖金构成与计算实例如表5-9所示。

表 5-9 某生产服务企业普通员工工资构成

岗位	固定工资	季度绩效工资	年终奖金	备注
业务部门员工	岗位工资×50%	岗位工资×50%×部门季度绩效考核系数×个人季度考核系数	岗位工资×部门年度激励系数×个人年度绩效考核系数	业务部门季度绩效考核系数：0.6/0.7/0.8/0.9/1/1.1/1.2/1.3/1.4/1.5 职能部门季度绩效考核系数：0.8/1/1.2 部门年度激励系数：0/1/1.5/2/2.5/3 公司年度激励系数：0/1/1.5/2 个人季度绩效考核系数：1.2/1.0/0.8/0 个人年度绩效考核系数：1.2/1.0/0.8/0 公司季度效益调节系数：0.8/0.9/1/1.1/1.2
职能部门员工	岗位工资×50%	岗位工资×50%×公司季度效益调节系数×部门季度绩效考核系数×个人季度考核系数	岗位工资×公司年度激励系数×个人年度绩效考核系数	

三、其他工资制度案例

（一）某医疗器械公司销售岗位薪酬激励办法

第一条 为了充分调动公司市场营销人员的工作积极性、主动性和创造性，全面推进公司战略发展、业绩提升，最大限度发挥市场营销人员主观能动性、公司薪酬分配机制的激励性，体现公平合理原则，特制定本办法。

第二条 公司对销售总监、大区销售经理、省级/区域销售经理实行基于年度目标的岗位绩效工资体系。

第三条 销售总监薪酬实行岗位绩效工资制，薪酬由固定工资、季度绩效工资、年度绩效工资、保险福利构成，销售总监年度工资标准由公司总经理年初确定。

岗位	固定工资	季度绩效工资	年度绩效工资	备注
销售总监	岗位工资×30%	岗位工资×40%×部门季度考核系数平均值×个人季度履职系数	岗位工资×30%×12×部门年度激励系数平均值×个人年度履职系数	大区/区域季度考核系数：0.6/0.7/0.8/0.9/1/1.2 大区/区域年度激励系数：0.6/0.7/0.8/0.9/1/1.5/2/2.5/3 个人季度/年度履职系数：1/0.8/0.6/0

第四条 大区销售经理、省级/区域销售经理实行岗位绩效工资制，薪酬由固定工资、季度绩效工资、年度绩效工资以及年度奖金、个人业绩提成、保险福利构成。

岗位	固定工资	季度绩效工资	年度绩效工资	年度奖金	备注
大区经理	岗位工资×20%	岗位工资×40%×个人季度考核系数	岗位工资×40%×12×个人年度考核系数	超目标奖励个人业绩提成	个人季度绩效考核系数：0/0.6/0.7/0.8/0.9/1/1.1 个人年度绩效考核系数：绩效考核系数=1+（分数−100）/50，十分位取整，最大2
省级/区域销售经理	岗位工资×30%	岗位工资×30%×个人季度考核系数	岗位工资×40%×12×个人年度考核系数	超目标奖励个人业绩提成	年度考核分数大于60分低于100分，绩效考核系数=绩效考核分数/100，十分位取整；年度绩效考核分数低于60分，绩效考核系数为0

第五条 大区销售经理超目标奖励，实际完成业绩（销售额）超目标部分提成1%；个人业绩提成指个人独自完成销售台数提成以及超过销售底价提成，与销售人员同样标准；岗位工资根据年度销售任务目标由下表确定（大致为1.2%）。

年度销售任务	3 000万元以下	达到3 000万元低于3 500万元	达到3 500万元低于4 000万元	达到4 000万元低于4 500万元	达到4 500万元低于5 000万元	达到5 000万元低于5 500万元	达到5 500万元低于6 000万元
岗位工资	2.8万元	3万元	3.5万元	4万元	4.5万元	5万元	5.5万元
年度销售任务	达到6 000万元低于6 500万元	达到6 500万元低于7 000万元	达到7 000万元低于7 500万元	达到7 500万元低于8 000万元	达到8 000万元低于8 500万元	达到8 500万元低于9 000万元	达到9 000万元低于1亿元
岗位工资	6万元	6.5万元	7万元	7.5万元	8万元	8.5万元	9万元

第六条 省级/区域销售经理超目标奖励，实际完成业绩（销售额）超目标部分提成1.6%；个人业绩提成指个人独自完成销售台数提成以及超过销售底价提成，与销售人员同样标准；岗位工资根据年度销售任务目标由下表确定（大致为1.8%）。

年度销售任务	不足500万元	到500万元低于750万元	达到750万元低于1 000万元	达到1 000万元低于1 250万元	达到1 250万元低于1 500万元
岗位工资	8 000元	10 000元	12 500元	15 000元	17 500元
年度销售任务	达到1 500万元低于1 750万元	达到1 750万元低于2 000万元	达到2 000万元低于2 250万元	达到2 250万元低于2 500万元	达到2 500万元及以上
岗位工资	20 000元	22 500元	25 000元	27 500元	30 000元

第七条 销售经理、销售助理实行岗位绩效工资制，薪酬由固定工资、季度绩效工资、个人业绩提成、保险福利构成。

岗位	固定工资	季度绩效工资	个人业绩提成	备注
销售经理	岗位工资×40%	岗位工资×60%×个人季度考核系数	个人业绩提成	个人季度绩效考核系数：0/0.6/0.8/1/1.2
销售助理	岗位工资×50%	岗位工资×50%×个人季度考核系数		

第八条 销售经理岗位工资1～9档；销售助理岗位工资1～6档。

岗位	岗位工资标准								
	第1档	第2档	第3档	第4档	第5档	第6档	第7档	第8档	第9档
销售经理	6 000	6 500	7 000	8 000	9 000	11 000	13 000	15 000	17 000
销售助理	4 000	4 500	5 000	5 500	6 000	7 000	/	/	/

第九条 销售经理岗位工资由区域因素、个人因素、个人业绩因素确定。其中区域因素占0～2分，个人因素占0～2分，业绩因素占1～5分，将三项因素得分相加，确定最终定档。

区域因素分值：根据当地物价水平分三档，高、中、低，分别为2分、1分、0分。

个人因素：考虑个人能力资历因素分三档，高、中、低，分别为2分、1分、0分。

个人业绩因素：根据预期年度业绩情况分五档，对应的分值分别为：

预期年度销售额	低于250万元	达到250万元低于500万元	达到500万元低于750万元	达到750万元低于1 000万元	达到1 000万元
个人业绩因素得分	1	2	3	4	5

第十条 销售助理岗位工资由区域因素、个人因素及绩效考核因素确定。其中区域因素占0～2分，个人因素占1～2分，绩效考核因素占0～2分，将三项因素得分相加，确定最终定档。

区域因素分值：根据当地物价水平分三档，高、中、低，分别为2分、1分、0分。

个人因素：考虑个人能力资料因素分三档，达到岗位要求得1分，超过岗位要求得2分。

绩效考核因素：年度绩效考核为优秀一次加1分。

第十一条 目标确定和统计计算原则：

■ 签订年度目标责任书，主要考核指标是经营指标及战略指标。经营指标主要为收入、利润、合同额；战略指标包括新产品推广等。

■ 年度目标制定应根据实事求是的原则，根据历史业绩完成情况，考虑外部环境变化因素，一般在去年业绩基础上有所增长。销售经理目标确定由个人提报，省级/区域经理审核、大区经理审核、公司批准；省级/区域销售经理、大区销售经理目标确定根据历史数据，结合公司年度目标、大区目标及战略发展举措由公司制定，大区经理、省级/区域销售经理认可。

■ 收入核算原则是以当年实际回款统计计算。

■ 利润指标为业务收入去除产品成本、部门直接发生费用及部门员工工资成本。

■ 收入及利润指标根据公司实际情况可做调整，以便反映真实业绩。

第十二条 个人业绩提成：含销售台数提成及溢价奖励两部分。

■ 适用于销售助理、销售经理以及省/区域销售经理个人业绩、大区经理个人业绩。

- 每台1 500元提成，半年核算发放。
- 个人业绩超出底价以上部分，30%作为提成奖金，年底核算发放。

第十三条　费用说明：对大区业务费用实行预算管理模式，由财务部进行管理控制。费用预算按大区任务额计提，当年结余可顺延至下一年，超支影响大区经理年度考核分数，详见大区年度目标责任书。

第十四条　保险福利根据公司有关制度执行。

第十五条　本办法由人力资源部负责解释。

第十六条　本办法由总经理批准后生效，自公布之日起实施。

（二）某体育健康发展实业集团场馆馆长薪酬激励办法

第一章　总则

第一条　为全面提升WD体育健康发展实业集团有限公司（以下简称公司）场馆运营管理工作，建立馆长、副馆长激励约束机制，充分调动馆长、副馆长的积极性，促进场馆运营稳定健康发展，支持公司发展战略目标的实现，依据国家有关法律法规以及上级单位有关制度规定，制订本场馆运营激励方案。

第二条　适用范围：公司自营或受委托经营的大型体育场馆馆长、副馆长，县域全民健身中心馆长、副馆长，城市社区体育中心馆长、副馆长。

第三条　场馆运营激励方案设计基于岗位价值、任职者能力、业绩表现和人力资源市场价格等因素相结合并坚持以下原则：

- 稳定性原则：薪酬水平和薪酬构成的设计充分考虑公司现状及发展前景，以薪酬绩效方案实施充分调动员工积极性、促进体育场馆稳定健康发展为原则。
- 适度激励原则：通过适度的有效激励机制，使馆长、副馆长的收入与所运营场馆业绩紧密结合，能有效激发馆长和副馆长的工作积极性。
- 公平性原则：员工的实际收入应体现内部公平和外部公平，体现岗位的价值，体现多劳多得的原则。
- 经济性原则：馆长、副馆长的收入增长与场馆效益增长相匹配，用适当人工成本的增加激发馆长和副馆长创造经济增加值，提高场馆运营效益，实现可持续发展。

第四条 对馆长、副馆长岗位实行基于年度目标考核的岗位绩效工资制，年初由公司人力资源部负责组织制定场馆年度经营指标并组织签订目标责任书，年末，公司人力资源部负责组织有关部门对各场馆年度经营指标完成情况进行考核。目标超额完成情况下，馆长、副馆长将受到激励；年度目标未完成，年度收入将受到影响。

第五条 公司人力资源部是馆长、副馆长薪酬激励方案组织实施部门，公司其他部门（财务管理部、WD时代公司场馆部等）负责提供有关基础数据信息，以便馆长、副馆长薪酬激励方案能够得到有效落实。

第二章 薪酬标准及发放

第六条 馆长、副馆长工资标准

■ 根据场馆所在区域因素、场馆规模因素以及馆长（副馆长）个人能力资历因素确定馆长（副馆长）岗位工资等级；将规模因素与个人资历因素计分相加得到的数值就是岗位工资档级，档级对应的数值就是月度岗位工资标准。

■ 对于处于县级市场馆的馆长、副馆长在前述定档基础上高套2档定级。

表一 馆长、副馆长工资档序表

区域	岗位	1档	2档	3档	4档	5档	6档	7档	8档	9档
第一类地区（长沙区域）	馆长	8 900	9 610	10 380	11 210	12 110	13 080	14 130		
	副馆长	6 200	6 700	7 240	7 820	8 450	9 130	9 860		
第二类地区（地级市区域）	馆长	7 000	7 560	8 160	8 810	9 510	10 270	11 090		
	副馆长	5 250	5 670	6 120	6 610	7 140	7 710	8 330		
第三类地区（县级区域）	馆长	5 000	5 400	5 830	6 300	6 800	7 340	7 930	8 560	9 240
	副馆长	4 000	4 320	4 670	5 040	5 440	5 880	6 350	6 860	7 410

- 规模因素。

表二　规模因素计分表

规模因素	营收达到800万元并且赢利	营收达到500万元并且赢利	营收达到300万元并且赢利	营收低于300万元或者亏损
计分	3	2	1	0

注：利润指经营利润，不考虑房产折旧因素。

- 资历因素。

表三　资历因素计分表

资历因素	同级别任职满6年	同级别任职满4年或者任职经验非常丰富	同级别任职满2年或者任职经验较丰富	职位岗位晋升或者任职资格刚好满足要求
计分	4	3	2	1

注：同级别任职年限计算，考核不合格及待改进年度不计算在内；任职资格经验判定适用于外部招聘人员初始定级。

第七条　馆长、副馆长工资计算发放。

- 固定工资：岗位工资×80%，按月固定发放。
- 季度绩效工资：岗位工资×20%×3×个人季度绩效考核系数。季度前两个月按绩效考核系数为1预发，季度末绩效考核后多退少补；第4季度不做季度绩效考核，第4季度绩效考核系数以年度绩效考核系数代替。
- 年度绩效工资：岗位工资×场馆年度激励系数×个人年度绩效考核系数，年末绩效考核后发放。

第八条　每年年初，公司人力资源部对各馆长、副馆长重新根据场馆规模因素、个人资历因素进行计分调整，进而确定年度工资标准。

第九条　公司实行业绩导向的工资晋级（降级）机制，年度内考核有不合格等级或者有两次待改进等级降低1档工资，自触发降级条件下月起执行。

第十条　任职不足一个完整年度的馆长、副馆长，如因能力不足进行工作调整，或辞职、辞退，年度内绩效工资将不再发放。如因工作需要进行内部调动调整，场馆年度绩效考核后，个人年度绩效工资按照场馆年度激励系数、个人年度绩效考核系数为1，以及实际工作月份进行计算。

第三章　季度绩效考核

第十一条　公司人力资源部负责组织对馆长、副馆长进行季度绩效考核，季度绩效考核内容为关键业绩和能力素质。一般情况下，馆长、副馆长选择同样关键业绩考核指标，但权重根据个人岗位职责不同区别对待。

■ 馆长季度绩效考核分数＝关键业绩考核分数×80%+能力素质考核分数×20%。

■ 副馆长季度绩效考核分数＝关键业绩考核分数×80%+能力素质考核分数×20%。

第十二条　公司人力资源部负责组织对馆长、副馆长进行年度绩效考核，年度绩效考核为年度目标考核和综合测评，馆长、副馆长年度目标考核与场馆等同对待。年度目标考核本质也是关键业绩考核。

第十三条　关键业绩考核指标是衡量企业战略实施效果的关键指标。采用关键业绩考核，一方面能实现绩效管理的战略导向作用，另一方面，绩效考核有更高的效度，能使业绩更加有效的区分。关键业绩考核指标分为权重指标和非权重指标两大类，非权重指标不占有权重，在关键业绩考核总得分基础上进行加减分处理。

■ 关键业绩考核实行总分100分制，单项指标10分制，根据指标性质以及激励因素，设计单项指标最高分为10分、12分、15分、18分，最低0分。单项指标保留小数点后2位有效数字，总分四舍五入取整数。

■ 非权重指标不占有权重，根据发生事项的性质及严重程度，分别给予扣10分、20分或者加5分、加10分处理。

第十四条　季度关键业绩考核实施

■ 各个馆长、副馆长季度绩效考核由公司人力资源部负责组织制定季度绩效考核指标及权重，并及时下达，监督落实，季度末及时组织绩效考核。

■ 权重指标：总收入、特定项目收入、低免时段全民健身人次、重要工作完成情况。

■ 非权重指标：政府购买服务资金到位、安全运营、管理责任、工作失误、个人廉洁从业情况。

第十五条 季度能力素质考核：由公司人力资源部负责组织对各个馆长和副馆长进行能力素质考核。能力素质考核是考核任职者能力素质要求是否达到岗位要求。之所以考核能力素质，是因为员工能力素质是影响绩效的一个重要因素。各考核者及权重如下：

表四 馆长、副馆长季度能力素质考核者及权重

被考核者	考核者及权重			
	公司分管领导	WD 时代场馆部部长	WD 时代场馆部副部长	馆长
馆长	30%	40%	30%	/
副馆长	20%	30%	30%	20%

第十六条 馆长、副馆长季度绩效考核分为优秀、优良、合格、待改进、不合格五个等级。绩效考核分数、绩效考核等级与季度绩效考核系数对应关系为：

表五 绩效考核得分等级系数表

季度绩效考核得分	达到 120 分以上	达到 100 分低于 120 分	达到 90 分低于 100 分	达到 80 分低于 90 分	低于 80 分
季度绩效考核等级	优秀	优良	合格	待改进	不合格
季度绩效考核系数	1.2	1.1	1	0.8	0

第四章 年度绩效考核

第十七条 馆长、副馆长年度绩效考核由年度目标考核及年度综合测评组成。年度绩效考核分数＝目标责任考核分数×80%+综合测评分数×20%。

第十八条 年度目标责任考核。由公司人力资源部负责组织制定绩效考核指标及权重，并组织有关部门与场馆签订年度目标责任书。

考核指标分为经营指标和战略推进两类，其中经营指标分权重指标和非权重指标。

- 权重指标：总收入、利润、经营现金净流入、低免时段全民健身人次。
- 非权重指标：政府购买服务资金到位、安全运营、管理责任、工作失误、

个人廉洁从业情况。

■ 战略推进指标：支持公司发展战略落地的实施举措，由年初确定。

第十九条 年度综合测评是对管理岗位进行综合评价，以便更全面地反映有关人员其业绩和贡献的评价，年度综合测评由公司人力资源部负责组织馆长、副馆长岗位年度综合测评工作，各测评者及权重如下：

表六 馆长、副馆长绩效考核各考核者及权重分配表

被考核者	考核者及权重				
	公司分管领导	WD时代场馆部	馆长	副馆长	其他员工
馆长	20%	30%	/	30%	20%
副馆长	20%	30%	30%	/	20%

第二十条 场馆年度激励系数。场馆年度激励系数根据场馆目标责任考核分数确定。

■ 当年度目标责任考核得分达到100分时，场馆年度激励系数=1+3×（分数-100）/100，取整0.1，最高为3。

■ 当年度目标责任考核不足100分时，场馆年度激励系数为0。

第二十一条 馆长、副馆长年度绩效考核分为优秀、优良、合格、待改进、不合格五个等级，绩效考核分数、绩效考核等级与季度绩效考核系数对应关系为：

表七 绩效考核得分等级系数表

年度绩效考核得分	达到120分以上	达到100分低于120分	达到90分低于100分	达到80分低于90分	低于80分
年度绩效考核等级	优秀	优良	合格	待改进	不合格

第五章 绩效考核申诉

第二十二条 申诉条件：在绩效考核过程中，被考核者如认为受到不公平对待或对考核结果有异议，可在考核期间或考核结果公布后直接向公司人力资源部门提出申诉，并填写绩效考核申诉报告。

第二十三条 申诉形式：被考核者应以书面形式提交申诉报告；人力资源部门负责受理、记录被考核者申诉。

第二十四条 申诉处理：人力资源部门在与申诉人沟通后对其申诉报告进行审核。

- 因考核者对绩效考核操作不规范所引起的申诉，人力资源部门应该让考核者按照规范重新进行考核。
- 因被考核者对考核内容有异议所引起的申诉，人力资源部门应同考核者进行沟通以解决问题；如无法解决问题，须向公司领导会汇报有关情况，由公司领导进行处理。
- 因考核过程中存在不公平现象所引起的申诉，由人力资源部门负责进行调查，如属实，由公司对绩效考核者进行处理。

第二十五条 申诉反馈：人力资源部门应在申请人提出申诉后10个工作日内给予答复；并在申诉评审完成后3个工作日内将最终处理结果反馈给申请人。如果申请人在5个工作日内未向人力资源部门提交要求二次评审的书面报告，将视作申请人接受最终处理结果。

第六章 薪酬的计算、支付

第二十六条 工资的计算周期为每个自然月。

第二十七条 下列情形的员工薪酬计算方式如下：

- 病假工资：根据公司及分子公司相关规定执行。
- 婚丧假、产假、计划生育假、工伤假、年休假以及其他假期，根据公司及分子公司相关规定执行。
- 事假：按事假天数扣除相应的固定工资以及绩效工资。
- 其他奖励或处罚的工资，根据公司及分子公司有关规定执行。
- 加班工资：根据国家及湖南省劳动保障部门、公司及分子公司有关规定执行。

第二十八条 不能胜任本职工作又不服从岗位安排的员工，依据有关规定执行。

第二十九条 每月20日前发上月工资，从指定的银行以法定货币（人民币）向员工支付工资。对于享有季度绩效工资员工，每个季度前两个月绩效工资按照考核系数为1预发,等季度考核后根据考核系数第三个月统一核算发放。

第三十条 下列各款项须直接从工资中代扣除：

- 应由员工个人缴纳的社会统筹保险金、住房公积金等。
- 签订有关协议应从个人工资中扣除的款项。
- 法律、法规规定的以及公司制度规定的应从工资中代扣除的款项（如罚款）。
- 司法、仲裁机构判决、裁定中要求代扣的款项。

第三十一条 场馆运营公司场馆运营部负责编制馆长、副馆长每月工资表，经场馆运营公司审核，公司人力资源部审核，由场馆运营公司执行发放。

第七章　附则

第三十二条 本制度由浙江WD体育健康发展实业集团有限公司负责解释。

本制度由公司董事会批准生效，自公布之日起实施。

第6章

职位发展体系及员工成长

第1章　企业发展需要解决管理的问题

第2章　如何做好绩效管理，保障业绩提升

第3章　如何建立绩效体系，推进绩效考核

第4章　如何做好薪酬管理，实现薪酬激励

第5章　如何设计薪酬体系，推动战略落地

第6章

本章着重介绍了如何建立用以指引员工职业发展的职位晋升体系的系统和规范，同时介绍了如何进行组织盘点及人才盘点。此外，还介绍了职业发展能力素质模型案例。

提醒管理者：职位晋升是骨干员工最重要的激励机制；设计好职位发展体系，实现公司与员工的共同成长，是卓越企业成长的必由之路。岗位体系是战略管理工具，设计好岗位体系，可以满足人力资源战略管理需要，能促进公司发展战略目标的实现。

本章要点

工作分析、岗位设置、组织盘点、人才盘点、岗位体系

- 工作分析对企业的战略落地与组织结构优化具有非常重要的意义,工作分析的结果是岗位说明书。
- 根据企业业务流程和业务特点进行岗位设置,应体现专业分工与效率的平衡。
- 组织盘点主要有三部分的内容:对业务的支撑、组织结构合理性、组织能力差距。做好组织盘点,能及时发展企业管理中存在的问题。
- 人才盘点工具很多,大多数工具的核心因素都有能力、业绩和潜力。水木知行员工盘点工具由价值观、能力、业绩和潜力四个指标构成。
- 岗位体系是将组织中的岗位和任职者予以分类,针对不同类别的特点和需求,采用不同的人力资源管理策略,以提升管理的有效性,实现人力资源的战略管理。

员工职业发展通道设计案例

- 职位发展体系。
- 职位晋升资格条件。

职业发展能力素质模型案例

- 管理岗位管理技能发展要求。
- HR岗位专业技能发展要求。

无论是对于员工个人还是对于企业，员工成长和职位发展都是非常重要的。对于员工来讲，职位晋升激励是非常重要的激励机制，尤其是在知识经济时代，有关工作认可、挑战性工作、能力提高、发展晋升机会等方面的激励更加重要，因此建立系统的职位发展体系引领员工成长非常关键。对于企业来讲，企业发展往往面临着优秀人才不足的制约，建立规范的、有利于优秀人才成长的职位发展体系，对满足公司发展需要非常关键。

解决职位发展体系建设及员工成长问题，岗位设置、职业发展通道管理、岗位职业发展能力素质模型等几个方面最关键。工作分析是岗位设置的基础，岗位序列和层级设计是职业发展通道设计的基础，建立适合企业自身特点的核心岗位管理技能发展要求和专业技能发展要求是公司竞争力的体现。掌握有关职位发展及员工成长的有关模型、工具和方法，对企业各级管理者来说无疑是必要的。

一、工作分析及岗位设置

（一）什么是工作分析

工作分析是指从企业发展战略、组织结构以及业务流程出发，对组织中各工作岗位的设置目的、工作内容、工作职责、工作权限、工作关系等工作特征以及对任职者的知识技能、工作经验、能力素质等方面进行调查、分析并描述的过程。工作分析的结果是岗位说明书。

不同的企业岗位说明书有不同的形式，一般包括岗位概述、岗位职责、岗位职权、工作关系、工作条件及任职资格等方面，其中最主要的是岗位职责和任职资格。任职资格包括知识技能、工作经验和能力素质等几个方面。

1. 工作分析是企业人力资源管理的基础

工作分析对人力资源管理相关职能提供了基础支持，具体如下。

（1）人力资源规划。

在不断变化的市场环境情况下，有效地进行人力资源预测和计划，对于企业的生存与发展具有十分重要的意义。人力资源规划的一个重要内容是对现有岗位设置的必要性以及缺失岗位进行研断，工作分析就可以解决这个问题。工作分析可以形成岗位描述和岗位规范等有关工作的基本信息，这些信息为人力资源预测和规划提供了依据。

（2）人员招聘、任用。

工作分析的结果即岗位说明书，对各岗位工作的任务、性质、特征以及任职者的能力素质要求都进行了详细的规定说明，在招聘、任用员工时就有了明确的选聘依据和标准。

（3）绩效考核。

绩效考核以岗位为基础，以任职人员为对象，通过对其工作绩效的考核来判断其是否称职，并依此作为支付报酬、奖惩、培训、任免的依据。而工作分析则以岗位为中心，分析和评定各岗位的功能和要求，明确各岗位的职责、权限和任职者必需的资格条件。从工作程序来看，工作分析是绩效考核的前提，工作分析为绩效考核的项目、内容以及绩效考核指标的确定，提供了基本依据。

（4）薪酬设计。

在进行薪酬设计时，薪酬通常都是与工作的复杂性、工作本身的难度、职责大小和岗位的任职资格等紧密联系的，为了研究各岗位任职者支付薪酬的水平，需要对各岗位的工作有清楚的了解，需要评估各岗位的价值，进而优化企业内部的薪酬结构，提高报酬的内部公平性。而工作分析以及工作分析结果（岗位说明书）就提供了这些基础信息，因此工作分析是岗位评价的前提。

（5）人力资源培训与开发。

工作分析可以提供关于做好该项工作所需的能力素质的信息，从而为分析任职者的培训需求提供依据。工作分析有利于提高整个人力资源培训开发活动的效率和效果。工作分析的结果是岗位培训的客观依据，对员工具备的技能以及任职资格条件提出了要求。

（6）人员配置与职业生涯规划。

工作分析可以为人员配置提供前提和基础，并提高人岗匹配的工作成效，将最合适的人放在最合适的岗位上，从而提高整个企业的效率以及长远竞争力。工作分析可以明晰相关岗位在工作内容和任职资格要求等方面的内在差异与逻辑关系，这是员工职业生涯路径规划的前提，可以提高员工的职业发展成功率。

2. 工作分析促进企业的战略落地与组织结构优化

工作分析对于企业的战略落地与组织结构优化具有非常重要的意义，主要表现在以下几个方面。

（1）实现战略传递。

通过工作分析，可以明确岗位设置的目的，明确该岗位如何为组织创造价值，如何支持企业的总体战略目标和部门目标的实现，从而使企业战略在垂直纵向指挥系统上能够得到落地。

（2）界定岗位职责边界，验证岗位设置是否合理。

通过工作分析，可以清晰界定各岗位的具体职责与权限，消除岗位之间在职责上的模糊和相互重叠之处，尽可能避免由于职责边界不清出现互相推漏现象，防止各岗位之间的职责真空，使组织的各项工作能够真正落到实处。

另外，通过工作分析，可以发现岗位设置中存在的问题，优化岗位设置，同时确定岗位编制数量。

（3）实现权责对等。

通过工作分析，可以根据组织需要和各岗位的职责来确定或调整企业的组织结构和内部分权体系，从而在岗位层面上使权责对等找到落脚点。

（4）提高流程效率。

通过工作分析，可以明晰岗位的职责与其工作流程上下游之间的关系，明确岗位在流程中的具体角色、作用和权限，消除由于岗位设置不合理或岗位界定不清晰造成的流程不畅、效率不高的现象。

（二）如何进行岗位设置

根据企业业务流程和业务特点进行岗位设置，应体现专业分工与效率的平衡。专业化趋势一方面提高了工作质量，另一方面也提高了工作效率。然而，专业化必然意味着分工细化，使工作协调成本增加。从这个角度来看，专业分工可能会带来效率的降低。

岗位设置就是要寻求专业分工与效率的平衡。

在国有企业改革过程中，经常听到"三定""五定"之类的说法。一般来讲，"五定"指的是"定岗""定责""定编""定员""定薪"，前三者一般称为"三定"；"三定""五定"都是人力资源基础管理工作。做好这五项工作，设计好职位发展体系与工资晋级体系是前提；如果这两个体系存在问题，"五定"工作不可能取得实效。

表6-1是某投资公司定岗定编定员表。

表6-1　××公司定岗定编定员表

部门	岗位	编制	人数	姓名	备注
公司领导	董事长	1	3	赵淑洁	
	总经理	1		邓罕攀	
	副总经理	1		李维奇	

续表

部门	岗位	编制	人数	姓名	备注
副总工	总经理助理	1	7	喻唯	
	副总工程师	3		李军林 陈敏杰 梁峰	
	副总经济师	2		高群 刘雅真	
	副总会计师	1		陈鹏	
公司办公室	主任	1	13	黄远飞（兼）	
	副主任（行政）	1		空	拟列入2021招聘计划
	副主任（审计）	1		冯金妮	
	行政主管	1		空	拟列入2021招聘计划
	审计主管（财务方向）	1		空	拟列入2021招聘计划
	风险内控主管（法律）	1		空	拟列入2021招聘计划
	信息档案主管	1		空	拟列入2021招聘计划
	行政文秘	2		潘斯凯、空	拟列入2021招聘计划
	文书	1		空	拟列入2021招聘计划
	行政专员	1		徐丽	
	司机	2		卿洁、空	李清哲为劳务派遣
党群工作部	副主任	1	3	刘晓寰	主持工作
	纪检主管	1		空	党务主管拟列入2021年招聘计划，或由本公司专兼职1人
	党务工会专员	1		贺若龙	
人力资源部	主任	1	5	苗雨（兼）	
	主任助理	1		宋瑞雪	
	薪酬主管	1		空	拟列入2021招聘计划
	培训主管	1		蔡艳	
	人力资源专员	1		郑俊杰	

续表

部门	岗位	编制	人数	姓名	备注
财务与产权部	副主任	1	6	张百玲	主持工作
	财务主管	1		张舒婷	
	产权主管	1		王鹏	
	会计	2		冯晓婕、空	拟列入2021招聘计划
	出纳	1		郑聪	
资金与融资管理部	主任	1	5	陈忠阳（兼）	
	高级融资经理	1		空	拟列入2021招聘计划
	资金主管	1		空	拟列入2021招聘计划
	资金专员	1		曹玥	
	出纳	1		鲍淑君	
投资管理部	主任	1	7	王若鸿	
	副主任	1		张晓宁	
	主任助理/高级投资经理	1		李明烨	
	高级投资经理	1		空	拟列入2021招聘计划
	投资经理	1		袁修纯	
	投资助理	2		黎舒旺、李恩妙	
企业发展部	副主任	1	4	严锋滕	主持工作
	计划统计主管	2		傅利、空	拟列入2021招聘计划
	投后管理主管	1		魏成贯	
工程管理部	副主任	1	11	康振清（兼）	主持工作
	副主任	1		高志新	
	工程主管	2		申换换、空	工程主管列入2021年招聘计划，目前继续招聘中
	安全主管	1		刘润生	
	商务主管	2		韩刚龙、孙丽萍	

续表

部门	岗位	编制	人数	姓名	备注
工程管理部	高级工程经理	1	11	郝埃连	外派
	工程经理	1		尚文清	外派
	工程助理	2		郑成枝、张国厚	张孟超外派
运营管理部	副主任	1	7	马祥	主持工作
	生产主管	1		石利军	
	安全主管	1		王山崎	
	主任工程师	1		空	拟列入 2021 招聘计划
	技术专责	1		空	拟列入 2021 招聘计划
	技术专员	2		空	拟列入 2021 招聘计划
				现状 48 人	

（三）组织盘点和人才盘点

1. 如何进行组织盘点

组织盘点是对公司的发展战略、企业文化、组织结构及商业模式、岗位体系及人员配置、员工薪酬激励等核心制度是否合理、是否互相支撑，公司组织环境是否有利于员工的成长和发展等方面进行分析和判断，发现组织中存在的问题并给出解决方案的日常性管理工作，可以定期（年度）组织进行。做好组织盘点，及时发现企业管理中存在的问题，建设有利于员工成长和发展的组织环境非常重要，是企业长期良性发展的关键。做好组织盘点工作，也是做好人才盘点工作的先决条件，组织环境影响着员工的成长和发展，影响着员工潜能的发挥，影响着对不同人员的人才策略选择。

组织盘点主要有三部分的内容：对业务的支撑、组织结构合理性、组织能力差距。首先要对组织能力进行定义，发展战略、企业文化、组织结构及商业模式、岗位工作及人员配置、员工薪酬福利等核心制度都是组织能力的重要组成方面。

对业务支撑盘点的内容有：发展战略、企业文化、组织结构、信息系统以及人力资源是否支撑公司业务发展需要，商业模式是否能维持良性稳定发展等各方面。

组织结构设计盘点的内容有：管理层级以及管理幅度是否合理，岗位设置及岗位编制是否合理，岗位的权责利是否明确，业务单元发展思路是否明确，业务流程执行情况等。

组织能力差距的盘点内容有：企业文化价值观建设情况，公司核心竞争力打造情况，岗位人员配置情况，重要岗位人员满足情况，核心业务岗位人员能力素质情况，公司目标管理以及绩效考核执行情况，员工薪酬激励机制建设情况，员工培训成长机制建设情况等各个方面。

组织盘点主要目标是着眼于公司中长期发展战略目标，确保组织架构能够高效运转。一般组织盘点时企业需要重点解决的问题有：

➢ 公司现有组织架构对公司经营发展的支撑作用如何？公司发展战略是否清晰？公司企业文化建设是否支撑公司业务发展？

➢ 组织架构的科学合理性如何？

➢ 通过组织战略分析组织所需要具备哪些核心能力，找出现有组织能力和组织未来需求能力的差距是哪些？

当企业规模不大，组织结构扁平，职能相对集中时，也可以将组织盘点的重点简略化分成以下几个重要问题：

➢ 下一个阶段组织架构如何优化调整才能适应明年的经营战略？

➢ 对于公司的经营战略，哪些是公司核心业务岗位？

➢ 公司关键岗位要具备哪些能力素质？

➢ 公司的企业文化如何建设才能对公司的人才发展有促进作用？

当组织发展到一定规模，需要系统地对组织能力进行评估并且不断改进时，就需要先对组织能力进行定义。组织能力就是企业竞争力，是组织团队应对外部不确定性环境快速响应的能力，能保障公司的战略执行。

水木知行员工满意度测评问卷是一个进行组织盘点的有效工具，该问卷分为企业发展、工作本身、工作回报、工作环境四个大类，其中企业发展包含公司发展前景、企业文化建设、战略及执行三个维度，工作本身包括岗位职责、岗位配置、工作性质三个维度，工作回报包括薪酬公平、薪酬激励、福利、非经济性薪酬四个维度，工作环境包括团队沟通、和谐友爱、地理位置、办公环境四个维度。对这些维度设置针对性问题，通过问卷可以分析判断企业管理现状。

2. 如何进行人才盘点

人才盘点工作现在被越来越多的企业所重视。通过人才盘点掌握组织员工的能力素质、绩效现状和人员潜力情况，识别高潜力人才，制订针对性人才培养计划，做好企业人才梯队建设加快人才的成长，以满足组织发展需要并支撑公司战略目标的达成。

一般根据岗位特征（岗位责任、知识技能、工作性质）把岗位分为四大类：运营岗位、协调类岗位、研发类和专业支持类。比如事业部总经理、产品总监、生产厂长等一般属于运营类岗位，这类岗位需要具备战略思维能力和激励培养人的能力，主动设定挑战性目标，敢于担当并且善于赢取他人信任。市场总监、采购物流总监等一般属于协调类岗位，此类岗位需要很高的人际合作能力，做事灵活且具备大局观。软件设计师、建筑设计师一般属于研发类岗位，这类岗位需要具备逻辑思维能力、开拓创新能力，思维严谨并富有创新精神。招聘总监、财务总监一般属于专业支持类岗位，此类岗位需要具备很强的判断力和商业意识，能够坚持原则和公平公正，且具有一定的人际合作能力。

做好人才盘点工作，首先要做好工作分析，明确岗位的能力素质要求以及任职资格。把岗位要求与人的能力素质水平进行匹配的过程就是岗位配置。进行关键岗位的人岗匹配，一般分为三个等级标准：非常匹配、基本匹配、不匹配。在明确了关键岗位要求后，接下来重要的一步就是甄选高潜力人才，绘制公司的人才地图。人才地图是以未来发展为导向，对现有人才的一种综合规划。人才地图最核心的指标是发展潜力。

人才盘点工具很多，大多数工具的核心因素都包括能力、业绩和潜力。水木知行员工盘点工具由四个指标构成，价值观、能力、业绩和潜力。业绩和能力组合成绩效，业绩一般占80%权重，能力占20%权重；根据绩效情况将员工分为非常匹配、基本匹配、不匹配。潜力和价值观组合成潜能，潜力占

80%权重，价值观占20%权重。根据绩效和潜能两个维度，将员工分为九类。水木知行员工盘点九宫格如表6-1所示。根据绩效、潜能两个维度的高低位置不同，将人才划分为明星人才、核心人才、骨干人才、关注人才、待提升人才、待优化人才等几类；对不同类别的人才可以实行不同的管理建议和发展策略。

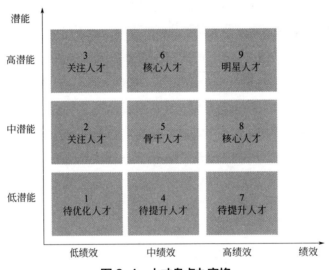

图6-1　人才盘点九宫格

制定九宫格人才地图的目的是建立人才梯队，并针对不同类别人才制订具体发展计划。

对于甄选出来的高潜力人才，安排其作为关键岗位的继任计划是非常重要的一步。继任计划的人才库可以很大，要做好内部人才库和外部人才库的同时为企业服务。

在安排继任计划时，候选人是人才地图里的"可提拔"和"高潜力"人才。如果自己部门里没有重点培养的人才，管理者可以去外部人才库里寻找，但必须确保对这些人才有深入的评价，而且候选人有意愿过来。

人才盘点对中高层管理者和骨干员工最为关键。水木知行管理岗位发展技能要求（参见本章第三部分图6-2）为管理岗位人员人才盘点能力以及潜能的测评提供了非常有效的工具。对于中高层管理岗位，现有能力测评用团队合作、计划执行、思维决策、组织协调四个指标；发展潜力测评用成就动机、应变创新、战略决策、领导力四个指标。对于骨干岗位员工，能力分为管理能力和专业能力。管理能力又分为现有管理能力和管理发展潜力，现有管理能力测评用思维感知、沟通交流、自信自律、学习能力四个指标；管理发展潜力测评用团队合作、计划执行、思维决策、组织协调四个指标。专业能力测评根据岗位工作特点针对性设计。

二、职位发展体系与员工职业发展通道设计

（一）职位发展体系设计

岗位体系是一种战略性人力资源管理工具，将组织中的岗位和任职者予以分类，针对不同类别的特点和需求，采用不同的人力资源管理策略，以提升管理的有效性，实现人力资源的战略管理。岗位体系设计过程包括划分岗位序列、划分岗位层级、进行岗位设置、岗位体系描述与管理四个步骤。站在职业发展角度来看，岗位体系就是职位发展体系。

公司岗位序列分为管理序列和业务序列。管理序列可以分为中高层管理序列、职能管理序列和生产管理序列等，这也是管理人员的晋升通道。业务序列根据公司业务特点来决定，一般核心业务岗位都单独作为一个序列，岗位层级可多可少，根据公司业务特点及发展思路确定，这是业务人员的发展通道。

1. 某生产企业职位发展体系案例

表6-2是某生产企业岗位体系及员工职业发展通道。

表6-2　××公司岗位体系及员工职业发展通道

岗位层级	岗位等级	岗位序列				
		中高层管理	职能管理	生产管理	生产操作	研发系列
高管层	八	副总经理级	/	/	/	/
	七	总经理助理	/	/	/	/

续表

岗位层级	岗位等级	岗位序列				
^	^	中高层管理	职能管理	生产管理	生产操作	研发系列
中层	六	部长/厂长 综合办公室主任 分析/研发主任	/	/	/	研发总工程师
中层	五	副部长 副厂长 车间主任	业务主任	调度长 业务主任 主任工程师	/	研究员（课题组组长）
主管层	四	/	主管	调度主管 业务主管 专业工程师	/	副研究员
主管层	三	/	专员	调度专员 专员 技术员	班长/副班长	助理研究员
员工层	二	/	管理员	调度员 管理员	主操/副操	实验员
员工层	一	/	见习岗	见习岗	操作工/见习操作工	/

根据该公司的岗位晋升管理办法，该公司职业发展通道可横向和纵向发展。

职能管理岗位纵向发展通道为管理员→专员→主管→业务主任/中高层管理序列；职能管理岗位横向发展通道为同岗位等级的生产管理岗位。

生产管理岗位分为生产调度管理、生产技术管理、生产业务管理三类；生产技术管理分为工艺、设备、安全三个专业。

- 生产调度管理岗位纵向发展通道为调度员→调度专员→调度主管→调度长/中高层管理序列；生产调度管理岗位横向发展通道为同岗位等级的

技术管理岗位、业务管理岗位以及职能管理岗位。

- 生产技术管理（工艺、设备、安全）岗位纵向发展通道为技术员→专业工程师→主任工程师/中高层管理序列；技术管理（工艺、设备、安全）横向发展通道为同岗位等级的生产管理岗位、业务管理岗位以及职能管理岗位；技术管理的工艺、设备、安全三个专业之间横向发展一般情况下要降低一个岗位等级。
- 生产技术序列主任工程师（第一学历重点大学本科及相关专业）、专业工程师（第一学历985/211本科及相关专业）可横向发展至研发序列，一般情况下要降低一个岗位等级。
- 生产业务管理岗位纵向发展通道为管理员→专员→主管→业务主任/中高层管理序列，生产业务管理岗位横向发展通道为同岗位等级的职能管理岗位；生产业务管理岗位发展到生产技术管理岗位、生产调度管理岗位一般情况下要降低一个岗位等级。

生产操作岗位包括各分厂与各车间的班长、副班长、主操、副操、操作工以及各部门有关工勤性质的岗位。

- 生产操作岗位纵向发展通道为操作工→主操/副操→班长/副班长。
- 生产操作岗位横向发展通道为同岗位等级的生产管理岗位。

研发岗位是为了应对公司战略发展需要而设立，研发岗位的晋升通道为实验员→助理研究员→副研究员→研究员→研发总工程师。

2. 某互联网公司职位发展体系案例

表6-3是某互联网公司岗位体系及员工职业发展通道设计。该公司岗位序列分为中高层管理序列、技术开发序列、产品运营序列、业务支持序列、业务营销序列、职能管理序列等六大序列，岗位层级为员级、经理/主管级、中层、高层四个主要层级，分别对应一至九职位等级。对于技术开发序列的研发工程师人员，晋升通道依次为初级工程师、中级研发工程师、高级研发工程师、资深研发工程师、架构师、高级架构师、首席架构师等7个级别；对于业务支持序列的培训讲师，晋升通道只有培训讲师和高级培训讲师2个级别。

表6-3 ××公司岗位体系及员工职业发展通道

岗位层级	职位等级	岗位序列					
		中高层管理	技术开发序列	产品运营序列	业务支持序列	业务营销序列	职能管理序列
高层	九	CEO	/	/	/	/	/
高层	八	COO	/	/	/	/	/
高层	七	VP	首席架构师 首席研究员	/	/	/	/
高层	六	助理总裁 高级总监	高级架构师 高级研究员	高级产品总监 高级产品运营总监	/	/	/
中层	五	部门总监	架构师/研究员	产品总监 产品运营总监 项目总监	/	BD 高级总监	/
中层	四	部门副总监	资深研发工程师 高级开发经理 资深测试工程师 高级测试经理	高级产品经理 高级产品运营经理 高级项目经理	数据维护总监 实施项目总监 高级培训讲师	BD 总监（金融） 渠道总监 BD 总监（MALL） 区域中心总监	/
经理/主管级	三	/	高级研发工程师 开发经理 高级测试工程师 测试经理	产品经理 项目经理 产品运营经理 研发项目经理 高级设计师	高级运维工程师 数据维护主管 培训讲师 实施项目经理 采购经理 质量经理 计划经理 工艺工程师 维修工程师	BD 经理（金融） 渠道经理 BD 经理（MALL） 售前经理 商务主管	经理/主管
经理/主管级	二	/	中级研发工程师 测试工程师	设计师	数据维护专员 实施工程师 运维工程师 客服主管 采购员	/	专员
员级	一	/	初级工程师	/	客服人员 安装人员 配置人员	/	工勤岗位

（二）职位晋升描述与管理

1. 生产型企业职位晋升资格条件

表6-4是某生产企业职能管理岗位晋升资格条件。

表 6-4　××公司职能管理岗位晋升资格条件

条件项目＼岗位	业务主任	部门主管级	专员级	管理员
学历	本科及以上	本科及以上	本科及以上	专科及以上
专业	相关专业	相关专业	相关专业	相关专业
职称	初级	初级	无要求	无要求
专业证书	相关上岗操作证	相关上岗操作证	相关上岗操作证	相关上岗操作证
工作经验	6年以上主管岗位工作经验	满足以下两种条件之一： ①2年以上专员岗位经验，4年以上相关工作经验 ②本科毕业5年以上相关领域工作经验，专科毕业6年以上相关领域工作经验	本科毕业2年以上相关领域工作经验，专科毕业4年以上相关领域工作经验	不限
知识技能	了解本领域全操作流程，能够推进企业基础管理体系的持续完善、优化与落实 具有较强的语言、文字表达能力和协调能力，能够独立处理突发事件 掌握项目管理知识，具有带领团队完成专项任务的能力 具有管理、法务、财务、统计、安全卫生等基本知识	熟悉行业规范、标准，了解行业对标业务情报 能够独立撰写专业分析报告、项目实施方案、工作计划总结、起草分管业务规章制度 具有数据分析、数据应用技能 掌握计划、沟通、调研、谈判技能技巧	熟悉国家有关政策法规 掌握公文写作技能 熟练应用办公软件 掌握数据基础处理、文档管理技能	熟悉企业规章制度、作业流程 精通本岗业务技能 熟练计算机操作、使用现代办公设备
能力素质	具有全局观念 具有责任担当精神 具有创新意识 具有应变能力 具有冲突管理的能力	具有制订计划的能力 具有分析问题的能力 具有组织协调能力 具有学习研究能力	具有书面表达能力 具有团队合作能力 具有进取求知欲望 具有高效执行能力	具有企业责任感归属感 具有诚信敬业精神 具有语言沟通能力 具有良好的职业道德 具有服务意识

表6-5 某生产企业生产管理序列生产调度岗位晋升任职资格条件。

表6-5　××公司生产管理序列生产调度岗位晋升任职资格条件

条件项目＼岗位	调度长	调度主管	调度专员	调度员
学历	专科及以上	专科及以上	专科及以上	专科及以上
专业	化学工程等相关专业	化学工程等相关专业	化学工程等相关专业	化学工程等相关专业
职称	中级以上工程技术类	初级以上工程技术类	初级以上工程技术类	无要求
专业证书	无要求	无要求	无要求	无要求
工作经验	3年以上调度主管岗位经验，8年以上同类生产相关工作经验	2年以上调度专员岗位工作经验	1年以上调度员岗位经验或本科毕业2年（专科毕业5年）以上同类生产企业相关工作经验	本科毕业1年（专科毕业3年）以上同类生产企业相关工作经验
知识技能	具有突出的统筹协调能力，掌控产销协调平衡　结合生产计划，下达调度指令；计划发生变化时，能够及时做出指令调整　能够综合一段周期全产品线的生产调度情况，对工艺流程、生产装置、公用工程等方面提出建议　具有风险管理理论基础，参与危险作业的会审，提出风控预警	能够独立根据月度生产计划分解下达调度指令，追踪进度和结果落实情况，协调产品线冲突　具有现场指挥处理突发事故的技能　全面掌握特殊作业调度流程，执行、落实调度指令　能够编制、完善调度系统各项管理制度、应急预案等，优化流程，确保高效　具有一定的管理技能，对各调度班组进行工作监督、考核，对生产部门相关岗位实施业务技能培训，组织演练	熟知企业产品工艺流程，能够分析异常问题原因，提出生产合理化建议，优化生产流程　能够带领班组、协调各厂完成生产调度任务，解决复杂问题，在上级指挥下处理突发事故　熟知产品质量标准，了解生产进度，能够平衡协调物料，提高生产质量和效率　具有基础管理技能，能够履行任务部署、会议点评、指导培训、监督考核等管理职责　掌握公文写作技能，熟练应用办公软件　了解体系管理、目标管理、成本控制、安全卫生等基本知识	具有化学工艺、工业工程等方面理论知识　了解企业产品工艺流程和生产环节，熟悉调度岗位作业流程　能独立完成当班生产调度任务　能巡检发现问题通报整改　具有一定书面表达能力，精准填写日志记录　口齿清晰，反应敏捷
能力素质	具有全局观念　具有责任担当精神　具有创新意识　具有应变能力　具有冲突管理的能力	具有制订计划的能力　具有分析问题的能力　具有组织协调能力　具有学习研究能力	具有书面表达能力　具有团队合作能力　具有进取求知欲望　具有高效执行能力	具有企业责任感归属感　具有诚信敬业精神　具有语言沟通能力　具有良好的职业道德　具有服务意识

表6-6是某生产企业研发序列岗位晋升任职资格条件。

表6-6　××公司研发序列岗位晋升任职资格条件

条件项目＼岗位	研发中心总工	研究员	副研究员	助理研究员	实习研究员
学历	博士研究生	博士研究生	博士研究生	硕士研究生	211大学本科以上
专业	化学工程与技术等相关专业	化学工程与技术等相关专业	化学工程与技术等相关专业	化学工程与技术等相关专业	化学工程与技术等相关专业
职称	中级以上工程技术类	中级以上工程技术类	无要求	无要求	无要求
专业证书	无要求	无要求	无要求	无要求	无要求
工作经验	5年以上化工企业技术岗位经验、获得地市级以上科技奖项	3年以上化工企业技术岗位经验、具有主持中型项目经验	本科毕业4年以上相关领域研发工作经验；硕士毕业2年以上相关领域研发工作经验	本科毕业2年以上相关领域研发工作经验	不限
知识技能	熟悉企业产品涉及的相关领域产品发展趋势，具有敏锐市场判断能力 能够通过可行性分析，提出研发与技术创新的课题和方向，并具有组织实施的技能 具有解决研发项目中疑难问题的专业能力 具有良好的技术沟通技能，能够与国内外企业、科研机构开展技术合作和技术交流	具有主导实施系列产品开发任务的知识技能 负责跟踪新产品的试生产，指导监督全部生产过程，及时解决生产中遇到的问题 熟悉各级科技项目申报要求及相关技术评审规定 熟悉知识产权相关法规，具有审核产品设计中涉及侵权问题的能力，并能够提出解决方案	具有独立承担单一产品的研发任务、市场同类产品复制和优化的能力 具备项目管理技能，能够组织团队主导系列产品的研发和技术升级 具有较强的先进技术感召能力，跟踪了解国内外同类技术的开发和产业化情况，探索产品的应用新领域和新工艺 能够参与专利撰写	具备在指导下参与较为简单的产品单元开发、技术研发的专业技能 具有较强的技术试验操作技能 具有将研发经验进行总结形成技术文件的知识技能 掌握基础的专利知识	了解产品基础知识及产品应用领域概况 熟悉产品科研过程和产品测试过程 能使用工作所需的设计工具 具有国内外相关文献、专刊、工艺资料的检索、查阅能力 具有一定的语言及文字表达能力

续表

岗位 条件 项目	研发中心总工	研究员	副研究员	助理研究员	实习研究员
能力素质	具有科学精神 具有求实精神和民主作风 具有敏锐的市场意识 具有较强的效益观念 具有突出的资源配置能力	具有统筹规划能力 具有决策的能力 具有授权的能力	具有社会主义核心价值观 具有语言沟通、文字表达能力 具有制订计划的能力 具有分析问题的能力	具有较强的抗压能力 具有学习研究能力 具有团队合作能力 具有突出的逻辑思维能力	热爱研发事业 具有进取求知欲望 具有强烈的使命感归属感 具有良好的职业道德

该公司的岗位晋升管理办法规定如下：

各序列、层级岗位任职资格条件包括基本资格条件、知识技能、能力素质三个方面。

基本资格条件包括学历要求、专业要求、职称要求、专业证书、工作经验要求等几个方面。工作经验要求中的工作年限，是指实质工作年限；如果长期病假、事假以及从事其他与岗位工作无关事情，期间应予扣除。

知识技能、能力素质是核心任职资格条件，只有满足知识技能、能力素质要求才能晋升，包括纵向晋升和横向晋升。

基本资格条件是岗位晋升初选入围条件，在岗位出现空缺，短期又无法招募到满足基本资格条件的任职者情况下，可适当放宽学历、职称、工作经验要求等；但每有一项不符合要求，工资定级需要定低1档，相应资格条件满足要求后可恢复定级。

2. 互联网企业职位晋升资格条件

表6-7是某互联网公司技术开发序列研发工程师岗位晋级标准。

表6-7 ××公司技术开发序列研发工程师岗位晋级标准

岗位	晋级标准
初级工程师	计算机或相关专业，本科及以上学历，1年以内相关工作经验 能完成交代的完整的功能模块中的函数实现，并对实现原理配备相应的功能说明书和流程图 有一定的编程思想：面向对象、设计模式等 熟悉常规数据结构和算法，具备良好的逻辑思维分析能力 有良好的代码规范以及强烈的学习欲望

续表

岗位	晋级标准
中级研发工程师	计算机或相关专业，本科及以上学历，1～3年相关工作经验 能独立按时保证质量完成工作任务 在开发过程中能和需求人员讨论需求并提出合理性意见，能独立完成一个完整的功能模块 能具备完整的功能模块的详细设计文档、流程图和必要的测试程序的编写 能够积极参与产品讨论，做好工作汇报，主动沟通解决问题 具备规范的编码风格，具备一定的bug解决能力
高级研发工程师	计算机或相关专业，本科及以上学历，3年以上相关工作经验 至少参与两个以上的项目开发，能独立按时保证质量完成工作任务 在开发过程中能和需求人员讨论需求并提出合理性意见 能根据需求独立设计表结构，能独立完成多个完整的功能模块，并具备每个功能模块完整的详细设计文档和流程图，具备联调的能力 具备较强的业务分析和理解能力 具备规范的编码风格，具备较强的bug解决能力
资深研发工程师	计算机或相关专业，本科及以上学历，5年以上相关工作经验 至少参与三个以上的项目开发，能够完成软件的系统分析和设计 能够完成关键技术或主要功能模块的开发 能够分析需求的合理性，并能根据系统现有状况进行融合，提出需求的不合理性及修改意见 对整个系统有清楚的理解和认识，对每个模块功能流程走向清楚，能写出整体系统的详细设计文档和流程图 对产品的代码质量负责 指导并培养其他开发人员，协助管理者建设高效、激励型的团队

企业应对不同序列人员制定不同的人力资源管理政策，具体体现在招聘、培训、薪酬、考核及职业发展等方方面面。比如，很多企业对销售人员实行浮动薪酬比例较大的薪酬政策，对职能人员实行浮动薪酬比例较小的薪酬政策；在薪酬竞争力上，往往根据不同序列采取不同的策略，核心业务岗位人员实行竞争力薪酬，对其他岗位人员实行市场跟随薪酬策略；在招聘、培训、考核等策略方面，不同的岗位序列亦有所不同。

三、职业发展能力素质模型案例

（一）管理岗位管理技能发展要求

管理岗位晋升往往从初级管理者→主管级管理者→部门经理级→副总经

理级→总经理级依次晋升，见图 6-2 所示。

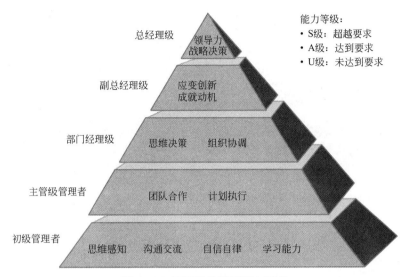

图 6-2　管理岗位发展能力要求

能力评定结果为 S（超越）、A（达到）、U（未达到），对于不足的能力素质应着重自我培养、自我开发以便尽快达到相应级别的能力标准，否则很难有晋升机会。

1. 初级管理者管理技能发展评定标准

初级管理者管理技能发展评定标准如表 6-8 所示。

表 6-8　初级管理者管理技能发展评定标准

思维感知		感知外部事物变化以及他人思维敏感性、准确性，通过分析、综合、推断、判断外部事物变化趋势以及他人思维逻辑基础；思维逻辑保持一致性
	S	能及时准确感知外部事物变化，能准确理解他人思维，能通过合理假设以及逻辑思维对外部事物变化趋势做出合理预测，对他人思维决策做出准确判断；在假设条件未发生变化情况下，思维保持一致性
	A	能及时准确感知外部事物变化，能准确理解他人思维，但缺乏逻辑判断能力，不能对变化趋势做出合理预测；有时思维逻辑不一致，稍显混乱
	U	感知外部事物变化以及他人思维情绪不敏锐，不能准确探究他人思维想法

续表

沟通交流		在与公司内外部有关人士交往过程中，采取有效的沟通方式，推销自己思路与方法，相对满足双方的利益诉求，达到目标
	S	在与公司内外人员工作交往的过程中，能够迅速地了解对方的需求及自己同他人之间在观点、思路、方法等方面的根本分歧，并且能够以事实和原则为依据，创造性地说服他人接受自己的意见或找到更佳解决方案满足双方核心利益诉求，实现双赢多赢
	A	在与内外人员工作交往的过程中，能简洁、准确地阐述自己的思路、方法，能准确理解对方的意思以及自己同他人之间在观点、思路、方法等方面所存在的根本分歧，能采取有效的沟通方式方法与他人进行有效沟通
	U	在与内外人员工作交往的过程中，有时不能简洁、准确地阐述自己的思路、方法，偶尔误解对方的意思以及自己同他人在观点、思路、方法等方面所存在的根本分歧，在与他人进行沟通和协商时方式方法都有较大改进空间
自信自律		相信自己能够处理困难情境、能够解决复杂问题，能够完成某项任务，并且能够控制自己的情绪，克制自己的行为让自己按照既定目标前进
	S	喜欢从事挑战性的工作，对自己的能力有信心，有很强的自我管理与控制能力，为自己制订工作和发展计划，能够有效进行时间管理、情绪管理和自我管理，能有效应对复杂的情况和挑战
	A	相信自己能够完成自己熟悉的工作，为自己制订工作和发展计划，基本能够进行时间管理、情绪管理和自我管理，基本能够及时完成有关工作
	U	对自己没有足够信心，有时不能主动承担工作；由于个人懈怠，导致工作计划、个人发展计划偶尔不能及时圆满完成
学习能力		岗位工作所需专业知识、技能快速掌握能力，岗位工作所需各种工具、方法学习使用能力；平时注重知识积累，通过多种方式进行终生学习
	S	能主动地通过自我学习或参加各类培训完善工作所需的知识、技能，在大量纷繁复杂信息中能迅速掌握核心关键点，能够快速地掌握岗位工作所需各种工具、方法，并在实际工作之中有所创新突破；平时注意知识积累，充分利用网络、媒体、图书杂志、专栏报纸、下载资料等多种方式学习知识技能
	A	能够及时发现工作所需专业知识、技能不足，通过自我学习或参加各类培训完善工作所需知识、技能，并将所学运用到实际工作之中；平时比较注意知识积累，能利用网络、媒体、图书杂志、专栏报纸、下载资料等几种方式学习知识技能
	U	需用时才能发现自身的专业知识技能不足，很少看管理类书籍，吸收和学习新知识、新技能的速度比较慢。平时较少注意知识积累，只能利用网络、媒体、图书杂志、专栏报纸、下载资料等一两种方式学习知识技能

2. 主管级管理者管理技能发展评定标准

主管级管理者管理技能发展评定标准如表6-9所示。

表6-9 主管级管理者管理技能发展评定标准

团队合作		在工作中能充分考虑别人的处境,能够相互信任、开诚布公、互相尊重、互相鼓励,在不同的岗位上各尽所能,为团队的目标共同努力;能够影响团队成员,聚合团队力量
	S	能够站在别人的立场,衡量别人的意见建议,能欣赏和尊重他人,了解他人的专长,能激励影响他人;能聚合团队力量,将个人目标与团队目标协调一致,对团队目标的达成有重要的影响
	A	能够站在别人的立场,理解别人的感受,能够尊重他人,对他人有一定的影响力;协调成员行动,充分发挥集体的潜能,并且能够将团队目标放在第一位,较明显地影响着团队目标的达成
	U	缺乏大局意识,不能站在团队和他人角度想问题;不能影响团队其他成员为共同目标求同存异,最大限度实现团队目标
计划执行		对个人及部门的工作进行统筹安排并对关键节点进行控制;能够不折不扣地贯彻有关制度流程以及上级的指示精神,根据既定计划目标开展工作
	S	有极强的综合计划、统筹规划能力,非常擅长通过有效计划、规划来提高个人的工作效率,工作安排有条不紊,常常能做到事半功倍。能够克服各种困难,严格地按照制度流程以及上级指示要求完成既定计划任务,保证计划目标实现
	A	具有较强的综合计划、统筹规划能力,个人工作效率较高,能够圆满完成既定的工作任务;在大多数情况下能够排除困难,完成工作任务,实现既定工作计划目标
	U	综合计划、统筹规划能力有待提高,个人工作效率较高,有时不能圆满地完成既定的工作任务;有时需要不断的督促和监督,才完成工作任务,最低限度完成工作计划目标

3. 部门经理级管理者管理技能发展评定标准

部门经理级管理者管理技能发展评定标准如表6-10所示。

表6-10 部门经理级管理者管理技能发展评定标准

思维决策		全面系统地分析复杂问题,具有深度、符合逻辑;决策具备预测性、坚持性、灵活性、创新性
	S	能从全局思考问题,能够快速、高效地从大量纷繁复杂的现象中找到事物的本质联系和客观规律,发现产生这一现象的根本原因以及影响因素,而且经常能够准确预测其发展方向;能够根据面临的复杂问题分清主次矛盾灵活地提出相应的对策,所做的决策兼顾坚持性和灵活性,具有较好的创新性
	A	能够从全局思考问题,能够有效地从大量纷繁复杂的现象中找到事物发展变化的规律和影响因素,并且能够做出一些比较正确的预测,所做的决策具备较好的灵活性和创新性
	U	考虑问题不充分,没有深刻地认识到问题的本质,不能灵活地处理问题,不能分清主次矛盾,所做的决策没有缺乏灵活性、创新性,仅能根据制度或上级指示解决一般问题

		续表
组织协调		专注工作目标,合理配置资源,协调各方关系,对工作的进展实施有效的控制,并能够及时处理和解决各种问题,保证目标达成
	S	能够根据工作任务的紧急程度,及时有效地分配和调动资源,灵活地处理各种冲突,同各方面保持融洽的关系,对工作的进度实施有效的控制,圆满地完成目标
	A	了解组织中的资源现状,能基本保证完成工作任务所需的资源按时到位,基本上能够协调各方面的关系,对工作的进度有一定的控制,较合理地处理各种冲突,必要时借助上级或其他力量以保证工作继续开展
	U	对组织中的资源现状有一定的了解,不能有效保证完成工作任务所需的资源按时到位,有时协调各方面关系比较困难,对工作进度控制不力,不能及时合理地解决组织协调问题

4. 副总经理级管理者管理技能发展评定标准

副总经理级管理者管理技能发展评定标准如表6-11所示。

表6-11 副总经理级管理者管理技能发展评定标准

应变创新		突发事件反应、应对能力;在工作中通过方式方法创新提高组织绩效能力,面对外部环境和内部条件变化,通过创新性思维、创新性方式方法保证公司发展目标实现能力
	S	面对突发事件能保持理性思考、冷静应对、妥善处理并能预测可能发展趋势,做到趋利避害;能够根据条件的变化迅速做出调整和反应,采取相应的措施保证公司和团队目标实现;具有较强的创新思维,在工作中不断有创新性工作方式、方法,提高工作效率,保持团队活力
	A	面对突发事件能保持理性思考、冷静应对、妥善处理;面对外部环境变化以及公司内部资源调整,能用创新性方法手段,找到可行解决方案,最大限度保证团队目标实现;能不断通过工作方法方法上的创新不断提高团队绩效水平
	U	面对突发事件,未能审慎思考应对,处理唐突;喜欢按部就班,不能根据条件的变化及时有效地对工作做出调整和反应,在工作存在问题情况下,没有方式方法上的创新
成就动机		试图追求和达到目标的驱动力,表现在对目标的关注情况,为目标实现付出、坚持情况;应持续关注目标并为目标实现竭尽全力,目前达成后制定新的挑战目标
	S	能够不计报酬地自觉付出,持续关注、调整目标并为目标达成而不懈努力;勇于战胜各种困难和障碍,敢于担当,敢于冒险,坚信目标最终实现并制定新的挑战目标;从业经历有卓越业绩
	A	为了目标完成能克服困难,竭尽全力;勇于战胜各种困难和障碍,坚持不懈、敢于担当,坚信目标最终实现;从业经历有突出业绩
	U	能自觉地完成本职工作,但是在遇到困难和障碍时,偶尔屈服或改变方向;在目标完成困难情况下,有畏难退缩倾向,患得患失,缺乏破釜沉舟勇气,缺乏对目标必然实现的坚持

5. 总经理级管理者管理技能发展评定标准

总经理级管理者管理技能发展评定标准如表6-12所示。

表6-12　总经理级管理者管理技能发展评定标准

战略决策		运用个人所掌握的知识技能以及管理经验，对事关全局的重大问题做出重大决策。战略决策具有战略性、前瞻性、全局性、长远性、稳定性和权变性
	S	具有全局观念，对工作中出现的新情况和新问题，能够在客观全面分析的基础上，准确预测各种变动情况，得出恰当结论、果断决策；能够调配整合各种资源，做出战略决策并持续关注实施推进；当格局发生变化情况下，能准确判断面临形势，坚持或调整既定方针策略
	A	有全局意识，对工作中出现的新情况和新问题，基本能够预测变动情况，得出结论，做出决策；基本能够调配整合各种资源，能抓住机遇、规避风险
	U	考虑问题比较片面，不能从大局出发，对于工作中出现的新情况和新问题，不能及时正确处理；不能有效地协调各种资源，抓住机遇、规避风险
领导力		具有人格魅力、人生信条以及专家权威，在工作过程中能够示范、说服他人，为团队成员提供指导支持并给予激励，使团体成员团结一致朝既定的目标前进，提高团队士气和效率
	S	富有人格魅力，坚信人生信条，有非常强的影响力，能有效地引导和激励员工；具有大批追随者，坚信团队愿景并愿意为了团队目标的实现而无私奉献，团队具有较高的士气和效率
	A	有较强的影响力，对组织和员工的发展有明确的规划，愿意和员工分享经验和教训，能够对员工进行有效奖励和惩罚；具有一定的人格魅力，具有一定数量的追随者，无论在多么困难情况下，都能凝聚团队力量，维持团队效率，坚信目标的实现
	U	有一定程度的影响力，对组织和员工的发展有一定的规划，愿意和员工分享经验和教训，能够对员工进行奖励和惩罚，但团队士气、办事效率仍有提升空间

（二）HR岗位专业技能发展要求

1. 专业技能等级评定标准

HR岗位发展技能要求分为综合专业技能和4个专项专业技能；综合专业技能分为5个等级，4个专项专业技能（招聘、培训、薪酬、绩效）各分为5个等级。各等级评定标准如表6-13～表6-17所示。

表6-13 综合专业技能等级评定标准

评价要素	岗位层级	实质工作年限	专业知识和技能	责任担当	能力素质要求	备注
能力1级	中小企业基层人力资源管理岗位	人力资源管理实质工作经验2年以内	具备相关岗位人力资源管理基本的专业知识,掌握一定的工作技能,但有较大提升空间	在上级的安排和指导下从事某项具体工作	个人品德、职业素养等"个性品质"方面以及思维感知、沟通交流等"基本技能"方面	各能力等级标准判定是五个评价准要素个须满足要至素少必四个
能力2级	中小企业主管级、专员级人力资源管理岗位,大型企业基层人力资源管理岗位	人力资源管理实质工作经验2年以上	具备相关岗位人力资源管理较全面的专业知识,基本掌握相关岗位人力资源管理有关工具、方法,但深度广度有较大提升空间,工具使用技巧有较大改进空间	在上级指导下,根据工作计划或安排独自开展工作	职业素养、性格精神等"个性品质"方面以及沟通交流、自我精进等"基本技能"方面	
能力3级	大型企业主管级、中小企业部门经理级人力资源管理岗位;人力资源管理咨询顾问	人力资源管理实质工作经验5年以上;实质工作经验5年以上(人力资源管理咨询2年以上)	全面掌握人力资源管理有关模块专业知识和技能,能用人力资源管理有关工具、方法解决企业实际问题	主导或参与工作计划制订,并对工作结果负责,负责监督指导下属工作,人力资源管理政策执行者	沟通交流、自我精进等"基本技能"方面以及基本管理等"管理技能"方面	
能力4级	超大规模企业总部主管级、大中型企业部门经理级,小企业高层人力资源管理岗位;高级人力资源管理咨询顾问	人力资源管理实质工作经验10年以上;实质工作经验8年以上(人力资源管理咨询5年以上)	全面掌握人力资源管理各个模块专业知识和技能,能解决复杂问题	负责某一领域全面管理工作,人力资源管理政策执行者,偶尔承担人力资源管理决策者角色	基本管理、领导力等"管理技能"方面以及有关专业技能方面	
能力5级	超大规模企业人力资源部门总经理,大中型企业人力资源总监;资深人力资源管理咨询顾问	人力资源管理实质工作经验15年以上;实质工作经验10年以上(人力资源管理咨询8年以上)	全面掌握人力资源管理各个模块专业知识和技能,掌握企业文化建设以及企业战略规划基本思路方法,能及时稳妥解决重大关键问题	负责某一领域全面领导工作,人力资源管理决策者	领导力、战略决策等"管理技能"方面以及有关专业技能方面	

表6-14 招聘专项专业技能等级评定标准

级别	评定标准
能力1级	熟悉企业招聘流程，在主管指导指示下独立进行招聘部分环节具体工作，如信息发布、简历筛选、人力库维护、低职位员工面试初选等 能对企业人力资源基础信息进行收集、统计和分析，并对企业人力资源需求做初步预测 能对基层管理岗位进行工作分析，编写岗位说明书
能力2级	熟悉企业招聘流程，在指导下进行企业员工招聘工作，包括招聘计划制订、招聘组织实施、招聘效果评价、招聘渠道的拓展、人才库建设维护等各个环节工作 会对中层管理岗位以及业务岗位进行工作分析，编写岗位说明书 在指导下进行普通员工招聘工作，包括简历筛选、初试、复试等 根据公司发展以及外部环境变化，对公司人力资源供给需求情况进行预测 能组织与员工签订劳动合同，处理一些简单的员工申诉、劳资纠纷等问题
能力3级	掌握各类型员工招聘流程，能独立负责企业员工招聘工作，包括招聘预算编制、招聘计划制订、招聘组织实施、招聘效果评价、招聘渠道的拓展等各个环节工作 会对公司高层管理岗位以及骨干业务岗位进行工作分析，编写岗位说明书 能独立进行普通员工以及骨干员工招聘工作，包括初试、复试等；能对企业中高层员工招聘工作进行简历筛选、初步面试工作 在指导下进行人力资源规划工作，包括关键岗位供需预测、费用预算与控制、员工职业发展规划等 知晓劳动法、劳动合同法等相关的法律法规，组织与员工签订劳动合同，正确处理员工投诉、劳资纠纷等问题
能力4级	掌握各类型员工招聘流程，组织领导企业各类员工招聘初试、复试评价工作 掌握较多行业外部资源，能及时招聘到企业所需关键岗位人员 能组织进行公司人力资源规划工作 熟悉劳动法、劳动合同法等相关的法律法规，组织员工劳动合同拟制与签订工作，能妥善处理员工投诉、劳资纠纷等问题
能力5级	能设计适合企业特点的企业招聘体系和流程；能设计、主导专家级人才、企业中高层管理人员面试、复试评价工作 具有丰富的外部人脉资源，能及时解决公司发展面临人才瓶颈制约或人工成本问题 能解决企业面临特殊问题，短期大量员工招聘等，较大规模裁员、劳资纠纷等 能组织实施公司中长期人力资源规划工作

表6-15 培训专项专业技能等级评定标准

级别	评定标准
能力1级	知晓企业培训流程，在指导指示下进行培训部分环节具体工作，如培训需求信息的收集、培训方式的选择、培训实施的具体工作等
能力2级	熟悉企业培训流程，能独立负责企业员工培训工作，包括培训需求评估、培训计划、培训组织实施、培训效果评价等各个环节工作 能独立对基层员工进行企业文化、价值观方面岗前培训 能对基层员工进行职业发展指导并进行针对性培训

续表

级别	评定标准
能力 3 级	熟练掌握员工培训流程和培训技巧，能独立负责企业员工培训工作，包括培训需求评估、培训计划、培训组织实施、培训效果评价等各个环节工作 具有3年以上培训与开发的工作经验，能针对基层员工设计适用的培训课程及培训方式，使培训取得预期效果 能开发一些内部培训课程，对各类人员进行基础素质培训 能对骨干员工进行职业发展指导并进行针对性培训
能力 4 级	熟练掌握员工培训流程和培训技巧，负责组织企业员工培训工作，包括培训需求评估、培训计划、培训组织实施、培训效果评价等各个环节工作 具有5年以上培训与开发的工作经验，能针对中高级管理岗位以及骨干员工设计适用的培训课程及培训方式，使培训取得预期效果 能开发一些内部培训课程，对中高层管理岗位员工进行针对性培训 能对中层管理岗位员工进行职业发展指导并组织进行针对性培训
能力 5 级	能全面负责组织开展员工培训工作，使员工能力素质满足企业发展需要 能系统设计公司培训体系和流程并组织开发培训课程 能设计、主导专家级人才、企业中高层管理人员的培训工作 能对高层管理岗位员工进行职业发展指导并组织进行针对性培训

表6-16 薪酬专项专业技能等级评定标准如下

级别	评定标准
能力 1 级	对薪酬管理、福利保险等方面知识、技巧有一定了解，能从事工资发放计算、个税计算缴纳、保险计算缴纳等具体工作
能力 2 级	系统学习过薪酬管理、福利保险等方面知识、技巧等，能从事具体薪酬日常管理工作，包括薪酬预算、薪酬计算发放、薪酬调整等 能及时发现企业薪酬福利存在问题，并对公司薪酬福利制度提出改进意见和建议 掌握薪酬调查基本工具发放，使公司薪酬水平保持内外部公平性
能力 3 级	对薪酬设计以及薪酬管理有一定了解和理解，掌握薪酬福利方面政策法规 具有3年以上薪酬管理工作经验，对企业薪酬日常管理有较丰富经验 能对企业绩效工资以及奖金计算发放提出针对性的意见和建议，使公司薪酬福利制度具有外部竞争性
能力 4 级	对薪酬设计以及薪酬管理有系统认识和理解，掌握薪酬福利方面政策法规以及企业通常做法 对企业薪酬管理有丰富的工作经验，擅长企业薪酬预算、薪酬控制、薪酬调整等各个环节工作 能系统考虑企业薪酬福利问题，使公司薪酬福利制度符合公司发展战略要求，维持员工满意度，提高员工积极性
能力 5 级	掌握薪酬设计以及薪酬管理有关工具方法并灵活应用解决企业实际问题 对企业薪酬管理有丰富的工作经验，能主导企业薪酬预算、薪酬控制、薪酬调整等各个环节工作 能及时发现企业薪酬体系及薪酬管理中存在的问题，能倡导薪酬管理变革并能设计切实可行方案，能采取适应的策略保证薪酬变革顺利实施

表 6-17 绩效专项专业技能等级评定标准

级别	评定标准
能力 1 级	对绩效管理、绩效考核有关理论、工具、方法有一定了解，但还缺少具体实践经验 具有不足 1 年的绩效管理、绩效考核实施操作经验
能力 2 级	系统学习过绩效管理、绩效考核有关理论、工具、方法 具有超过 1 年的绩效管理实施操作经验，会设计绩效考核指标 能正确处理绩效管理、绩效考核过程中出现的一些问题
能力 3 级	对绩效管理有系统认识和理解，熟悉绩效管理常用的工具方法 对绩效管理、绩效考核有超过 3 年以上实施操作经验，能设计绩效管理、绩效考核制度、流程、考核指标 在指导下组织实施中等规模企业的绩效管理、绩效考核工作，能正确处理绩效管理、绩效考核出现的问题
能力 4 级	对绩效管理有较深刻理解，掌握绩效管理、绩效考核常用工具方法，能对中基层人员进行绩效管理有关理念、工具方法、技巧方面的培训 对绩效管理、绩效考核有 5 年以上实施操作经验，在专家指导下能构建适用的绩效管理、绩效考核体系 能组织实施较大规模企业绩效管理、绩效考核工作，能正确处理绩效管理、绩效考核出现的问题并不断完善绩效管理、绩效考核体系
能力 5 级	对绩效管理有深刻理解，掌握绩效管理、绩效考核常用工具方法并能灵活正确应用，能对中高层管理人员进行绩效管理有关理念、工具方法、技巧方面的培训 对绩效管理、绩效考核有 8 年以上实施操作经验，能构建系统的绩效管理、绩效考核体系，能引领公司按着正确的路径进行绩效管理工作 能组织实施较大规模企业绩效管理、绩效考核工作，能对出现的各类复杂问题做出正确分析判断，并采取有效措施使绩效管理取得预期效果